核心素养视域下的高中化学教学探索

西海晶◎著

中国商业出版社

图书在版编目（CIP）数据

核心素养视域下的高中化学教学探索 / 西海晶著. 北京 : 中国商业出版社, 2025. 3. -- ISBN 978-7-5208-3348-6

Ⅰ. G633.82

中国国家版本馆CIP数据核字第202517Q4T3号

责任编辑：葛　伟

中国商业出版社出版发行
（www.zgsycb.com　100053　北京广安门内报国寺 1号）
总编室：010-63180647　编辑室：010-83118925
发行部：010-83120835/8286
新华书店经销
北京七彩京通数码快印有限公司印刷
*
710毫米 ×1000毫米　16开　13印张　240千字
2025年3月第1版　2025年3月第1次印刷
定价：50.00 元
* * * *

绪 论

在当今教育改革的浪潮中，核心素养的培养成为教育的核心目标。本书聚焦高中化学教学，深入探索核心素养视域下的教学新路径。核心素养时代的到来，对教育提出了新要求。高中化学教学既面临机遇，也面临挑战。本书旨在明确高中化学核心素养的内涵，分析高中化学教学现状，为提升教学质量提供策略。

核心素养是学生适应终身发展和社会发展的必备品格与关键能力。国内外对其有不同定义与阐释，涵盖多个维度。高中化学核心素养包括宏观辨识与微观探析、变化观念与平衡思想、证据推理与模型认知、科学探究与创新意识、科学态度与社会责任等五个方面。高中化学教学现状在教师教学、学生学习、教学资源与环境方面存在一些问题。教师的教学方法与手段需创新，对核心素养的认识与落实有待加强，专业素养和教学能力需提升；学生学习兴趣与动力不足，学习方法和习惯有待改进，核心素养发展水平不均衡；教学资源利用不充分，实验室设施不完善，学校与社会支持力度需加大。

本书提出核心素养视域下的高中化学教学应遵循以学生发展为中心、情境创设、实验探究、跨学科融合和评价多元化等原则。关注学生个体差异，激发自主学习；构建真实情境，促进化学学习；重视实验，开展有效探究活动；加强跨学科联系，实施跨学科教学；结合形成性与终结性评价，设计多元化指标。同时指出，通过制定基于核心素养的教学目标、选择组织教学内容、设计教学活动，采用问题驱动、项目式学习和小组合作等教学方法，改进实验、提高趣味性与探究性、培养实验技能，开展课外拓展活动等策略，促进高中化学教学发展。在这一过程中，教师要实现角色转变，成为引导者和学生学习的伙伴与促进者，通过参加培训、开展研究与反思、与同行交流合作等途径提升专业素养。相信本书能为高中化学教师提供有益的参考，助力高中化学教学在核心素养视域下实现新突破。

目　录

第一章　核心素养视域下的高中化学研究背景、目的及价值

在核心素养时代的大背景下，高中化学教学迎来了全新的机遇与挑战。从对教育的新要求，到高中化学教学面临的具体情况，我们深刻认识到探索核心素养视域下高中化学教学的紧迫性与必要性。一方面，核心素养为高中化学教学指引了明确的方向；另一方面，高中化学教学又是落实核心素养的重要阵地。深入解读核心素养的内涵与高中化学核心素养的具体内容，有助于剖析高中化学教学现状，为改进教学提供有力依据。

一、研究背景

（一）核心素养时代对教育的新要求

在当今全球化、信息化的时代背景下，核心素养的培养已成为教育的核心目标。核心素养是指学生应具备的适应终身发展和社会发展需要的必备品格和关键能力。它强调学生在知识、技能、态度等方面的综合发展，注重培养学生的创新精神、实践能力和社会责任感。

随着时代的发展，社会对人才的需求发生了深刻变化。传统的以知识传授为主要目标的教育模式已不能满足社会的需求，培养具有核心素养的人才成为教育的当务之急。在核心素养时代，教育更加注重学生的个性发展和全面成长，强调培养学生的自主学习能力、合作能力、创新能力和实践能力。

对于高中化学教学来说，核心素养的培养也提出了新的要求。高中化学作为一门自然科学学科，不仅要传授给学生化学知识和技能，更要培养学生的科学素养和创新精神。在核心素养视域下，高中化学教学要注重培养学生的宏观辨识与微观探析、变化观念与平衡思想、证据推理与模型认知、科学探究与创新意识、科学态度与社会责任等核心素养。

1. 注重培养学生的科学素养

（1）科学知识的掌握

高中化学教学要确保学生扎实掌握化学学科的基本概念、原理和方法。化学知识体系庞大而复杂，包括物质的组成、结构、性质、变化规律等方面。教师应通过系统的教学，

帮助学生建立清晰的知识框架。例如，在讲解原子结构时，不仅要让学生了解原子的组成部分，还要深入分析电子的排布规律以及其对元素化学性质的影响。在教授化学反应原理时，要详细阐述化学反应的热力学和动力学过程，使学生明白反应发生的条件和速率控制因素。

同时，化学知识与日常生活紧密相连。教师可以通过引入生活中的化学现象，如食品添加剂的作用、环境污染的化学成因等，激发学生的学习兴趣，让学生认识到化学知识的实用性。

（2）科学方法的运用

科学方法是科学研究的重要工具，也是培养学生科学素养的关键。在高中化学教学中，要注重引导学生学会运用科学方法进行探究和解决问题。

观察法是科学研究的基础。教师可以通过化学实验、生活现象观察等活动，培养学生的观察能力。例如，在进行化学实验时，让学生仔细观察实验现象，包括物质的颜色变化、状态变化、气体的产生等，并记录下来。通过观察，学生可以发现问题、提出假设。

实验法是化学学科的重要研究方法。学生要学会设计实验方案、进行实验操作、收集和分析实验数据。教师可以组织学生进行探究性实验，让学生在实验过程中体验科学研究的全过程。例如，在探究影响化学反应速率的因素实验中，学生可以通过改变温度、浓度、催化剂等条件，观察反应速率的变化，从而得出结论。

归纳法和演绎法也是常用的科学方法。在学习化学知识时，学生可以通过对大量实验现象和数据的归纳，总结出化学规律；同时，也可以运用演绎法，根据已知的化学原理推导出新的结论。

（3）科学思维的培养

科学思维是科学素养的核心。高中化学教学要着重培养学生的逻辑思维、批判性思维和创新思维。

逻辑思维要求学生能够按照一定的逻辑顺序进行思考和推理。在化学学习中，学生要学会运用化学原理和规律进行逻辑推理，解决化学问题。例如，在推断物质的结构和性质时，学生可以根据元素周期律和化学键的知识进行逻辑推理。

批判性思维是指对已有的知识和观点进行质疑和反思。在化学教学中，教师要鼓励学生敢于质疑教材中的结论、实验结果等，培养学生的批判性思维。例如，在学习化学平衡时，学生可以对化学平衡的定义、特征以及影响因素进行深入思考，提出自己的见解。

创新思维是指在解决问题时能够提出新颖的想法和方法。化学学科的发展离不开创新，教师可以通过组织化学创新实验设计、化学科技小发明等活动，激发学生的创新思维。例如，让学生设计一种新型的环保材料，或者改进现有的化学实验装置。

（4）科学态度和价值观的树立

科学态度是科学素养的重要组成部分。在高中化学教学中，要培养学生严谨求实、勇于探索、尊重事实的科学态度。

严谨求实要求学生在实验操作、数据记录和分析等方面做到一丝不苟。教师要强调实验操作的规范性和准确性，让学生养成良好的实验习惯。同时，在处理实验数据时，要引导学生客观、真实地记录和分析数据，不得篡改数据。

勇于探索是科学研究的精神动力。教师要鼓励学生敢于尝试新的实验方法和思路，不怕失败。在学习过程中，学生可能会遇到各种困难和问题，教师要引导学生积极思考、勇于探索，寻找解决问题的方法。

尊重事实是科学研究的基本原则。在化学教学中，教师要让学生认识到科学是基于事实的，任何结论都要有实验证据的支持。学生要学会尊重实验结果，不得主观臆断。

此外，还要树立正确的科学价值观。化学学科既可以为人类带来福祉，也可能对环境和人类健康造成危害。教师要引导学生认识到化学的两面性，培养学生的环保意识、安全意识和社会责任感。例如，在学习化学与能源、化学与环境等内容时，让学生了解化学在解决能源危机和环境污染问题中的作用，同时也要让学生认识到化学物质的不合理使用可能带来的危害。

2. 强调学科融合与跨学科教学

（1）化学与物理学科的融合

化学和物理学科在很多方面有着密切的联系。例如，在物质的结构和性质方面，原子结构、化学键等化学知识与量子力学、电磁学等物理知识相互关联。在化学反应过程中，能量的变化涉及物理中的热力学知识。

在教学中，可以通过跨学科的案例分析，让学生体会化学与物理学科的融合。例如，在讲解电解池时，可以结合物理中的电学知识，分析电解过程中的电流、电压和电阻等因素对化学反应的影响。在学习化学反应速率和化学平衡时，可以引入物理中的动力学知识，帮助学生理解反应速率的控制因素。同时，还可以组织跨学科的实验探究活动。例如，设计一个实验，同时测量化学反应过程中的温度变化和电学参数的变化，让学生综合运用化学和物理知识进行分析和解释。

(2) 化学与生物学科的融合

化学与生物学科的联系也非常紧密。生物体内的各种生命活动都离不开化学反应。例如，光合作用、呼吸作用等生物过程本质上都是复杂的化学反应。在生物体内，蛋白质、核酸等生物大分子的结构和功能也与化学知识密切相关。

在教学中，可以结合生物学科的内容，让学生了解化学在生命科学中的重要作用。例如，在讲解有机化学时，可以介绍生物体内的重要有机物，如糖类、脂肪、蛋白质和核酸的结构和性质。在学习化学反应原理时，可以分析生物体内的能量转化过程，如 ATP（三磷酸腺苷）的合成和水解。

此外，还可以开展跨学科的项目式学习活动。例如，以“生物化学传感器的设计与应用”为主题，让学生综合运用化学和生物知识，设计一种能够检测生物体内某种物质浓度的传感器。

(3) 化学与地理学科的融合

化学与地理学科在环境科学、资源利用等方面有着密切的联系。例如，地球上的各种自然资源，如矿物、水资源等，其形成和分布都与化学过程密切相关。同时，环境污染、气候变化等地理问题也涉及化学物质的排放和转化。

在教学中，可以结合地理学科的内容，让学生了解化学在地理环境中的作用。例如，在讲解化学与资源时，可以介绍地球上的矿产资源、水资源的分布和利用情况以及化学在资源开发和保护中的作用。在学习化学与环境时，可以分析大气污染、水污染、土壤污染等地理环境问题的化学成因和治理方法。还可以组织实地考察活动，让学生亲身体验化学与地理学科的融合。例如，带领学生参观污水处理厂、垃圾焚烧发电厂等，让学生了解化学在环境保护中的实际应用。

(4) 跨学科教学的意义和方法

跨学科教学可以拓宽学生的知识面，培养学生的综合思维能力和创新能力。通过跨学科的学习，学生可以更好地理解不同学科之间的联系和相互作用，提高解决实际问题的能力。

在实施跨学科教学时，教师可以采用以下方法。

整合教学内容：将不同学科的相关内容进行整合，设计跨学科的教学主题和项目。例如，以“可持续发展”为主题，整合化学、物理、生物、地理等学科的知识，让学生从多个角度探讨可持续发展的问题。

开展合作教学：不同学科的教师可以共同备课、共同授课，发挥各自的专业优势，为学生提供更全面的知识和指导。

组织跨学科的学习活动：如组织项目式学习、研究性学习等，让学生在实践中综合运用不同学科的知识和方法。

引导学生自主学习：鼓励学生自主探索不同学科之间的联系，培养学生的跨学科思维能力。

3. 关注学生的实践能力和创新精神

化学实验是培养学生实践能力的重要途径。通过实验探究，学生可以亲身体验化学知识的形成和应用过程，提高动手操作能力和解决实际问题的能力。

（1）优化实验教学内容

教师要根据教学目标和学生的实际情况，优化实验教学内容。可以增加一些探究性实验和综合性实验，减少验证性实验。探究性实验可以激发学生的学习兴趣和探究欲望，培养学生的创新思维和实践能力。综合性实验可以让学生综合运用所学的化学知识和实验技能，提高学生的解决实际问题的能力。

例如，在学习原电池原理时，可以设计一个探究性实验，让学生通过实验探究不同电极材料、电解质溶液对原电池性能的影响。在学习有机化学时，可以组织学生进行综合性实验，如从茶叶中提取咖啡因，让学生综合运用有机化学实验技能和分离提纯方法。

（2）改进实验教学方法

教师要改进实验教学方法，提高实验教学效率。可以采用小组合作实验、自主设计实验等方法，让学生在实验过程中充分发挥主观能动性。

小组合作实验可以培养学生的团队合作精神和沟通交流能力。在实验过程中，学生可以分工合作，共同完成实验任务。自主设计实验可以培养学生的创新思维和实践能力。教师可以给出实验主题和要求，让学生自主设计实验方案、选择实验器材、进行实验操作和数据分析。

（3）加强实验安全管理

实验安全是实验教学的重要保障。教师要加强实验安全管理，确保学生的人身安全和实验设备的完好。在实验前，教师要对学生进行安全教育，让学生了解实验中的安全风险和注意事项。在实验过程中，教师要加强巡视和指导，及时发现和处理安全隐患。

4. 项目式学习激发创新精神

项目式学习是一种以学生为中心的教学方法，通过让学生参与真实的项目活动，培养学生的创新精神和实践能力。

（1）选择合适的项目主题

项目主题要与化学学科知识紧密相关，同时要具有一定的挑战性和趣味性。可以选择一些与生活实际、社会热点问题相关的项目主题，如环境保护、新能源开发、食品安全等。例如，以“废旧电池的回收与利用”为项目主题，让学生通过调查研究、实验探究等方式，了解废旧电池的危害和回收利用方法，提出废旧电池回收利用的方案。

（2）组织学生进行项目实施

在项目实施过程中，教师要引导学生进行自主学习和合作学习。首先，学生可以通过查阅资料、实地考察、实验探究等方式，收集项目所需的信息和数据。其次，学生要对收集到的信息和数据进行分析和处理，提出项目解决方案。最后，学生要制作项目成果展示，如报告、海报、模型等。

（3）评价项目成果

项目成果评价要注重过程性评价和综合性评价。教师要评价学生在项目实施过程中的表现，包括学习态度、团队合作能力、创新思维能力等。同时，要评价学生的项目成果，包括项目解决方案的可行性、创新性、实用性等。

5. 鼓励学生质疑和创新

在教学过程中，教师要鼓励学生敢于质疑、勇于创新。质疑是创新的起点，只有敢于质疑，才能发现问题、提出问题，进而寻找解决问题的方法。

（1）营造民主的教学氛围

教师要营造民主、平等、和谐的教学氛围，让学生敢于表达自己的观点和想法。在课堂上，教师要鼓励学生提问、质疑，对学生的问题要给予积极的回应和解答。同时，教师要尊重学生的个性差异，鼓励学生发挥自己的特长和优势。

（2）引导学生进行批判性思考

教师要引导学生进行批判性思考，质疑和反思已有的知识和观点。在教学中，教师可以提出一些开放性的问题，让学生进行讨论和辩论。通过讨论和辩论，学生可以学会从不同的角度思考问题，提高批判性思维能力。

（3）提供创新的机会和平台

教师要为学生提供创新的机会和平台，让学生在实践中锻炼创新能力。可以组织化学科技创新大赛、化学实验设计大赛等活动，鼓励学生积极参与。同时，教师可以引导学生参与科研项目、科技创新活动等，让学生在更高的平台上展示自己的创新成果。

6. 重视学生的自主学习和合作学习

（1）引导学生自主学习

自主学习是核心素养时代的重要学习方式。高中化学教学要引导学生学会自主学习，掌握学习方法和策略，提高学习效率和质量。

一是激发学生的学习兴趣。兴趣是最好的老师，只有激发学生的学习兴趣，才能让学生主动学习。教师可以通过引入生活中的化学现象、化学实验、化学故事等方式，激发学生的学习兴趣。同时，教师要关注学生的兴趣爱好和个性特点，根据学生的需求和兴趣设计教学内容和教学方法。

二是培养学生的学习方法和策略。教师要培养学生掌握科学的学习方法和策略，如预习、复习、做笔记、总结归纳等。同时，要引导学生学会运用信息技术进行自主学习，如利用网络资源、在线学习平台等进行学习。例如，在学习有机化学时，教师可以引导学生采用思维导图的方法进行总结归纳，帮助学生建立有机化学的知识体系。在学习化学实验时，教师可以让学生通过观看实验视频进行预习，了解实验目的、实验步骤和实验注意事项。

三是建立自主学习的评价机制。教师要建立自主学习的评价机制，对学生的自主学习过程和结果进行评价。评价内容可以包括学习态度、学习方法、学习成果等方面。评价方式可以采用自我评价、小组评价、教师评价等多种方式相结合。通过评价，学生可以了解自己的学习情况，发现自己的不足，及时调整学习方法和策略。同时，评价也可以激励学生更加积极地参与自主学习。

（2）组织学生合作学习

合作学习是培养学生团队合作精神和沟通交流能力的重要途径。高中化学教学要组织学生开展合作学习，提高学生的合作学习能力。

一是合理分组。教师要根据学生的学习成绩、学习能力、性格特点等因素进行合理分组。每个小组的成员要具有不同的特点和优势，以便在合作学习过程中能够相互取长补短、共同进步。例如，可以将学习成绩好、学习能力强的学生与学习成绩一般、学习能力较弱的学生分在一组，让学习成绩好的学生帮助学习成绩一般的学生。同时，可以将性格开朗、善于沟通的学生与性格内向、不善言辞的学生分在一组，让性格开朗的学生带动性格内向的学生。

二是明确合作学习任务。教师要明确合作学习任务，让学生清楚地知道自己在合作学习中的角色和任务。合作学习任务要具有一定的挑战性和趣味性，能够激发学生的学习兴趣和合作欲望。例如，在学习化学反应速率和化学平衡时，可以让学生分组进行实验探究，每个小组负责探究一个影响化学反应速率或化学平衡的因素。在学习有机化学时，可以让学生分组进行有机合成实验，每个小组负责合成一种有机物。

三是培养学生的合作技能。教师要培养学生掌握合作学习的技能，如倾听、表达、协商、分工等。在合作学习过程中，学生要学会倾听他人的意见和建议，尊重他人的观点和想法。同时，学生要学会表达自己的观点和想法，与他人进行有效的沟通和交流。此外，学生还要学会协商和分工，共同完成合作学习任务。例如，在小组讨论时，教师可以引导学生轮流发言，让每个学生都有机会表达自己的观点。在实验探究时，教师可以让学生根据自己的特长和兴趣进行分工，如有的学生负责实验操作，有的学生负责数据记录，有的学生负责结果分析等。

四是评价合作学习成果。教师要对合作学习成果进行评价，评价内容可以包括合作学习过程和合作学习结果两个方面。评价方式可以采用小组自评、小组互评、教师评价等多种方式。通过评价，学生可以了解自己在合作学习中的表现和不足，及时调整自己的学习方法和策略。同时，评价也可以激励学生更加积极地参与合作学习，提高合作学习的效率和质量。

（二）高中化学教学面临的机遇

1. 教学理念与目标的重塑机遇

（1）以科学素养为核心的教学导向

教育改革促使高中化学教学理念转变，科学素养培育成为核心。化学实验成为培养科学素养的关键，如在酸碱中和滴定实验中，学生操作仪器、观察颜色变化、记录读数并处理数据，借此掌握科学研究方法。理论教学中，教师借化学现象的原理剖析及解决实际问题，培养学生的逻辑、批判与创新思维，助其树立严谨的科学态度。如在化学平衡原理教学中引导学生分析原理并鼓励质疑；在新型材料研发教学中激发学生创新设想。

（2）实践能力培养与生活化学的融合

教育改革重视实践能力培养，化学实验教学对提升此能力极为关键。例如，在“自制汽水”实验中，学生从方案设计到操作、结果分析全程参与，提升实践与动手能力。同时，教师鼓励学生关注身边的化学现象并解决问题，如学习氧化还原反应后分析汽车尾气的治理，增强实践应用能力，让学生体会化学的实用性。

2. 教学模式与能力培养的创新机遇

（1）创新精神培育的教学策略

教育改革为教学模式创新提供空间，在培养学生创新精神上成果显著。以“探究金属活动性顺序的创新实验设计”为例，教师设置开放性问题，学生积极思考协作。有的利用金属与盐溶液置换反应设计实验，有的借金属与酸反应探究，还有的引入电化学原理设计原电池装置，充分展现创新思维与能力提升。

（2）学科融合拓宽综合思维视野

学科融合与跨学科教学是重要机遇。化学与物理、生物、环境科学联系紧密。讲化学能与电能转化结合电学知识，帮助学生理解原电池与电解池原理；探讨有机化合物与生命活动关系时渗透生物学知识，让学生明晰化学物质在生命中的作用，构建综合知识体系，培养学生以多学科视角分析解决问题的能力。

（3）自主与合作学习模式的构建

教育改革注重自主与合作学习能力培养，促使教师转变角色。在课前教师布置预习任务，如预习“元素周期表”时学生自主查阅资料形成初步认知。在课堂上组织小组讨论、汇报展示活动，如讨论“化学反应速率的影响因素”，小组交流见解与实验设计思路并汇报展示，促进学生主动探索知识、掌握学习方法、学会沟通协作，为终身学习奠基，以契合新时代人才需求。

3. 教学资源、课程与方法手段的变革机遇

（1）教学资源的优化升级

教育改革使高中化学教学资源大幅优化。首先，化学实验室设施设备先进化。如高精度色谱仪、光谱仪用于实验，让学生深入探究有机化学微观世界，提升了实验与实践能力。其次，教师培训机会增多。教师通过“基于项目式学习的化学教学实践”等培训，更新教学理念，掌握先进方法和技术，提高了教学水平。最后，先进教学资源的引进丰富了教学手段。多媒体教学展示微观动画，在线教学平台打破时空限制，虚拟实验室提供安全模拟环境，为学生创造了更多学习与实践机会。

（2）课程改革的多元驱动

课程改革是重大机遇。首先，新课标让化学课程内容更丰富、实用、多样。“化学与生活”模块将知识与生活相连，如讲解食品营养、药物成分与功效、材料应用等，提高了学生学习的兴趣和积极性。其次，增加了实验探究与项目式学习内容。如在“探究金属腐蚀与防护”项目中，学生分组探究，在从实地调查到实验设计、操作、分析的学习过程

中，培养了实践、创新与合作能力。最后，注重培养学生的核心素养，包括科学精神、社会责任、创新意识等，使学生理解化学在解决全球性问题中的作用，树立环保与资源利用的责任感，提升综合素质与竞争力。

（3）教学方法与手段的创新活力

教学方法与手段的创新为化学教学增添了活力。首先，问题驱动教学以问题引导学生。如在“探究燃烧的条件”教学中，教师提问后学生思考、查阅资料、设计实验，在解决问题中学习知识、培养思维与创新能力。其次，小组合作学习促进协作。如在“设计并制作简易电池”活动中，成员分工合作完成任务，培养团队精神。再次，探究式教学让学生体验科学探究全程。如在“探究铁及其化合物的性质”实验中，学生从提出问题、假设、设计方案，到操作实验、分析结果得出结论，参与全过程，培养了科学素养与实践能力。最后，多媒体教学展示化工流程原理，在线教学平台远程指导实验，虚拟实验室助力创新实验设计模拟操作，均激发了学生的学习兴趣，提高了教学效率。

教育改革给高中化学教学带来全方位、多层次的机遇，从理念目标到模式能力培养，再到资源课程与方法手段，为培养新时代人才筑牢了根基，为化学教学的持续发展注入了强劲的动力。

4. 信息技术的发展

（1）信息技术为高中化学教学提供的丰富教学资源和手段

信息技术的飞速发展为高中化学教学带来了丰富的教学资源和多样化的教学手段。

一是多媒体教学工具。教师可以利用多媒体教学工具，如投影仪、电子白板、教学视频等，将抽象的化学知识形象化、直观化，帮助学生更好地理解和掌握化学概念和原理。例如，通过播放化学实验视频，学生可以清晰地观察到实验过程和现象，增强对化学实验的认识和理解。教师利用电子白板可以展示化学分子模型、化学反应方程式等，让学生更加直观地了解化学知识。教学视频可以让学生在课后自主学习，巩固所学知识。

二是网络教学平台。网络教学平台的兴起为高中化学教学提供了广阔的空间。教师可以利用在线学习平台，发布教学资料、布置作业、进行在线测试等，实现教学的信息化和智能化。教师可以在在线学习平台上发布教学课件、教案、练习题等教学资料，让学生随时随地进行学习。布置作业和进行在线测试可以及时了解学生的学习情况，为教学提供反馈。同时，学生也可以通过在线学习平台进行自主学习和探究，拓宽学习渠道，提高学习效率。

三是虚拟实验室。虚拟实验室的出现为化学实验教学带来了新的机遇。学生可以在虚拟实验室中进行各种化学实验，不受时间和空间的限制，提高了实验操作能力和安全意识。虚拟实验室可以模拟真实的实验环境，让学生进行实验操作，观察实验现象，分析实验结果。虚拟实验室还可以避免真实实验中的安全风险，让学生更加放心地进行实验。此外，虚拟实验室还可以重复实验，让学生更好地掌握实验技能和方法。

（2）信息技术对高中化学教学的积极影响

信息技术对高中化学教学产生了积极而深远的影响。

一是信息技术丰富了教学内容，使化学教学更加生动有趣。教师可以通过多媒体教学资源，如图片、动画、视频等，展示化学现象和化学反应过程，激发学生的学习兴趣和好奇心。例如，通过展示化学分子的动画，可以让学生更加直观地了解分子的结构和性质。通过播放化学实验的视频，可以让学生更加生动地感受化学实验的魅力。这些多媒体教学资源可以让化学教学更加丰富多彩，提高学生的学习兴趣和积极性。

二是信息技术拓宽了教学渠道，打破了传统教学的时空限制。学生可以随时随地通过网络进行学习，实现个性化学习和自主学习。学生可以在课余时间通过在线学习平台进行自主学习，根据自己的学习进度和需求选择学习内容。同时，学生还可以通过网络与教师和同学进行交流和互动，解决学习中遇到的问题。这种个性化学习和自主学习的方式可以提高学生的学习效率。

三是信息技术促进了教学方法的创新。教师可以利用信息技术开展互动式教学、探究式教学等，提高学生的参与度和学习效率。例如，教师可以利用在线教学平台开展互动式教学，让学生在课堂上通过在线答题、讨论等方式参与教学。教师还可以利用虚拟实验室开展探究式教学，让学生在虚拟环境中进行实验探究，培养学生的科学素养和实践能力。

四是信息技术为教学评价提供了新的手段和方法。教师可以通过在线测试、学习数据分析等方式，及时了解学生的学习情况，进行个性化的教学指导和评价。在线测试可以快速地对学生的学习情况进行评估，为教师提供及时的反馈。学习数据分析可以帮助教师了解学生的学习习惯、学习进度和学习难点，为教师进行个性化的教学指导提供依据。这种基于信息技术的教学评价方式可以更加客观、准确地反映学生的学习情况，提高教学评价的科学性和有效性。

5. 社会对化学人才的需求增加

（1）社会对化学人才需求增加的原因

一是化学在能源、材料、环境、医药等领域发挥着重要作用。在新能源开发中，化学技术可以用于研发高效的太阳能电池、燃料电池等。在材料领域，化学可以合成新型的高分子材料、纳米材料等。在环境保护方面，化学可以用于污水处理、大气污染治理等。在医药领域，化学可以研发新的药物和治疗方法。化学在这些领域的应用，为社会的发展和进步作出了重要贡献。同时，也需要大量的化学专业人才来推动这些领域的发展。

二是经济全球化的发展使国际科技交流和合作日益频繁，需要大量具有国际视野和跨文化交流能力的化学专业人才。在国际科技交流和合作中，化学专业人才可以发挥重要作用。他们可以参与国际科研项目，与国外的科学家进行合作交流，共同推动化学科学的发展。同时，他们还可以将国外先进的化学技术和理念引入国内，促进国内化学产业的发展。

三是人们生活水平的提高对化学产品的质量和安全性提出了更高的要求，需要专业的化学人才进行质量检测和安全监管。化学产品的质量和安全性直接关系到人们的身体健康和生命安全。专业的化学人才可以通过对化学产品的质量检测和安全监管，确保化学产品的质量和安全性，保障人们的合法权益。

（2）社会对化学人才的需求增加为高中化学教学带来的机遇

一是促使学校和教师更加重视化学教学，提高化学教学质量。学校可以加强化学学科建设，优化课程设置，引进优秀的化学教师，为学生提供更好的学习条件。学校可以加大对化学实验室的建设投入，改善实验条件，为学生提供更多的实验机会。同时，学校还可以加强与企业、科研机构的合作，为学生提供实习和实践的机会，让学生更好地了解化学在实际中的应用。教师可以更加注重培养学生的实践能力和创新精神，为学生的未来发展做好准备。

二是为学生提供更多的就业机会和发展前景。学生可以根据自己的兴趣和特长，选择化学相关专业进行学习，为未来的职业发展打下坚实的基础。化学专业的学生可以在能源、材料、环境、医药等领域找到广阔的就业机会。他们可以从事科研、教学、生产、管理等工作，为社会的发展作出贡献。同时，化学专业的学生还可以继续深造，攻读硕士、博士学位，成为高层次的化学专业人才。

三是促进化学教育与社会的紧密结合。学校可以与企业、科研机构等合作，开展实践教学，让学生在实践中学习和成长。学校可以与企业合作，建立实习基地，让学生在企业中进行实习，了解企业的生产和管理流程，提高学生的实践能力和就业竞争力。学校还可以与科研机构合作，开展科研项目，让学生参与科研活动，培养学生的创新精神和科研能力。

6. 高中化学教学抓住机遇实现发展的策略

（1）以教育改革为契机，全面提高教学质量

一是教师要深入学习和理解教育改革对高中化学教学的新要求和目标，更新自己的教

学理念。要树立以学生为中心的教学思想，注重培养学生的核心素养和综合能力。要将化学教学与实际生活紧密结合，引导学生运用化学知识解决实际问题。要加强学科融合和跨学科教学，培养学生的综合思维能力。要注重培养学生的自主学习能力和合作学习能力，让学生在学习过程中学会主动探索、积极合作，为终身学习奠定基础。

二是教师要积极参加各种培训和教研活动，不断提高自己的专业素养。可以参加教育部门组织的教师培训、学术研讨会、教学观摩活动等，学习先进的教学理念和方法。可以参加学校组织的教研活动，与同事交流教学经验和心得，共同探讨教学中存在的问题和解决方法。

三是教师要结合教育改革要求，优化教学内容和方法。在教学内容方面，要及时更新和拓展教学内容，增加与实际生活和社会发展需求相关的内容。在教学方法方面，要创新教学方法，采用问题驱动教学、项目式学习、小组合作学习等方式，激发学生的学习兴趣和积极性。

（2）充分利用信息技术，丰富教学资源和手段

一是教师要加强信息技术培训，提高自己的信息技术应用能力。可以参加学校组织的信息技术培训课程，学习多媒体教学工具、网络教学平台、虚拟实验室等的使用方法。可以通过自主学习和实践探索，不断提高自己的信息技术应用水平。

二是教师要整合信息技术与化学教学，丰富教学资源和手段。可以利用多媒体教学工具，如投影仪、电子白板、教学视频等，展示化学知识和实验现象，提高教学效率。可以利用网络教学平台，如在线学习平台、教学资源库等，发布教学资料、布置作业、进行在线测试等，实现教学的信息化和智能化。可以利用虚拟实验室，让学生在虚拟环境中进行化学实验，提高实验操作能力和安全意识。

三是教师要引导学生正确使用信息技术，提高自主学习能力。可以指导学生利用在线学习平台进行自主学习，拓宽知识面。可以指导学生利用虚拟实验室进行实验探究，提高实验操作能力。可以指导学生利用网络资源进行学习和交流，培养学生的信息素养和合作能力。

（3）适应社会需求，培养高素质化学人才

一是学校要加强实践教学，提高学生的实践能力。可以增加实验教学的比重，让学生有更多的机会进行实验操作和探究。可以与企业、科研机构等合作，建立实习基地，让学生在实际工作中锻炼实践能力。可以组织学生参加化学实验设计大赛、科技创新活动等，提高学生的实践应用能力。

二是学校要注重创新教育，培养学生的创新精神。可以开设创新课程，培养学生的创新思维和创新能力；可以组织学生参加科技创新活动，如化学实验设计大赛、科技创新项目等，激发学生的创新热情和创新精神；可以鼓励学生参与教师的科研项目，让学生在科研实践中提高创新能力。

三是学校要加强国际交流与合作，培养具有国际视野的化学人才。可以与国外的学校、科研机构等建立合作关系，开展师生交流、学术合作等活动。可以组织学生参加国际化学竞赛、学术会议等，让学生了解国际化学前沿动态，拓宽国际视野。可以引进国外先进的化学教育理念和教学方法，提高化学教学水平。

（三）高中化学教学面临的挑战

1. 教学内容的更新与拓展

（1）教学内容需及时更新以反映学科最新成果

随着化学学科的飞速发展，新的知识、理论和技术如雨后春笋般不断涌现。为了让学生紧跟化学学科的发展步伐，高中化学教学内容必须及时更新。例如，将纳米技术引入化学课程，学生可以了解到纳米材料的独特性质和广泛应用。纳米材料具有小尺寸效应、表面效应等特殊性质，在催化、电子、生物医学等领域展现出巨大的潜力。通过学习纳米技术，学生能够认识到化学在微观领域的神奇之处，激发他们对化学学科的浓厚兴趣。

绿色化学作为当今化学领域的重要发展方向，也应在高中化学课程中占据一席之地。向学生传授绿色化学的理念，如原子经济性、无毒无害原料的使用、废弃物的最小化等，可以培养学生的环保意识和可持续发展观念。在教学中，可以通过具体的案例分析，如绿色合成方法的应用、工业生产中的环保措施等，让学生深刻理解绿色化学的重要性。

生物化学的发展也为高中化学教学内容的更新提供了契机。生物化学研究生命过程中的化学变化，涉及蛋白质、核酸、酶等生物大分子的结构与功能。将生物化学的知识融入高中化学课程，可以让学生了解化学与生命科学的紧密联系，拓宽学生的学科视野。

（2）教学内容需不断拓展以适应社会发展需求

化学与能源、化学与环境、化学与材料等方面的内容在现代社会中具有至关重要的地位。在化学与能源方面，随着全球能源危机的日益加剧，开发新能源成为当务之急。高中化学教学可以介绍各种新能源的特点和开发利用情况，如太阳能、风能、氢能等。同时，还可以探讨化学在提高能源利用效率、储能技术等方面的作用。通过学习化学与能源的知识，学生能够认识到化学在解决能源问题中的重要性，培养他们的社会责任感。

化学与环境的关系密切，环境污染问题的解决离不开化学知识的应用。在高中化学教学中，应增加化学与环境方面的内容，如大气污染、水污染、土壤污染的成因和治理方法。通过学习这些内容，学生可以了解化学物质对环境的影响，掌握环境保护的方法和措施，增强他们的环保意识。

化学与材料是现代科技发展的重要支撑。新型材料的不断涌现，如高分子材料、纳米材料、复合材料等，为人类的生活带来了巨大的变革。在高中化学教学中，介绍化学与材料的关系，让学生了解不同材料的性质和用途，可以激发学生的创新思维和探索精神。

（3）对教学内容的深度和广度提出更高要求

化学学科的发展不仅要求教学内容的更新与拓宽，还对教学内容的深度和广度提出了更高的要求。教师在教学中需要更加注重知识的系统性和逻辑性，引导学生深入理解化学概念和原理。例如，在讲解化学反应原理时，不仅要让学生掌握化学反应的基本规律，还要引导学生从微观角度理解化学反应的本质，如化学键的断裂与形成、反应速率和反应平衡的影响因素等，通过深入分析化学反应的过程，培养学生的综合分析和解决问题的能力。在教学内容的广度方面，教师可以适当引入化学学科的前沿研究成果和实际应用案例，拓宽学生的知识面。例如，介绍化学在药物研发、食品科学、环境保护等领域的应用，让学生了解化学在不同领域的重要作用。同时，教师还可以引导学生关注化学学科与其他学科的交叉融合，如化学与物理、生物、地理等学科的联系，培养学生的跨学科思维能力。

2. 教师专业素养和教学能力面临的挑战

教学内容的更新与拓宽要求教师不断学习和更新自己的化学知识，掌握化学学科的最新发展动态。化学学科的发展日新月异，新的研究成果不断涌现，教师如果不及时学习，就会落后于时代的发展。因此，教师需要具备较强的自主学习能力和终身学习意识，积极参加各种培训和学术交流活动，不断拓宽自己的知识面。

参加专业培训是教师更新化学知识的重要途径之一。培训课程可以涵盖化学学科的前沿领域、教学方法的创新、教育技术的应用等方面的内容。通过参加培训，教师可以与同行交流经验，分享教学资源，了解最新的教育理念和教学方法。

学术交流活动也是教师提升专业素养的有效方式。教师可以参加学术会议、研讨会、讲座等活动，与专家学者进行面对面的交流，了解化学学科的最新研究成果和发展趋势。同时，教师还可以在学术交流活动中展示自己的教学成果和研究成果，与同行进行互动和交流，提高自己的学术水平和教学能力。

(1) 将新的知识、理论和技术融入教学内容

教师不仅要掌握新的化学知识，还需要具备将这些知识融入教学内容的能力。这需要教师具备较强的教学设计能力和教学创新能力。在教学设计方面，教师要根据学生的实际情况和教学目标，合理选择教学内容和教学方法，将新的知识有机地融入教学中。例如，在讲解绿色化学时，可以采用案例教学法，通过具体的案例分析，让学生理解绿色化学的理念和方法。在教学创新方面，教师可以尝试采用新的教学手段和技术，如多媒体教学、虚拟实验室、在线教学等，提高教学效率。多媒体教学可以通过图片、视频、动画等形式，生动形象地展示化学知识，激发学生的学习兴趣。虚拟实验室可以让学生在虚拟环境中进行实验操作，提高学生的实验技能和安全意识。在线教学可以打破时间和空间的限制，让学生随时随地进行学习，满足学生的个性化学习需求。

(2) 引导学生进行自主学习和探究学习

在教学过程中，教师还需要具备引导学生进行自主学习和探究学习的能力。这要求教师能够激发学生的学习兴趣和好奇心，引导学生主动探索化学知识，培养学生的创新思维和实践能力。教师可以通过设置问题情境、开展探究性实验、组织小组讨论等方式，引导学生进行自主学习和探究学习。

设置问题情境是激发学生学习兴趣的有效方法。教师可以根据教学内容，提出一些具有启发性的问题，引导学生进行思考和探究。例如，在讲解化学反应速率时，可以提出“为什么不同的化学反应速率不同?”“如何影响化学反应速率?”等问题，让学生通过实验探究和理论分析，找出影响化学反应速率的因素。

开展探究性实验可以培养学生的实践能力和创新思维。教师可以设计一些探究性实验项目，让学生在实验过程中发现问题、提出假设、设计实验方案、进行实验操作、分析实验结果、得出结论。通过探究性实验，学生可以亲身体验科学研究的过程，提高他们的科学素养和实践能力。

组织小组讨论可以促进学生之间的交流与合作，培养学生的团队精神和合作能力。教师可以将学生分成小组，让他们围绕某个问题进行讨论和交流。在小组讨论过程中，学生可以分享自己的观点和经验，互相启发，共同解决问题。教师要适时地给予指导和评价，引导学生进行深入思考和讨论。

3. 教学方法的创新与变革

(1) 传统高中化学教学方法的局限性

一是教学方式单一，难以激发学生学习兴趣和积极性。传统的高中化学教学以讲授式

为主，教师在课堂上占据主导地位，学生被动接受知识。这种教学方式单一，缺乏互动性和趣味性，难以激发学生的学习兴趣和积极性。讲授式教学往往注重知识的传授，而忽视了学生的主体地位和能力培养。学生在课堂上缺乏主动参与和思考的机会，容易产生疲劳和厌倦情绪，影响学习效果。

二是不利于培养学生的自主学习能力和创新精神。传统教学方法注重知识的灌输，学生缺乏自主学习和探究的机会，难以培养学生的创新思维和实践能力。在传统教学中，教师往往按照教材的内容和顺序进行讲解，学生只需被动地接受知识，缺乏对知识的主动探索和思考。这种教学方式不利于学生形成自主学习的习惯和能力，也难以培养学生的创新精神和实践能力。

三是难以满足学生的个性化学习需求。每个学生的学习能力、学习进度和学习方式都有所不同，传统教学方法难以因材施教，满足学生的个性化学习需求。在传统教学中，教师往往采用统一的教学进度和教学方法，无法满足不同学生的学习需求。学习能力较强的学生可能会觉得教学内容过于简单，缺乏挑战性；而学习能力较弱的学生则可能会觉得教学内容过于复杂，难以理解。

（2）创新教学方法的需求与挑战

一是在核心素养时代，高中化学教学需要创新教学方法，采用问题驱动教学、项目式学习、小组合作学习等方式，激发学生的学习兴趣和积极性。问题驱动教学是以问题为导向，引导学生进行思考和探究的教学方法。教师可以根据教学内容，提出一些具有启发性的问题，让学生通过自主学习和合作学习的方式，寻找问题的答案。项目式学习是以项目为载体，让学生在完成项目的过程中学习和掌握知识与技能的教学方法。教师可以设计一些与实际生活相关的项目，让学生在项目实施的过程中，提高自己的实践能力和创新思维。小组合作学习是将学生分成小组，让他们通过合作学习的方式，共同完成学习任务的教学方法。小组合作学习可以培养学生的团队精神和合作能力，提高学生的学习效率。

二是创新教学方法的实施需要教师转变教学观念，从以教师为中心转变为以学生为中心，充分发挥学生的主体作用。教师要认识到学生是学习的主体，教师的作用是引导和帮助学生学习。在教学过程中，教师要尊重学生的个性差异，关注学生的学习需求和兴趣爱好，为学生提供个性化的学习支持和指导。同时，教师要让学生在课堂上有更多的发言和展示机会，提高学生的学习积极性和主动性。

三是教师需要掌握创新教学方法的实施技巧和策略。例如，在问题驱动教学中，教师需要设计合适的问题情境，引导学生进行思考和探究。问题的设计要具有启发性、趣味性和挑战性，能够激发学生的学习兴趣和好奇心。在项目式学习中，教师需要指导学生进行项目规划、实施和评估。教师要帮助学生明确项目目标和任务，制订合理的项目计划，指导学生进行项目实施，并对学生的项目成果进行评估和反馈。在小组合作学习中，教师需要合理分组、明确任务、引导合作。教师要根据学生的学习能力、性格特点等因素进行合理分组，确保每个小组都有不同层次的学生。同时，教师要明确小组的任务和分工，引导学生进行有效的合作学习。

四是创新教学方法的实施需要一定的教学资源和条件支持。例如，项目式学习需要充足的时间和空间，小组合作学习需要良好的教学环境和合作氛围等。学校和教师要为创新教学方法的实施提供必要的教学资源和条件支持。学校可以建设现代化的实验室、多媒体教室等教学设施，为学生提供良好的学习环境。教师可以利用网络资源、教学软件等教学工具，丰富教学内容和教学手段。同时，学校和教师要营造积极向上的教学氛围，鼓励学生勇于创新和实践。

4. 教学评价的多元化与科学化

(1) 传统高中化学教学评价的问题

一是评价内容片面，忽视学生全面发展。传统的高中化学教学评价以考试成绩为主，评价方式单一，不能全面反映学生的学习过程和发展情况。这种评价方式存在评价内容片面的问题，主要关注学生对知识的掌握程度，忽视了学生的学习态度、学习方法、创新能力和实践能力等方面的发展。学生的学习不仅是知识的积累，还包括学习态度的养成、学习方法的掌握、创新能力的培养和实践能力的提高等方面。单一的考试成绩评价无法全面反映学生的综合素质和发展潜力。

二是评价方式单一，缺乏综合能力评价。传统评价方式以纸笔测试为主，缺乏对学生综合能力的评价。纸笔测试主要考查学生对知识的记忆和理解能力，难以考查学生的实践能力、创新能力和合作能力等综合能力。在现代社会，学生需要具备多方面的能力才能适应社会的发展需求。因此，单一的纸笔测试评价方式已经不能满足现代教育的要求。

三是评价结果缺乏反馈和指导作用。传统评价方式往往只给出一个分数或等级，缺乏对学生学习过程的具体反馈和指导，难以帮助学生发现自己的问题和不足，也难以促进学生的进一步发展。学生在学习过程中需要及时的反馈和指导，以便了解自己的学习情况，调整学习策略，提高学习效率。而传统的评价方式无法满足学生的这一需求。

(2) 建立多元化、科学化教学评价体系的挑战

一是转变评价观念，以学生全面发展为评价标准。在核心素养时代，高中化学教学需

要建立多元化、科学化的教学评价体系，注重过程性评价和发展性评价，关注学生的学习态度、学习方法、创新能力和实践能力等方面的发展。这就要求教师转变评价观念，从以考试成绩为主要评价标准转变为以学生的全面发展为评价标准。教师要认识到学生的发展是多方面的，评价学生不能仅仅看考试成绩，还要关注学生的学习过程和综合素质。教师要树立正确的评价观，以促进学生的全面发展为评价的根本目的。

二是教师需要掌握多元化评价方法的实施技巧和策略。例如，如何进行课堂表现评价、作业评价、实验评价、小组合作评价等；如何将学生自评、互评和教师评价相结合等。课堂表现评价可以通过观察学生的课堂参与度、发言情况、合作能力等方面进行评价。作业评价可以从作业的完成质量、创新性、规范性等方面进行评价。实验评价可以考查学生的实验操作技能、实验报告的撰写能力、实验结果的分析能力等方面。小组合作评价可以评价小组的合作氛围、任务完成情况、成员的贡献度等方面。将学生自评、互评和教师评价相结合，可以让学生更加全面地了解自己的学习情况，提高学生的自我认知和评价能力。

三是建立多元化、科学化教学评价体系需要一定的技术支持和资源保障。例如，需要开发相应的评价工具和软件，建立学生学习档案等。评价工具和软件可以帮助教师更加科学、准确地评价学生的学习情况，提高评价效率和质量。学生学习档案可以记录学生的学习过程和发展情况，为教师进行评价提供依据。同时，学校和教师要为建立多元化、科学化教学评价体系提供必要的资源保障，如人力、物力、财力等方面的支持。

二、研究目的与价值

（一）研究目的

1. 探索核心素养视域下高中化学教学的有效策略和方法，提高高中化学教学质量

在核心素养时代，传统的高中化学教学模式已难以满足培养学生综合素养的需求。因此，深入探索有效的教学策略和方法成为当务之急。

（1）分析现有教学模式的不足

目前高中化学教学中，部分教师仍采用以讲授为主的教学方法，学生被动接受知识，缺乏主动思考和探究的机会。这种教学模式容易导致学生对化学学习失去兴趣，学习效果不佳。此外，教学内容往往局限于教材，缺乏与实际生活的联系，难以培养学生的实践能

力和创新精神。

（2）研究新的教学策略

提高高中化学教学质量，需要研究和采用新的教学策略。例如，问题驱动教学法可以通过提出具有启发性的问题，引导学生主动思考和探究，培养学生的问题解决能力。项目式学习法可以让学生在实际项目中应用化学知识，提高学生的实践能力和团队合作能力。小组合作学习法可以促进学生之间的交流与合作，培养学生的沟通能力和合作精神。

（3）优化教学方法

除了采用新的教学策略，还需要优化教学方法。例如，利用多媒体教学手段，如动画、视频等，可以更加生动形象地展示化学现象和实验过程，提高学生的学习兴趣。采用探究式实验教学，可以让学生亲自参与实验设计、操作和分析，培养学生的科学探究能力。同时，教师还可以引导学生进行自主学习，培养学生的学习能力和独立思考能力。

2. 培养学生的核心素养，促进学生的全面发展

核心素养是学生适应终身发展和社会发展需要的必备品格和关键能力。在高中化学教学中，培养学生的核心素养具有重要意义。

（1）宏观辨识与微观探析素养的培养

通过化学教学，学生可以学会从宏观和微观两个角度认识物质世界。在宏观层面，学生能够观察和描述物质的性质和变化；在微观层面，学生能够理解物质的组成、结构和变化的本质。例如，在学习化学反应时，引导学生从宏观的实验现象入手，分析反应前后物质的变化，然后深入微观层面，理解化学反应的本质是原子的重新组合。

（2）变化观念与平衡思想素养的培养

化学是一门研究物质变化的学科，培养学生的变化观念与平衡思想至关重要。要让学生认识到物质是不断变化的，化学反应有一定的规律可循。同时，引导学生理解化学平衡的概念，认识到在一定条件下，化学反应可以达到动态平衡。例如，在学习化学平衡时，通过实验让学生观察化学反应的平衡状态，理解平衡的特征和影响因素。

（3）证据推理与模型认知素养的培养

在化学学习中，学生需要学会收集证据、进行推理和建立模型。培养学生的证据意识，让学生能够根据实验现象和数据进行分析和推理，得出合理的结论。同时，引导学生建立化学模型，如原子结构模型、化学键模型等，帮助学生更好地理解化学概念和原理。例如，在学习原子结构时，让学生通过实验和观察，收集有关原子结构的证据，然后进行推理和建立原子结构模型。

（4）科学探究与创新意识素养的培养

科学探究是化学学习的重要方式，培养学生的科学探究与创新意识可以提高学生的实践能力和创新精神。应引导学生提出问题、设计实验、进行实验探究和分析结果，培养学生的科学探究能力。同时，鼓励学生在实验中提出新的想法和方法，培养学生的创新意识。例如，在学习酸碱中和反应时，让学生设计实验探究不同酸碱溶液的中和反应，鼓励学生尝试不同的实验方法和手段。

（5）科学态度与社会责任素养的培养

化学与社会生活密切相关，培养学生的科学态度与社会责任可以让学生认识到化学在社会发展中的重要作用。引导学生树立严谨求实的科学态度，尊重实验事实，不弄虚作假。同时，让学生了解化学对环境、资源等方面的影响，培养学生的环保意识和社会责任感。例如，在学习化学与环境保护时，让学生了解化学污染的危害和防治方法，培养学生的环保意识。

3. 为高中化学教师提供教学参考和借鉴，推动高中化学教学改革

高中化学教师是教学的实施者，他们的教学理念和方法直接影响着教学质量。因此，为教师提供教学参考和借鉴，推动高中化学教学改革具有重要意义。

（1）分享教学经验和案例

研究和总结优秀的教学经验和案例，可为教师提供实际的教学参考。例如，介绍一些成功的问题驱动教学、项目式学习和小组合作学习的案例，让教师了解这些教学方法的具体实施过程和效果。同时，分享一些教师在培养学生核心素养方面的经验和做法，为其他教师提供借鉴。

（2）提供专业发展支持

为教师提供专业发展支持，可以帮助他们更好地适应核心素养教学的要求。例如，组织教师参加专业培训和研讨会，让教师了解最新的教育理念和教学方法。开展教学研究和反思活动，鼓励教师不断探索和创新教学方法。同时，建立教师交流平台，让教师之间可以分享经验、交流心得，共同提高教学水平。

（3）推动教学改革

通过研究和实践，可以提出一些具有针对性的教学改革建议，如优化课程设置、改进教学评价等，为教育部门和学校提供决策参考，推动高中化学教学改革。同时，积极宣传和推广优秀的教学经验和成果，营造良好的教学改革氛围，促进高中化学教学的不断发展。

（二）研究价值

1. 理论价值

（1）丰富和发展高中化学教学理论

一是核心素养与高中化学教学的融合。在当今教育改革的大背景下，核心素养的培养已成为教育的核心目标。高中化学作为一门重要的自然科学学科，将核心素养理论与化学教学实践相结合，具有重要的理论意义。对核心素养视域下高中化学教学的研究，可以深入探讨如何在化学教学中培养学生的核心素养，为高中化学教学理论的发展提供新的视角和思路。例如，在宏观辨识与微观探析素养的培养方面，研究可以深入分析化学教学中如何引导学生从宏观现象入手，逐步深入微观层面，理解物质的组成、结构和性质。可以通过实验、模型构建、多媒体教学等多种手段，帮助学生建立宏观与微观的联系，培养学生的思维能力。在变化观念与平衡思想素养的培养方面，研究可以探索如何在化学教学中引导学生认识化学反应的本质和规律，理解化学变化中的能量变化、物质转化和平衡移动等概念。可以通过实验探究、案例分析、问题解决等方式，培养学生的科学思维和创新能力。

二是为教学理论发展提供理论支持。本研究的成果将为高中化学教学理论的发展提供重要的理论支持。首先，它可以丰富高中化学教学的目标体系，从传统的知识传授和技能训练扩展到核心素养的培养，使教学目标更加全面、科学。其次，它可以为教学内容的选择和组织提供指导，使教学内容更加贴近学生的生活实际和社会发展需求，提高教学内容的实用性和趣味性。最后，它还可以为教学方法和教学评价的改革提供依据，推动高中化学教学的不断创新和发展。

（2）为学科教学理论的发展提供新的视角和思路

一是关注学生综合素养培养。核心素养视域下的高中化学教学研究不仅关注学生的知识掌握，更注重学生的综合素养培养。这种研究视角为学科教学理论的发展提供了新的思路。传统的学科教学理论往往侧重于知识的传授和技能的训练，而核心素养视域下的教学研究强调学生的全面发展和终身学习能力的培养。例如，在教学方法方面，传统的教学理论可能更注重讲授法、演示法等传统教学方法的应用，而核心素养视域下的教学研究则更加关注问题驱动教学法、项目式学习法、小组合作学习法等新型教学方法的运用。这些新型教学方法以学生为中心，注重培养学生的自主学习能力、合作能力和创新能力，为学科教学理论的发展提供了新的视角和思路。

二是推动学科教学理论创新。在教学评价方面，传统的教学理论往往以考试成绩为主要评价标准，而核心素养视域下的教学研究则更加注重过程性评价和发展性评价，关注学生的学习态度、学习方法、创新能力和实践能力等方面的发展。这种评价方式更加全面、科学，可以更好地反映学生的综合素质和能力水平，为学科教学理论的发展提供了新的思路和方法。此外，核心素养视域下的高中化学教学研究还可以促进学科之间的融合和交叉，推动学科教学理论的创新和发展。例如，化学与物理、生物、地理等学科有着密切的联系，通过跨学科教学可以拓宽学生的知识面，培养学生的综合思维能力和创新能力。这种跨学科教学的研究可以为学科教学理论的发展提供新的视角和思路，促进学科教学理论的不断创新和发展。

2. 实践价值

（1）为高中化学教学实践提供指导和借鉴

一是探索有效的教学策略和方法。本研究的成果可以为高中化学教学实践提供具体的指导和借鉴。探索有效的教学策略和方法，可以帮助教师提高教学质量，培养学生的核心素养。例如，问题驱动教学法可以激发学生的学习兴趣，提高学生的问题解决能力。在化学教学中，教师可以通过提出具有启发性的问题，引导学生主动思考和探究，培养学生的思维能力和创新能力。项目式学习法可以让学生在实际项目中应用化学知识，提高学生的实践能力和团队合作能力。教师可以设计一些与化学相关的项目，让学生在项目中进行实验设计、数据收集和分析、报告撰写等活动，培养学生的实践能力和团队合作能力。小组合作学习法可以促进学生之间的交流与合作，培养学生的沟通能力和合作精神。教师可以将学生分成小组，让学生在小组中进行讨论、合作学习，培养学生的沟通能力和合作精神。

二是提供教学资源和工具。本研究可以为教师提供一些教学资源和工具，如教学案例、教学设计模板、教学评价工具等。这些资源和工具可以帮助教师更好地实施核心素养教学，提高教学效率。例如，教学案例可以为教师提供具体的教学参考，让教师了解如何在实际教学中应用各种教学策略和方法。教学设计模板可以帮助教师规范教学设计，提高教学设计的质量和效率。教学评价工具可以帮助教师更加科学、客观地评价学生的学习成果，为教学改进提供依据。

（2）提高高中化学教学质量，培养学生的核心素养

提高高中化学教学质量，培养学生的核心素养，是当今教育改革的重要目标。通过本研究，可以为实现这一目标提供有效的教学策略和方法。这些教学策略和方法将注重培养

学生的核心素养，如宏观辨识与微观探析、变化观念与平衡思想、证据推理与模型认知、科学探究与创新意识、科学态度与社会责任等。培养具有核心素养的高素质人才，不仅可以满足社会对人才的需求，还可以促进学生的个人发展和终身学习。

例如，具有宏观辨识与微观探析素养的学生，能够从不同尺度认识物质世界，理解物质的组成、结构和性质，为进一步学习和研究化学及其他相关学科奠定基础。具有变化观念与平衡思想素养的学生，能够认识化学反应的本质和规律，理解化学变化中的能量变化和物质转化，为解决实际问题提供科学依据。具有证据推理与模型认知素养的学生，能够收集证据、进行推理和建立模型，提高科学思维和创新能力。具有科学探究与创新意识素养的学生，能够提出问题、设计实验、进行探究和创新，为科学研究和技术创新培养后备力量。具有科学态度与社会责任素养的学生，能够树立严谨求实的科学态度，关注化学与社会生活的联系，为社会的可持续发展作出贡献。

（3）为教师的专业发展提供支持，帮助教师更好地适应核心素养教学的要求

一是本研究可以为教师的专业发展提供支持，帮助教师更好地适应核心素养教学的要求。教师是教学的实施者，他们的专业素养和教学能力直接影响着教学质量。在核心素养视域下，教师需要不断更新教学理念，掌握新的教学方法，提高自己的教学能力。通过本研究，教师可以了解到最新的教育理念和教学方法，参加专业培训和研讨会，与同行交流经验，不断提高自己的专业素养。例如，教师可以参加关于核心素养教学的培训课程，学习如何在教学中培养学生的核心素养。教师还可以参加教学研讨会，与同行分享教学经验和教学成果，共同探讨教学中存在的问题和解决方法。

二是本研究可以为教师提供教学反思的机会，让教师在实践中不断总结经验，改进教学方法，提高教学效率。教师可以通过教学反思，分析自己的教学行为和教学效果，找出存在的问题和不足，提出改进的措施和方法。例如，教师可以在教学后反思自己的教学过程，分析学生的学习情况和学习效果，总结教学中的成功经验和失败教训，为下一次教学提供参考。

三是本研究还可以为教师提供教学评价的工具和方法，帮助教师更加科学、客观地评价自己的教学效果。教师可以通过教学评价，了解学生的学习需求和学习困难，调整教学策略和教学方法，提高教学质量。

由此可知，本研究的目的是探索核心素养视域下高中化学教学的有效策略和方法，提高高中化学教学质量，培养学生的核心素养，为高中化学教师提供教学参考和借鉴，推动高中化学教学改革。其价值在于丰富和发展高中化学教学理论，为学科教学理论的发展提

供新的视角和思路；为高中化学教学实践提供指导和借鉴，提高教学质量，培养学生的核心素养；为教师的专业发展提供支持，帮助教师更好地适应核心素养教学的要求。对核心素养视域下高中化学教学进行深入研究，将为高中化学教育的发展作出积极的贡献。

第二章　核心素养的内涵与高中化学核心素养解读

在深入探讨教育理念的进程中，核心素养的重要性日益凸显。核心素养涵盖了多方面的能力与品质，为学生的全面发展奠定了坚实基础。在高中化学领域，高中化学核心素养则有着独特的内涵，它不仅是对化学知识的深入理解与掌握，更是对科学思维、实验探究、创新精神等多方面的综合要求。本章对核心素养与高中化学核心养素展开全面解读，探寻高中化学核心素养在培养未来化学人才中的关键作用。

一、核心素养的总体概念

在当今全球化的时代背景下，教育的目标不再仅仅局限于传授知识，更注重培养学生的核心素养，以使其能够适应未来社会的挑战。“核心素养”这一概念在国内外教育领域引起了广泛关注，众多学者和教育机构对其进行深入研究和定义。

（一）国际上对核心素养的定义与阐释

1. 经济合作与发展组织（OECD）的核心素养定义

OECD 将核心素养定义为“使个人在不同情境中成功生活和行动所需的知识、技能、态度和价值观的集合”。这一定义强调了核心素养的跨学科性和可迁移性。

（1）跨学科性

OECD 认为核心素养具有跨学科性，不是单一学科的知识和技能，而是跨越多个学科领域的综合能力。例如，批判性思维、问题解决能力、沟通与合作能力等素养在不同学科中都有体现，但又超越了具体学科的界限。以批判性思维为例，它不仅在哲学、文学等人文科学中至关重要，在数学、物理等自然科学中同样不可或缺。在数学学习中，学生需要运用批判性思维分析问题、提出假设、验证结论；在文学研究中，批判性思维有助于学生解读文本、分析作者意图、评价作品价值。

著名教育学者霍华德·加德纳在其多元智能理论中也强调了跨学科能力的重要性。他认为，学生应该具备多种智能，而这些智能可以在不同学科中得到培养和发展。例如，语言智能可以在语文、英语等学科中得到发展，逻辑数学智能可以在数学、物理等学科中得到培养。通过跨学科的学习，学生可以更好地整合不同学科的知识和技能，提高自己的综合素养。

（2）可迁移性

核心素养的可迁移性是指学生在不同情境中都能够运用的能力，具有较高的通用性和适应性。学生在学校中培养的核心素养，能够在未来的生活、工作和社会交往中发挥重要作用。比如，问题解决能力可以在学习中帮助学生解决各种学科难题，在工作中应对各种业务挑战，在生活中处理各种实际问题。沟通与合作能力也是如此，无论是在课堂小组讨论中，还是在工作团队协作中，抑或是在社会交往中，都能发挥重要作用。

美国教育心理学家罗伯特·斯滕伯格提出的成功智力理论也强调了可迁移性的重要性。他认为，成功智力包括分析性智力、创造性智力和实践性智力三个方面。其中，分析性智力是指解决问题和判断思维成果质量的能力；创造性智力是指产生新颖、有价值的想法和作品的能力；实践性智力是指将理论知识应用于实际生活中的能力。这三种智力相互作用，共同构成了成功智力。而成功智力的培养需要注重可迁移性，使学生能够将在学校中学习到的知识和技能应用到不同的情境中。

2. 欧盟的核心素养框架

欧盟提出了八大核心素养，包括母语沟通、外语沟通、数学素养与基本科技素养、数字素养、学会学习、社会与公民素养、主动意识与创业精神、文化意识与表达。这个框架注重培养学生的全面发展，涵盖了语言、数学、科技、社会等多个领域。

（1）全面发展的体现

欧盟的核心素养框架充分体现了对学生全面发展的关注。母语沟通和外语沟通能力是学生进行交流和表达的基础，无论是在学术领域还是在日常生活中都必不可少。数学素养与基本科技素养则为学生理解和应用科学技术提供了保障。在当今数字化时代，数字素养更是成为学生必备的能力之一。学会学习素养是培养学生的自主学习能力和终身学习意识，使他们能够不断适应知识更新的速度。社会与公民素养强调学生的社会责任感和公民意识，培养他们积极参与社会事务的能力。主动意识与创业精神鼓励学生勇于创新、敢于冒险，培养他们的创业能力和创新思维。文化意识与表达则注重培养学生对不同文化的理解和欣赏，促进文化交流与融合。

英国教育学家肯·罗宾逊在其著作《让天赋自由》中强调了教育应该注重培养学生的多元智能和创造力，以促进学生的全面发展。他认为，每个学生都有自己独特的天赋和潜力，教育应该帮助学生发现和发展自己的天赋，而不是仅仅注重学术成绩。欧盟的核心素养框架正是体现了这种全面发展的教育理念，通过培养学生的多种素养，使学生能够在不同领域中发挥自己的优势，实现自己的人生价值。

（2）对不同领域的涵盖

欧盟的核心素养框架涵盖了语言、数学、科技、社会等多个领域，体现了教育的综合性和多元性。在语言领域，母语沟通和外语沟通能力的培养有助于学生拓宽视野、增进交流。在数学和科技领域，数学素养与基本科技素养、数字素养的培养为学生适应未来数字化社会奠定了基础。在社会领域，社会与公民素养的培养使学生成为有责任感的公民，积极参与社会建设。同时，主动意识与创业精神的培养也为学生未来的职业发展提供了更多可能性。

德国教育学家雅斯贝尔斯在其著作《什么是教育》中提出，教育的目的是培养“全人”，即具有完整人格和全面发展的人。他认为，教育应该注重培养学生的理性思维、道德品质、审美情趣和社会责任感等方面的素养，使学生能够成为有思想、有道德、有文化、有纪律的社会主义建设者和接班人。欧盟的核心素养框架正是体现了这种“全人教育”的理念，通过培养学生的多种素养，使学生能够在不同领域中得到全面发展，成为具有综合素质的人才。

3. 美国 21 世纪学习框架的核心素养

美国 21 世纪学习框架提出了学生应具备的核心素养，包括批判性思维、问题解决、沟通与合作、创造力与创新等。这一教育理念强调培养学生的创新能力和实践能力，以适应快速变化的社会和经济环境。

（1）重视创新能力

美国 21 世纪学习框架将创造力与创新作为核心素养之一，体现了对学生创新能力的高度重视。在当今知识经济时代，创新是推动社会发展的重要动力。学校教育应注重培养学生的创新思维和创新能力，鼓励他们勇于尝试新事物、提出新想法。例如，在科学课程中，教师可以引导学生进行实验探究，培养他们的创新意识和实践能力；在艺术课程中，学生可以通过创作表达自己的独特见解，培养他们的创造力和想象力。

美国著名心理学家托兰斯在其创造力研究中提出，创造力是可以培养的，学校教育应该为学生提供创造性的学习环境和机会，激发学生的创造力。他认为，创造性思维包括流畅性、灵活性、独创性和精细性四个方面，学校教育可以通过培养学生的这四个方面的能力来提高学生的创造力。美国 21 世纪学习框架正是体现了这种创造力培养的理念，通过培养学生的批判性思维、问题解决、沟通与合作能力等素养，为学生的创造力培养提供基础和保障。

（2）强调实践能力

美国的教育理念强调培养学生的实践能力，认为学生不仅要掌握理论知识，还要能够将知识应用于实际生活中。通过实践活动，学生可以更好地理解和掌握知识，提高问题解决能力和创新能力。例如，学校可以组织学生参加社区服务、实习、项目研究等活动，让他们在实践中学习、成长。同时，实践能力的培养也有助于学生更好地适应未来的职业发展，提高就业竞争力。

美国教育家杜威在其“做中学”的教育理念中强调了实践能力的重要性。他认为，学生应该通过实践活动来学习知识和技能，而不是仅仅通过书本学习。在实践活动中，学生可以亲身体验和感受知识的应用，提高自己的问题解决能力和创新能力。美国 21 世纪学习框架正是体现了这种实践能力培养的理念，通过组织学生参加各种实践活动，为学生的实践能力培养提供了机会和平台。

（二）国内对核心素养的定义与阐释

我国学生发展核心素养以培养“全面发展的人”为核心，分为文化基础、自主发展、社会参与三个方面，综合表现为人文底蕴、科学精神、学会学习、健康生活、责任担当、实践创新六大素养。这一框架为我国教育提供了明确的目标和方向，强调学生在知识、技能、情感态度与价值观等方面的全面发展。

1. 文化基础

文化基础包括人文底蕴和科学精神两个方面。人文底蕴主要指学生在学习、理解、运用人文领域知识和技能等方面所形成的基本能力、情感态度和价值取向。它涵盖了人文积淀、人文情怀和审美情趣等要素。科学精神则是指学生在学习、理解、运用科学知识和技能等方面所形成的价值标准、思维方式和行为表现。它包括理性思维、批判质疑、勇于探究等要素。

（1）人文底蕴的培养

人文底蕴的培养有助于学生丰富内心世界、提升人文素养。通过阅读经典文学作品、欣赏艺术作品、了解历史文化等方式，学生可以积累人文知识，培养人文情怀和审美情趣。例如，在语文课程中，学生可以通过阅读古诗词、经典小说等作品，感受中华文化的博大精深；在美术课程中，学生可以欣赏不同风格的绘画作品，提高审美能力。

著名学者钱穆在其著作《国史大纲》中强调了对传统文化的传承和弘扬。他认为，传统文化是中华民族的精神支柱，学生应该通过学习传统文化，培养自己的人文底蕴和民族自豪感。在我国学生发展核心素养中，人文底蕴的培养正是体现了对传统文化的重视，通过阅读经典文学作品、欣赏艺术作品等方式，让学生感受中华文化的魅力，提高自己的人文素养。

（2）科学精神的培育

科学精神的培育对于培养学生的创新能力和实践能力至关重要。理性思维使学生能够客观地分析问题、提出合理的假设和解决方案；批判质疑促使学生敢于挑战权威、勇于提出不同观点；勇于探究则鼓励学生积极探索未知领域、追求真理。在科学课程中，教师可以通过实验教学、问题解决等方式，培养学生的科学精神。例如，在物理实验中，学生可以通过观察、测量、分析等方法，探究物理现象的本质；在数学问题解决中，学生可以运用理性思维和批判质疑的方法，寻找最优解决方案。

著名科学家杨振宁在其演讲中强调了科学精神的重要性。他认为，科学精神包括质疑、独立思考和创新等方面，学生应该在学习科学知识的过程中培养自己的科学精神。在我国学生发展核心素养中，科学精神的培育正是体现了对学生创新能力和实践能力的重视，通过培养学生的理性思维、批判质疑和勇于探究等素养，为学生的未来发展奠定基础。

2. 自主发展

自主发展包括学会学习和健康生活两个方面。学会学习主要指学生在学习意识形成、学习方式方法选择、学习进程评估调控等方面的综合表现。它涵盖了乐学善学、勤于反思、信息意识等要素。健康生活主要指学生在认识自我、发展身心、规划人生等方面的综合表现。它包括珍爱生命、健全人格、自我管理等要素。

（1）学会学习的重要性

学会学习是学生实现自主发展的关键。在当今信息时代，知识更新速度快，学生只有具备自主学习的能力，才能不断适应社会的发展需求。乐学善学使学生对学习充满兴趣和热情，主动探索知识；勤于反思帮助学生总结经验教训，不断改进学习方法；信息意识则使学生能够有效地获取、处理和利用信息，提高学习效率。例如，学生可以利用网络资源进行自主学习，通过在线课程、学习论坛等方式拓宽知识面；同时，学生还可以通过反思自己的学习过程，发现问题并及时调整学习策略。

我国著名教育家陶行知先生提出了“生活教育”的理念，强调教育应该与生活相结合，培养学生的自主学习能力和实践能力。在我国学生发展核心素养中，学会学习的重要性正是体现了这种教育理念，通过培养学生的乐学善学、勤于反思和信息意识等素养，让学生在学习中学会学习，提高自己的自主学习能力和终身学习意识。

（2）健康生活的意义

健康生活对于学生的成长和发展至关重要。珍爱生命使学生认识到生命的宝贵，树立正确的生命观；健全人格有助于学生形成积极向上的心理品质，提高社会适应能力；自我管理则使学生能够合理安排时间、控制情绪、保持良好的生活习惯。在学校教育中，应注重培养学生的健康生活意识和能力，通过体育课程、心理健康教育等方式，促进学生身心健康发展。例如，学校可以组织丰富多彩的体育活动，让学生在运动中增强体质、培养团队合作精神；同时，还可以开展心理健康教育课程，帮助学生解决心理问题，提高心理健康水平。

在我国学生发展核心素养中，健康生活的意义正是体现了对学生身心健康的重视，通过培养学生的珍爱生命、健全人格和自我管理等素养，让学生树立正确的生命观和价值观，提高自己的社会适应能力和综合素质。

3. 社会参与

社会参与包括责任担当和实践创新两个方面。责任担当主要指学生在处理与社会、国家、国际等关系方面所形成的情感态度、价值取向和行为方式。它涵盖了社会责任、国家认同、国际理解等要素。实践创新主要指学生在日常活动、问题解决、适应挑战等方面所形成的实践能力、创新意识和行为表现。它包括劳动意识、问题解决、技术应用等要素。

（1）责任担当的培养

责任担当的培养有助于学生树立正确的价值观和社会责任感。社会责任使学生关注社会问题，积极参与社会公益活动，为社会作出贡献；国家认同培养学生的爱国情感和民族自豪感，增强国家凝聚力；国际理解则使学生了解不同的国家和文化，促进国际交流与合作。在学校教育中，可以通过开展社会实践活动、主题班会等方式，培养学生的责任担当意识。例如，学生可以参加志愿者服务活动，关爱弱势群体、保护环境；通过学习历史和文化，增强国家认同和民族自豪感；参与国际交流活动，增进对不同国家和文化的理解。

在我国学生发展核心素养中，责任担当的培养正是体现了对学生社会责任感的重视，通过培养学生的社会责任、国家认同和国际理解等素养，让学生成为有责任感、有担当的社会主义建设者和接班人。

（2）实践创新的意义

实践创新是学生适应未来社会发展的重要能力。劳动意识使学生尊重劳动、热爱劳动，培养学生的动手能力和实践能力；问题解决能力帮助学生在面对各种问题时，能够运用所学知识和技能，提出有效的解决方案；技术应用则使学生能够掌握现代信息技术，将其应用于学习和生活中。在教育教学中，应注重培养学生的实践创新能力，通过开展实验教学、科技创新活动等方式，激发学生的创新思维和实践能力。例如，学校可以组织学生参加科技创新大赛，鼓励学生发挥想象力和创造力，设计和制作科技作品；同时，还可以开设信息技术课程，让学生掌握计算机编程、多媒体制作等技术，提高技术应用能力。

著名科学家钱学森在其晚年提出了“大成智慧学”的理念，强调教育应该注重培养学生的创新能力和实践能力，使学生能够成为具有综合素质的创新型人才。在我国学生发展核心素养中，实践创新的意义正是体现了对学生创新能力和实践能力的重视，通过培养学生的劳动意识、问题解决和技术应用等素养，为学生的未来发展提供了有力的支持和保障。

（三）国内外核心素养定义的共同特点

1. 跨学科性

国内外对核心素养的定义都强调了跨学科性。核心素养不是单一学科的知识和技能，而是跨越多个学科领域的综合能力。这种跨学科性有助于培养学生的综合思维能力和解决问题的能力，使他们能够在不同学科之间建立联系，运用多学科知识解决实际问题。

国内外许多学者都对跨学科教育进行了深入研究。例如，美国学者雅克·巴赞在其著作《从黎明到衰落》中指出，跨学科教育是未来教育的发展趋势，它能够培养学生的综合思维能力和创新能力。在我国，也有许多学者呼吁加强跨学科教育，如钟启泉教授在其著作《课程的逻辑》中提出，跨学科教育是课程改革的重要方向，它能够打破学科界限，培养学生的综合素养。

2. 可迁移性

核心素养具有可迁移性，是学生在不同情境中都能够运用的能力。无论是在学校学习、家庭生活还是在社会交往中，核心素养都能发挥重要作用。这种可迁移性使学生能够更好地适应未来的生活和工作，提高他们的综合素质和竞争力。

美国教育心理学家罗伯特·加涅在其学习理论中提出，学习是一种迁移的过程，学生在学习过程中所获得的知识和技能应该能够迁移到不同的情境中。在我国，也有许多学者对这种可迁移性进行了研究，如林崇德教授在其著作《发展心理学》中指出，可迁移性是学习的重要目标之一，学生应该在学习过程中培养自己的可迁移能力，以便更好地适应未来的生活和工作。

3. 全面发展

国内外的核心素养定义都关注学生的全面发展，不仅注重学生的知识和技能的培养，还重视学生的情感态度和价值观的发展。核心素养涵盖了学生的学术成就、社会责任感、创新精神、实践能力等多个方面，旨在培养具有综合素质的人才。

我国古代教育家孔子提出了“君子不器”的教育理念，强调教育应该培养全面发展的人，而不是只注重某一方面的才能。在当今时代，核心素养的全面发展理念与之相呼应。学生不仅要在学术上有所成就，更要具备良好的品德修养、社会责任感和创新实践能力。

例如，在情感态度和价值观的发展方面，积极心理学的倡导者马丁·塞利格曼强调培养学生的积极情绪、积极人格特质和积极社会组织系统。培养学生的乐观、坚韧、感恩等品质，可以帮助他们更好地应对生活中的挑战，增强心理韧性。在核心素养的培养中，关注学生的情感态度和价值观，有助于他们形成健全的人格，以积极的心态投入学习和生活中。

又如，在社会责任感方面，美国社会学家阿尔文·古尔德纳认为，现代社会需要具有公共精神和社会责任感的公民。学生在成长过程中，应通过参与社区服务、环保活动等社会实践，培养对社会问题的关注和解决问题的能力，增强社会责任感。这与核心素养中强调的社会责任要素不谋而合，都是为了培养能够为社会作出贡献的人才。

4. 终身学习

核心素养强调学生具备自主学习和持续发展的能力，以适应不断变化的社会和知识更新的速度。终身学习是现代社会的必然要求，学生在学校中培养的核心素养将为他们的终身学习奠定基础。

著名教育家保罗·朗格朗提出了终身教育的理念，认为教育不应局限于学校阶段，而应贯穿人的一生。在信息时代，知识的更新换代速度极快，学生只有具备终身学习的意识和能力，才能不断适应社会的发展。核心素养中的学会学习、批判性思维等要素，正是为了培养学生的终身学习能力。

例如，培养学生的信息素养可以帮助他们在海量的信息中筛选出有价值的内容，学会利用信息技术进行自主学习和知识更新。同时，批判性思维能力可以让学生对所学知识进行反思和质疑，不断探索新的知识领域，保持学习的热情和动力。

（四）核心素养的重要意义

1. 对学生个人发展的意义

核心素养的培养有助于学生实现个人的全面发展。通过培养跨学科的综合能力、可迁移的通用技能以及积极的情感态度和价值观，学生能够更好地适应未来社会的挑战，实现自己的人生价值。核心素养还能激发学生的学习兴趣和动力，提高他们的学习效率和成绩，为他们的未来发展打下坚实的基础。

核心素养的培养能够让学生在掌握专业知识的同时，具备广泛的综合素养，成为能够适应未来社会多元化需求的人才。

2. 对教育改革的意义

核心素养的提出为教育改革提供了明确的方向和目标。传统的教育模式注重知识的传授，而忽视了学生能力和素养的培养。核心素养的理念促使教育者重新审视教育的本质和目标，转变教育观念，改革教育教学方法，注重培养学生的综合能力和创新精神。同时，核心素养也为课程设置、教学评价等方面的改革提供了重要依据。

3. 对社会发展的意义

核心素养的培养对于社会的发展具有重要意义。在全球化和信息化的时代背景下，社会需要具备创新能力、实践能力、合作能力等核心素养的人才。培养具有核心素养的学生，能够为社会的发展提供有力的人才支持，促进经济的发展和社会的进步。

综上所述，国内外对核心素养的定义和阐释虽然有所不同，但都强调了跨学科性、可迁移性、全面发展和终身学习等方面。核心素养的培养对于学生个人的发展、教育改革和社会进步都具有重要意义。在今后的教育教学中，我们应积极探索培养学生核心素养的有效途径和方法，结合国内外学者的研究成果，不断丰富和完善核心素养的培养体系。同时，教育者应注重培养学生的创新精神和实践能力，让学生在学习中学会思考、学会合作、学会创新，为培养具有综合素质的人才作出贡献。

二、高中化学核心素养的主要维度

（一）知识维度：筑牢化学学习的基石

知识是核心素养的基础，在高中化学教学中，知识维度涵盖了化学基本概念、化学原理和化学实验方法等多方面内容，为学生构建起化学知识的大厦。

1. 化学基本概念：奠定学科基础

化学基本概念是化学学科的基石，如同构建高楼大厦的砖块。元素、化合物、化学键、化学反应等概念，是学生开启化学之门的钥匙。

元素是组成物质的基本单元，学生需要准确理解不同元素的性质、特点以及在周期表中的位置。例如，金属元素通常具有良好的导电性、导热性和金属光泽，而非金属元素则在性质上与金属元素有很大差异。通过对元素的学习，学生能够认识到物质世界的多样性和统一性。

化合物是由不同元素组成的纯净物，其性质往往与组成它的元素密切相关。学生要掌握化合物的分类、命名方法以及常见化合物的性质。例如，水是由氢和氧两种元素组成的化合物，具有独特的物理和化学性质，在生命活动中起着至关重要的作用。

化学键是将原子结合在一起形成分子的作用力，分为离子键、共价键和金属键等类型。学生需要理解化学键的形成机制和特点以及化学键对物质性质的影响。例如，离子化合物通常具有较高的熔点和沸点，而共价化合物的性质则更加多样化。

化学反应是物质发生变化的过程，包括化合反应、分解反应、置换反应和复分解反应等类型。学生要掌握化学反应的方程式书写、反应条件以及反应过程中的能量变化等知识。通过对化学反应的学习，学生能够理解物质之间的相互转化和变化规律。

在教学中，教师要注重引导学生准确理解这些概念的含义和特点，帮助学生掌握它们之间的关系。可以通过举例、实验演示、对比分析等方法，让学生深入理解化学基本概念。例如，在讲解化学键时，可以通过展示氯化钠和氯化氢的形成过程，让学生直观地理解离子键和共价键的区别。

2. 化学原理：揭示化学现象的本质

化学原理是化学学科的核心内容，它揭示了化学现象背后的本质规律。物质的结构与性质、化学反应速率与平衡、电化学等原理，是学生深入理解化学世界的关键。

物质的结构决定性质，这是化学中的重要原理。学生需要了解原子结构、分子结构以及晶体结构等知识，掌握物质结构与性质之间的关系。例如，碳原子的特殊结构使其能够形成多种有机化合物，而不同的有机化合物又具有不同的性质和用途。

化学反应速率与平衡是化学动力学和化学热力学的重要内容。学生要理解化学反应速率的影响因素如温度、浓度、催化剂等，以及化学平衡的建立和移动规律。通过对化学反应速率与平衡的学习，学生能够掌握化学反应的调控方法，为实际生产和生活中的化学过程提供理论指导。

电化学是研究化学能与电能相互转化的学科，包括原电池和电解池等内容。学生需要掌握原电池和电解池的工作原理、电极反应式的书写以及电化学在实际中的应用。例如，电池的发明和应用改变了人们的生活方式，而电解在工业生产中也有着广泛的应用。

教师在教学中要通过深入浅出的讲解和实例分析，帮助学生理解化学原理。可以采用问题引导、实验探究等教学方法，激发学生的学习兴趣和探究欲望。例如，在讲解化学反应速率与平衡时，可以让学生通过实验探究温度、浓度等因素对化学反应速率的影响，从而加深对化学原理的理解。

3. 化学实验方法：重要的学科手段

化学实验方法是化学学科的重要手段，它不仅能够验证化学理论，还能够培养学生的动手能力和实践能力。学生需要掌握化学实验的基本操作技能、实验设计方法和实验数据分析方法。

化学实验的基本操作技能包括药品的取用、仪器的连接、加热、冷却等。学生要严格遵守实验操作规程，确保实验安全。例如，在取用药品时，要根据药品的性质和用量选择合适的仪器和方法，避免浪费和污染。

实验设计是化学实验的关键环节，学生需要根据实验目的和要求，选择合适的实验方法和仪器，设计合理的实验方案。在实验设计过程中，要考虑实验的可行性、安全性和准确性等因素。例如，在设计探究影响化学反应速率因素的实验时，要选择合适的反应物和催化剂，控制实验条件，确保实验结果的可靠性。

实验数据分析是化学实验的重要步骤，学生需要学会对实验数据进行处理和分析，得出合理的结论。可以采用图表法、计算法等方法对实验数据进行分析，找出数据之间的规律和关系。例如，在分析化学反应速率实验数据时，可以通过绘制反应速率与时间的关系曲线，直观地看出化学反应速率的变化规律。

在教学中，教师要注重实验教学，让学生亲自动手操作实验，提高学生的实验技能。同时，要引导学生关注实验的实际应用，通过案例分析、实验探究等方式，让学生体会化学知识在生产生活中的重要作用。例如，在讲解化学实验方法时，可以结合实际生产中的化学工艺，让学生了解化学实验在工业生产中的应用。

总之，在知识维度方面，教师要注重知识的系统性和逻辑性，引导学生构建知识网络；通过多种教学方法和手段，让学生深入理解化学基本概念、化学原理和化学实验方法等知识内容，为学生的化学学习打下坚实的基础。

（二）技能维度：提升化学学习的能力

技能是核心素养的重要组成部分，在高中化学教学中，技能维度包括实验技能、思维技能和信息处理技能等方面，这些技能的培养有助于学生更好地掌握化学知识，提高学习能力。

1. 实验技能：化学学科的特色技能

实验技能是化学学科的特色技能，是学生进行化学探究和实践的重要手段。学生需要掌握化学实验的基本操作方法，如药品的取用、仪器的连接、加热、冷却等，同时还需要学会实验设计、实验观察、实验记录和实验数据分析等技能。

药品的取用是化学实验的基本操作之一，学生要根据药品的性质和用量选择合适的取用方法。例如，固体药品通常用镊子或药匙取用，液体药品则用滴管或量筒取用。在取用药品时，要注意操作规范，避免药品的浪费和污染。

仪器的连接是化学实验中经常遇到的问题，学生要掌握仪器的连接方法和技巧，确保实验装置的密封性和稳定性。例如，在连接玻璃仪器时，要使用合适的橡胶塞或玻璃管，避免仪器连接不紧密导致实验失败。

加热和冷却也是化学实验中的重要操作，学生要掌握不同的加热和冷却方法，根据实验要求选择合适的加热设备和冷却剂。例如，在加热固体物质时，可以使用酒精灯或酒精喷灯；在冷却液体物质时，可以使用冰水浴或冷却剂。

实验设计是实验技能的重要组成部分，学生需要根据实验目的和要求，选择合适的实验方法和仪器，设计合理的实验方案。在实验设计过程中，要考虑实验的可行性、安全性和准确性等因素。例如，在设计探究影响化学反应速率因素的实验时，要选择合适的反应物和催化剂，控制实验条件，确保实验结果的可靠性。

实验观察是实验技能的关键环节，学生需要仔细观察实验现象，记录实验数据，并对实验现象进行分析和解释。在实验观察过程中，要注意观察的全面性和准确性，避免遗漏重要的实验现象。例如，在观察化学反应时，要注意观察反应物的颜色变化、沉淀的生成、气体的产生等现象。

实验记录是实验技能的重要步骤，学生需要及时、准确地记录实验数据和实验现象，为实验数据分析提供依据。在实验记录过程中，要使用规范的实验记录表格，记录实验的条件、过程和结果等信息。

实验数据分析是实验技能的核心内容，学生需要学会对实验数据进行处理和分析，得出合理的结论。可以采用图表法、计算法等方法对实验数据进行分析，找出数据之间的规律和关系。例如，在分析化学反应速率实验数据时，可以通过绘制反应速率与时间的关系曲线，直观地看出化学反应速率的变化规律。

通过实验技能的培养，学生可以提高动手能力和实践能力，加深对化学知识的理解。同时，实验技能的培养还可以培养学生的科学态度和创新精神，提高学生的综合素质。

2. 思维技能：学习和解决问题的关键

思维技能是学生在学习和解决问题过程中所需要的能力，包括观察、分析、归纳、演绎、推理等。在化学教学中，教师要引导学生运用思维技能，对化学现象进行观察和分析，提出问题和假设，设计实验方案进行验证，得出结论并进行解释。

观察是思维技能的基础，学生需要仔细观察化学现象，注意现象的细节和变化。在观察过程中，要运用多种感官，如视觉、听觉、嗅觉等，全面地了解化学现象。

分析是思维技能的重要环节，学生需要对观察到的化学现象进行分析，找出现象背后的原因和规律。在分析过程中，要运用化学知识和原理，进行逻辑推理和判断。例如，在分析化学反应速率的影响因素时，要考虑温度、浓度、催化剂等因素对反应速率的影响。

归纳是思维技能的重要方法，学生需要对观察和分析的结果进行归纳总结，找出共性和规律。在归纳过程中，要运用分类、比较等方法，对化学现象进行分类和比较，找出它们之间的相似性和差异性。例如，在归纳元素周期表的规律时，要对不同元素的性质进行比较和分析，找出它们之间的周期性变化规律。

演绎是思维技能的重要手段，学生需要根据归纳总结的规律和结论，进行演绎推理，预测未知的化学现象和结果。在演绎过程中，要运用逻辑推理和假设验证的方法，对预测的结果进行验证。例如，在学习化学平衡时，学生可以根据化学平衡的原理，预测改变反应条件对化学平衡的影响。

推理是思维技能的核心内容，学生需要根据观察、分析、归纳和演绎的结果，进行推理和判断，得出合理的结论。在推理过程中，要运用逻辑推理和证据支持的方法，确保结论的可靠性和准确性。例如，在学习有机化学时，学生可以根据有机物的结构和性质，推理出有机物的反应类型和反应产物。

通过思维技能的培养，学生可以提高思维的敏捷性、逻辑性和创造性，更好地学习和解决化学问题。同时，思维技能的培养还可以培养学生的科学思维和创新能力，为学生的未来发展奠定基础。

3. 信息处理技能：信息时代的必备能力

信息处理技能是在信息时代学生必备的能力，包括信息的获取、筛选、整合和应用等。在化学教学中，教师要引导学生利用互联网、图书馆等渠道获取化学信息，学会筛选和整合有用的信息，运用信息解决化学问题。

信息的获取是信息处理技能的第一步，学生需要学会利用各种渠道获取化学信息。互联网是获取化学信息的重要渠道，学生可以通过搜索引擎、学术数据库等方式获取化学知识、实验方法、科研成果等信息。图书馆也是获取化学信息的重要场所，学生可以借阅化学书籍、期刊等资料，获取系统的化学知识。

筛选是信息处理技能的关键环节，学生需要学会对获取的化学信息进行筛选，去除无用和错误的信息。在筛选信息时，要根据信息的来源、可靠性、准确性等因素进行判断，选择可靠的信息来源，如权威的学术期刊、专业的化学网站等。

整合是信息处理技能的重要步骤，学生需要将筛选后的化学信息进行整合，形成系统的知识体系。在整合信息时，要运用分类、归纳等方法，将化学信息进行分类和归纳，找出它们之间的联系和规律。

应用是信息处理技能的最终目的，学生需要学会运用整合后的化学信息解决化学问题。在应用信息时，要根据问题的要求和特点，选择合适的信息和方法，进行分析和解决。例如，在解决化学实验问题时，学生可以运用从互联网和图书馆获取的实验方法和技巧，设计合理的实验方案。

通过信息处理技能的培养，学生可以提高信息素养和自主学习能力，更好地适应信息时代的学习和生活。同时，信息处理技能的培养还可以培养学生的创新能力和实践能力，为学生的未来发展提供有力支持。

（三）情感态度与价值观维度：塑造化学学习的灵魂

情感态度与价值观是核心素养的灵魂，在高中化学教学中，情感态度与价值观维度包括对化学学科的兴趣、科学态度、社会责任感等方面，这些情感态度与价值观的培养有助于学生树立正确的学习观和价值观。

1. 对化学学科的兴趣：学习的动力源泉

对化学学科的兴趣是学生学习化学的动力源泉，它能够激发学生的学习热情和积极性。教师要通过生动有趣的教学方法和实验演示，激发学生对化学学科的好奇心和求知欲。

生动有趣的教学方法可以吸引学生的注意力，提高学生的学习兴趣。教师可以采用故事导入、问题引导、小组讨论等方法，让学生在轻松愉快的氛围中学习化学知识。例如，在讲解化学元素时，可以通过讲述元素的发现故事，让学生了解元素的历史和文化背景，激发学生的学习兴趣。

实验演示是激发学生学习兴趣的重要手段，教师可以通过精彩的实验演示，让学生直观地感受化学现象的神奇和美妙。例如，在讲解化学反应时，可以通过演示镁条在空气中燃烧、铁与硫酸铜溶液反应等实验，让学生目睹化学反应的发生过程，激发学生的好奇心和求知欲。

同时，教师要关注学生的个体差异，满足不同学生的学习需求，让每个学生都能在化学学习中获得成就感。对于学习能力较强的学生，可以提供一些拓展性的学习内容和挑战，激发他们的学习潜力；对于学习能力较弱的学生，要给予更多的关心和帮助，鼓励他们克服困难，逐步提高学习成绩。

2. 科学态度：学习和研究的品质保证

科学态度是学生在学习和研究化学过程中应具备的品质，包括实事求是、严谨认真、勇于创新等。教师要通过化学实验和科学探究活动，培养学生的科学态度，让学生养成尊重事实、勇于探索的习惯。

实事求是是科学态度的核心，学生在学习和研究化学过程中，要尊重客观事实，不弄虚作假。在实验过程中，要如实记录实验数据和现象，不篡改实验结果。在分析和解决化学问题时，要依据科学知识和原理，进行客观的分析和判断。

严谨认真是科学态度的重要体现，学生在学习和研究化学过程中，要严格遵守实验操作规程，认真做好每一个实验步骤。在计算和分析化学数据时，要仔细认真，避免出现错误。在撰写实验报告和论文时，要规范严谨，语言准确。

勇于创新是科学态度的重要品质，学生在学习和研究化学过程中，要敢于提出新的问题和假设，勇于尝试新的实验方法和技术。在面对困难和挑战时，要勇于探索，不断创新，寻找解决问题的方法和途径。

通过化学实验和科学探究活动，学生可以亲身体验科学研究的过程，培养科学态度和创新精神。例如，在进行探究性实验时，学生可以自主设计实验方案，进行实验操作和数据分析，得出实验结论。在这个过程中，学生不仅可以提高实验技能和思维能力，还可以培养科学态度和创新精神。

3. 社会责任感：作为社会成员的责任担当

社会责任感是学生作为社会成员应承担的责任，包括关注环境保护、资源利用、食品安全等社会问题。在化学教学中，教师要引导学生认识化学在解决社会问题中的重要作用，培养学生的社会责任感，让学生树立可持续发展的观念。

环境保护是当今社会面临的重要问题，化学在环境保护中起着重要的作用。教师可以通过讲解化学与环境保护的关系，让学生了解化学污染的来源和危害以及化学在治理污染中的应用。例如，在讲解水污染时，可以让学生了解水污染的主要来源和危害以及化学方法在污水处理中的应用。

资源利用也是社会关注的重要问题，化学在资源开发和利用中有着广泛的应用。教师可以通过讲解化学与资源利用的关系，让学生了解化学在矿产资源开发、能源转化等方面的应用。例如，在讲解化学能源时，可以让学生了解化学在化石能源开发、新能源开发等方面的应用。

食品安全是关系到人们身体健康的重要问题，化学在食品安全检测和保障中起着重要的作用。教师可以通过讲解化学与食品安全的关系，让学生了解食品添加剂的种类和作用以及化学方法在食品安全检测中的应用。

教师通过引导学生关注社会问题，让学生认识到化学在解决社会问题中的重要作用，培养学生的社会责任感。同时，教师还可以通过组织学生参加社会实践活动，如环保宣传、资源回收等活动，让学生亲身体验社会责任感的重要性。

（四）自主学习维度：展现核心素养的重要体现

自主学习是核心素养的重要体现，在高中化学教学中，自主学习维度包括学习动机、学习策略和学习评价等方面，这些自主学习能力的培养有助于学生提高学习效率，实现自我发展。

1. 学习动机：自主学习的内在动力

学习动机是学生自主学习的内在动力，它包括兴趣、目标、成就感等。教师要通过激发学生的学习兴趣、帮助学生树立学习目标、及时给予学生反馈和鼓励等方式，增强学生的学习动机。

激发学生的学习兴趣是培养学习动机的重要途径，教师可以通过生动有趣的教学方法、精彩的实验演示、与实际生活的联系等方式，激发学生对化学学科的好奇心和求知欲。例如，在讲解化学与生活的关系时，可以通过介绍化学在食品、医药、材料等方面的应用，让学生感受到化学的魅力和重要性。

帮助学生树立学习目标是培养学习动机的关键环节，教师要根据学生的实际情况，帮助学生制定合理的学习目标。学习目标可以分为短期目标和长期目标，短期目标可以是掌握某个知识点、完成某个实验等，长期目标可以是考上理想的大学、成为一名优秀的化学专业人才等。长期目标能够为学生提供更远大的奋斗方向，而短期目标则可以让学生在学习过程中不断获得成就感，从而保持学习的动力。教师可以引导学生将长期目标分解为一个个具体的短期目标，逐步实现。

及时给予学生反馈和鼓励也是增强学习动机的重要手段。当学生在学习中取得进步时，教师要及时给予肯定和表扬，让学生感受到自己的努力得到了认可。对于学生在学习中出现的问题，教师要给予耐心的指导和帮助，鼓励学生勇敢面对困难，不断努力。通过这种方式，学生能够建立起积极的学习心态，增强学习的内在动力。

2. 学习策略：自主学习的方法和手段

学习策略是学生自主学习的方法和手段，包括预习、复习、总结和归纳等。教师要引导学生掌握有效的学习策略，提高学习效率。

预习是学习的重要环节，通过预习，学生可以对将要学习的内容有一个初步的了解，明确学习的重点和难点，为课堂学习做好准备。教师可以指导学生在预习时先阅读教材的标题、目录和章节引言，了解教材的整体结构和主要内容。然后，仔细阅读教材中的具体内容，标记出自己不理解的地方，以便在课堂上重点听讲。

复习是巩固知识的重要手段，学生在学习完一个章节或一个知识点后，要及时进行复习。复习时，可以采用回忆法、总结法、做题法等多种方法。回忆法是指在不看教材的情况下，回忆所学的内容，检查自己对知识的掌握程度。总结法是指将所学的知识进行归纳总结，形成知识网络，便于记忆和理解。做题法是指通过做练习题来巩固所学的知识，检验自己的学习效果。

总结和归纳是学习的重要方法，学生要学会对所学的知识进行总结和归纳，找出知识之间的联系和规律。可以采用列表法、思维导图法等方式进行总结和归纳。列表法是将所学的知识按照一定的类别进行列表，便于比较和记忆。思维导图法则是通过绘制思维导图的方式，将所学的知识以图形的形式展示出来，更加直观形象。

同时，教师要鼓励学生根据自己的学习特点和需求，制订个性化的学习计划。每个学生的学习方式和进度都有所不同，因此，制订个性化的学习计划可以更好地满足学生的学习需求，提高学习效率。学生可以在教师的指导下，根据自己的学习目标、时间安排、学习能力等因素，制订出适合自己的学习计划，并严格按照计划执行。

3. 学习评价：自主学习的重要环节

学习评价是学生自主学习的重要环节，包括自我评价、同伴评价和教师评价等。教师要引导学生学会自我评价，及时发现自己的学习问题和不足，调整学习策略。

自我评价是学生对自己学习过程和学习结果的评价，学生可以通过回顾自己的学习过程，检查自己是否按照学习计划进行学习，是否掌握了所学的知识和技能。同时，学生还可以通过做练习题、参加考试等方式，检验自己的学习效果。在自我评价过程中，学生要客观公正地对待自己，发现自己的优点和不足，及时调整学习策略。

同伴评价是学生之间相互评价的方式，学生可以通过与同伴交流学习经验、互相检查作业、共同完成项目等方式，进行同伴评价。同伴评价可以让学生从不同的角度了解自己的学习情况，发现自己的不足之处，同时也可以学习同伴的优点和经验，促进共同进步。

教师评价是对学生学习的全面评价，教师要根据学生的学习表现、作业完成情况、考试成绩等方面，对学生进行客观公正的评价。教师评价不仅要关注学生的学习成绩，还要关注学生的学习过程和进步情况。教师可以通过课堂提问、作业批改、个别辅导等方式，及时给予学生反馈和指导，帮助学生提高学习效率。

在自主学习维度方面，教师要注重培养学生的学习动机、学习策略和学习评价能力。通过激发学生的学习兴趣、帮助学生树立学习目标、引导学生掌握有效的学习策略、鼓励学生进行自我评价和同伴评价等方式，提高学生的自主学习能力，让学生在学习中更加积极主动，实现自我发展。

综上所述，核心素养是一个多维度的概念，包括知识、技能、情感态度与价值观以及自主学习等方面的内容。在高中化学教学中，教师要深刻理解核心素养的内涵，以核心素养为导向，优化教学内容和方法，注重知识的系统性和逻辑性，培养学生的实验技能、思维技能和信息处理技能，关注学生的情感态度与价值观，引导学生树立正确的学习观和价值观，提高学生的自主学习能力，培养具有综合素质的人才。只有这样，才能更好地适应新基对教育的要求，为学生的未来发展奠定坚实的基础。

三、高中化学核心素养的具体内容

高中化学核心素养是学生在化学学习过程中逐渐形成的关键能力和必备品格，对学生的全面发展和未来的学习、生活及工作具有重要意义。高中化学核心素养具体包括宏观辨识与微观探析、变化观念与平衡思想、证据推理与模型认知、科学探究与创新意识、科学态度与社会责任等重要组成部分。

（一）宏观辨识与微观探析

1. 宏观辨识

（1）宏观辨识的重要性

宏观辨识是学生认识化学世界的基础。在高中化学教学中，引导学生从宏观角度观察和认识物质的性质和变化，有助于培养学生的观察能力、分析能力和归纳能力。通过对物质物理性质和化学性质的掌握，学生能够更好地理解物质的用途和应用，为后续的学习和实际生活中的问题解决提供依据。

物质的物理性质如颜色、状态、密度、熔点、沸点、溶解性等，是物质在宏观层面上的表现特征。这些性质不仅可以通过直接观察获得，还可以通过实验测量进行准确描述。例如，通过观察金属铜的颜色为紫红色、固体状态，测量其密度、熔点等物理性质，学生可以初步了解铜的基本特征。而物质的化学性质如氧化性、还原性、酸碱性等，则反映了物质在化学反应中的表现。又如，铁具有还原性，能够与氧气发生氧化反应生成氧化铁；氢氧化钠具有碱性，能够与酸发生中和反应。

对物质进行分类也是宏观辨识的重要内容。学生需要了解单质、化合物、混合物等不同类型物质的性质和用途。单质是由同种元素组成的纯净物，如氧气、铁等；化合物是由不同种元素组成的纯净物，如水、氯化钠等；混合物是由两种或两种以上的物质混合而成的物质，如空气、溶液等。通过对物质的分类，学生可以更好地理解不同类型物质的特点和相互关系，为进一步学习化学反应和物质的变化奠定基础。

（2）培养宏观辨识能力的方法

在教学中，教师可以通过多种方法培养学生的宏观辨识能力。首先，实验教学是培养宏观辨识能力的重要手段。通过实验，学生可以直观地观察物质的物理性质和化学性质的变化，加深对物质宏观特征的认识。例如，在进行金属钠与水反应的实验时，学生可以观察到钠浮在水面上、熔化成小球、四处游动并发出滋滋声等现象，从而了解金属钠的物理性质和化学性质。

其次，生活实例的引入也可以帮助学生更好地进行宏观辨识。化学知识与实际生活相结合，可让学生从生活中发现化学现象，分析物质的宏观性质。例如，教师讲解物质的溶解性时，可以以日常生活中的盐溶解在水中、油不溶于水等现象为例，帮助学生理解溶解性的概念。

最后，图表和模型的使用也有助于学生进行宏观辨识。通过绘制物质的性质图表、构建物质分类模型等方式，让学生更加系统地认识物质的宏观特征。例如，制作元素周期表，学生可以根据元素在周期表中的位置，推断元素的物理性质和化学性质的变化规律。

(3) 宏观辨识能力在实际应用中的体现

宏观辨识能力在实际生活和工业生产中具有广泛的应用。例如，在环境保护方面，了解物质的物理性质和化学性质可以帮助我们更好地处理污染物。如利用活性炭的吸附性去除水中的杂质；利用化学反应将有害气体转化为无害物质。在材料科学领域，根据物质的宏观性质选择合适的材料用于不同的用途。如选择具有高强度、耐腐蚀的金属材料用于制造飞机、汽车等交通工具；选择具有良好绝缘性的材料用于制作电气设备。

2. 微观探析

(1) 微观探析的重要性

微观探析是深入理解化学本质的关键。在高中化学教学中，引导学生从微观角度理解物质的组成和结构，有助于培养学生的抽象思维能力、逻辑推理能力和创新能力。通过掌握原子结构、分子结构、晶体结构等知识，学生可以了解物质的微观组成和结构对其性质的影响，从而更好地解释和预测物质的化学行为。

原子是构成物质的基本单位，了解原子的结构对于理解物质的性质至关重要。原子由原子核和核外电子组成，原子核又由质子和中子组成。不同元素的原子具有不同的质子数，这决定了元素的种类。核外电子的排布决定了原子的化学性质。例如，最外层电子数决定了元素的化合价和化学活性。

分子是由原子通过化学键结合而成的，分子结构的不同会导致物质性质的差异。例如，水分子是由两个氢原子和一个氧原子通过共价键结合而成的，其独特的分子结构决定了水具有较高的沸点、熔点和溶解性等性质。晶体结构是物质在微观层面上的有序排列方式，不同的晶体结构会影响物质的物理性质和化学性质。例如，金刚石和石墨都是由碳原子组成的，但由于晶体结构的不同，它们的物理性质有很大的差异。

(2) 培养微观探析能力的方法

为了培养学生的微观探析能力，可以采用以下方法。首先，模型构建是一种有效的教学手段。构建原子模型、分子模型和晶体模型等，可让学生直观地感受物质的微观结构。例如，使用球棍模型展示分子的空间结构，让学生更好地理解分子的构型和化学键的形成。

其次，多媒体教学资源的运用可以帮助学生更好地理解微观世界。利用动画、视频等多媒体资源展示原子的运动、化学键的形成和断裂等微观过程，可使抽象的知识变得更加形象生动。例如，通过播放化学反应的动画视频，学生可以清楚地看到化学键的断裂和形成过程，从而更好地理解化学反应的本质。

最后，问题引导和讨论也是培养微观探析能力的重要方法。教师提出具有启发性的问题，引导学生从微观角度思考问题，通过讨论和交流，激发学生的思维火花。例如，在讲解化学反应速率时，教师可以提出问题：为什么化学反应的速率会受到温度、浓度等因素的影响？引导学生从微观角度分析化学反应的过程，理解温度和浓度对分子运动和碰撞频率的影响。

（3）微观探析能力在实际应用中的体现

微观探析能力在化学研究和实际应用中具有重要价值。在药物研发领域，了解药物分子的微观结构可以帮助科学家设计出更有效的药物。例如，研究药物分子与受体的结合方式，优化药物的结构，可提高药物的疗效和安全性。在材料科学领域，调控物质的微观结构，可以制备出具有特定性能的材料。例如，改变晶体结构，可以制备出具有高强度、高导电性等特殊性能的材料。

3. 宏观辨识与微观探析的联系

（1）宏观现象与微观结构的关系

宏观辨识与微观探析是相互联系、相互依存的。宏观现象是微观结构的外在表现，微观结构决定了宏观性质。在高中化学教学中，教师要引导学生建立宏观与微观的联系，通过宏观现象推测微观结构，通过微观结构解释宏观性质。

例如，物质的颜色、状态等宏观性质是由其微观结构决定的。金属具有金属光泽是因为金属中的自由电子能够吸收和反射特定波长的光；物质的溶解性取决于分子间的作用力和分子的极性等微观因素。通过对宏观现象的观察和分析，学生可以推测物质的微观结构；反过来，通过对物质微观结构的了解，学生可以更好地解释宏观性质的产生原因。

（2）建立宏观与微观联系的方法

为了帮助学生建立宏观与微观的联系，教师可以采用以下方法。首先，实验探究是建立宏观与微观联系的重要途径。通过实验，学生可以观察到物质在宏观层面上的变化，同时也可以通过分析实验数据和现象，推测物质在微观层面上的变化。例如，在进行酸碱中和反应的实验时，学生可以观察到溶液的颜色变化、温度变化等宏观现象，通过分析这些现象，可以推测出氢离子和氢氧根离子在微观层面上的结合过程。

其次，类比和比喻的运用可以帮助学生更好地理解宏观与微观的关系。教师将微观世界与学生熟悉的宏观世界进行类比，用形象的比喻帮助学生理解抽象的微观概念。例如，将原子比作太阳系，原子核比作太阳，电子比作行星，帮助学生理解原子的结构；将化学键比作两个人手拉手，帮助学生理解化学键的形成。

最后，问题解决也是建立宏观与微观联系的有效方法。教师提出与宏观现象和微观结构相关的问题，引导学生运用宏观辨识和微观探析的方法进行分析和解决。例如，教师给出一种物质的宏观性质，如导电性好，让学生分析该物质可能具有的微观结构特点。

(3) 宏观辨识与微观探析在化学学习中的重要性

宏观辨识与微观探析在化学学习中具有重要意义，它不仅有助于学生深入理解化学知识，提高学习效率，还能够培养学生的科学思维和创新能力。通过建立宏观与微观的联系，学生可以从不同角度认识化学现象，提高分析问题和解决问题的能力。同时，宏观辨识与微观探析也是培养学生科学素养的重要途径，使学生在学习化学的过程中逐渐形成科学的世界观和方法论。

(二) 变化观念与平衡思想

1. 变化观念

(1) 变化观念的重要性

变化观念是学生认识化学世界动态性的基础。在高中化学教学中，引导学生认识到物质是不断变化的，并且能够理解物质变化的本质和规律，有助于培养学生的动态思维能力、辩证思维能力和创新能力。物质的变化是化学研究的核心内容，通过对化学反应的类型、化学反应的条件、化学反应的能量变化等知识的掌握，学生可以更好地理解物质在化学反应中的变化过程和变化规律。

化学反应的类型多种多样，包括化合反应、分解反应、置换反应、复分解反应等。不同类型的化学反应具有不同的特点和规律。例如，化合反应是由两种或两种以上的物质生成一种新物质的反应；分解反应是一种物质生成两种或两种以上新物质的反应。了解化学反应的类型有助于学生对不同的化学反应进行分类和归纳，更好地理解化学反应的本质。

化学反应的条件对反应的进行起着重要的作用。温度、浓度、压强、催化剂等因素都会影响化学反应的速率和方向。例如，升高温度可以加快化学反应的速率；增加反应物的浓度可以促进反应的进行。理解化学反应的条件有助于学生控制化学反应的进行，提高化学反应的效率。

化学反应的能量变化也是变化观念的重要内容。化学反应过程中常常伴随着能量的吸收或释放。例如，燃烧反应是一种放热反应，会释放出大量的能量；而吸热反应则需要吸收外界的能量才能进行。了解化学反应的能量变化有助于学生理解化学反应的本质，同时也为能源的开发和利用提供了理论依据。

（2）培养变化观念的方法

为了培养学生的变化观念，可以采用以下方法。首先，实验教学是培养变化观念的重要手段。通过实验，学生可以直观地观察到物质在化学反应中的变化过程，感受化学反应的动态性。例如，在进行铜与硝酸反应的实验时，学生可以观察到铜逐渐溶解，溶液颜色发生变化，同时有气体产生等现象，从而深刻体会到化学反应的变化过程。

其次，案例分析和讨论可以帮助学生更好地理解变化观念。教师选择一些典型的化学反应案例，引导学生分析反应前后物质的变化、反应的条件和能量变化等，通过讨论和交流，加深学生对变化观念的理解。例如，分析工业上合成氨的反应，讨论温度、压强、催化剂等因素对反应的影响，以及如何优化反应条件提高合成氨的效率。

最后，对比教学也是培养变化观念的有效方法。将不同类型的化学反应进行对比，分析它们的特点和变化规律，可帮助学生更好地理解化学反应的多样性和变化性。例如，对比燃烧反应和中和反应，分析它们在反应类型、能量变化等方面的差异。

（3）变化观念在实际应用中的体现

变化观念在实际生活和工业生产中具有广泛的应用。例如，在环境保护方面，了解化学反应的变化规律可以帮助我们更好地处理污染物。如利用化学反应将有害气体转化为无害物质；通过生物降解等方法处理有机污染物。在能源领域，掌握化学反应的能量变化规律可以为能源的开发和利用提供指导。如利用化学反应释放的能量进行发电；开发新型的能源储存材料。

2. 平衡思想

（1）平衡思想的重要性

平衡思想是学生认识化学世界稳定性的关键。在高中化学教学中，教师引导学生认识到在物质变化过程中存在着平衡状态，并且能够理解平衡状态的特点和影响因素，有助于培养学生的静态思维能力、辩证思维能力和分析问题的能力。化学平衡是一种动态平衡，反应物和生成物的浓度在一定条件下保持不变。了解化学平衡的概念、特征和移动规律，对于学生理解物质在变化过程中的稳定性和可控性具有重要意义。

化学平衡的特征包括逆、等、动、定、变。逆是指化学平衡是可逆反应的平衡状态；等是指正反应速率和逆反应速率相等；动是指化学平衡是一种动态平衡，反应仍在进行；

定是指平衡体系中各物质的浓度保持不变；变是指平衡状态是在一定条件下建立的，当条件改变时，平衡会发生移动。理解化学平衡的特征有助于学生正确认识化学平衡的本质。

影响化学平衡移动的因素包括温度、浓度、压强等。当这些因素发生改变时，化学平衡会向减弱这种改变的方向移动。例如，升高温度，平衡会向吸热反应方向移动；增加反应物的浓度，平衡会向正反应方向移动。掌握影响化学平衡移动的因素有助于学生控制化学反应的进行，提高化学反应的效率。

（2）培养平衡思想的方法

为了培养学生的平衡思想，可以采用以下方法。首先，实验探究是培养平衡思想的重要途径。通过实验，学生可以观察到化学平衡的建立和移动过程，感受平衡状态的动态性和稳定性。例如，在进行醋酸和醋酸钠溶液的混合实验时，学生可以观察到溶液的 pH 值在一定范围内保持不变，从而体会到化学平衡的存在。通过改变实验条件，如加入酸或碱，观察溶液 pH 值的变化，可理解化学平衡的移动规律。

其次，模型构建和分析可以帮助学生更好地理解平衡思想。教师构建化学平衡的模型，如勒夏特列原理的模型，帮助学生分析影响化学平衡移动的因素。例如，通过构建温度对化学平衡影响的模型，学生可以直观地理解升高温度为什么会使平衡向吸热反应方向移动。

最后，问题解决和案例分析也是培养平衡思想的有效方法。教师提出与化学平衡相关的问题，引导学生运用平衡思想进行分析和解决。例如，教师给出一个化学反应和一些实验数据，让学生判断化学平衡的移动方向；分析工业生产中的化学平衡问题，如合成氨反应中的平衡控制，提高学生对平衡思想的实际应用能力。

（3）平衡思想在实际应用中的体现

平衡思想在实际生活和工业生产中具有重要的应用价值。例如，在生态环境领域，生态平衡是自然界中各种生物和环境因素相互作用的结果。了解生态平衡的原理和影响因素，可以帮助我们更好地保护生态环境，实现可持续发展。在工业生产中，化学平衡的控制对于提高产品的质量和产量至关重要。如在合成氨反应中，通过控制温度、压强和反应物的比例等条件，使反应达到最佳的平衡状态，提高氨的产量。

3. 变化观念与平衡思想的联系

（1）变化与平衡的辩证关系

变化观念与平衡思想是相互联系、相互影响的。物质的变化是不平衡状态向平衡状态的转化过程，而平衡状态又是物质变化的一种特殊状态。在高中化学教学中，教师要引导学生建立变化观念与平衡思想的联系，通过对物质变化过程的分析，理解平衡状态的形成和变化。例如，在化学反应中，当反应物的浓度不断减少，生成物的浓度不断增加时，反应体系逐渐从不平衡状态向平衡状态转化。当达到平衡状态时，正反应速率和逆反应速率相等，反应物和生成物的浓度不再发生变化。但这种平衡是动态平衡，反应仍在进行，只是正逆反应速率相等。当外界条件发生改变时，平衡会被打破，反应体系又会从新的不平衡状态向新的平衡状态转化。

（2）建立变化与平衡联系的方法

为了帮助学生建立变化观念与平衡思想的联系，教师可以采用以下方法。首先，实验教学是建立联系的重要手段。通过实验，学生可以观察到物质在变化过程中的不平衡状态和平衡状态以及外界条件对平衡状态的影响。例如，在进行二氧化氮和四氧化二氮的平衡实验时，学生可以观察到温度、压强等因素对平衡状态的影响，从而理解变化与平衡的关系。

其次，图表分析和数据处理可以帮助学生更好地建立联系。绘制化学反应过程中的物质浓度变化曲线、反应速率变化曲线等图表，通过分析图表数据，可理解变化与平衡的关系。例如，通过绘制化学反应速率随时间变化的曲线，学生可以观察到反应从开始到达到平衡的过程中反应速率的变化情况，从而理解平衡状态的建立过程。

最后，问题引导和讨论也是建立联系的有效方法。教师提出与变化观念和平衡思想相关的问题，引导学生从变化和平衡的角度进行分析和讨论。例如，教师提出问题：为什么化学反应在一定条件下会达到平衡状态？当条件改变时，平衡会如何移动？通过讨论和交流，加深学生对变化与平衡联系的理解。

（3）变化观念与平衡思想在化学学习中的重要性

变化观念与平衡思想在化学学习中具有重要意义，不仅有助于学生深入理解化学反应的本质和规律，提高学习效率，还能够培养学生的辩证思维能力和分析问题的能力。通过建立变化观念与平衡思想的联系，学生可以从动态和静态两个角度认识化学世界，更好地理解物质的变化和稳定性。同时，变化观念与平衡思想也是培养学生科学素养的重要途径，使学生在学习化学的过程中逐渐形成科学的世界观和方法论。

（三）证据推理与模型认知

1. 证据推理

证据推理是高中化学核心素养的重要组成部分之一，它对于学生深入理解化学知识、提升科学探究能力具有关键意义。

（1）证据推理的内涵

证据推理是指学生能够根据实验现象、数据等证据进行推理，从而得出合理的结论。在高中化学教学中，这一素养要求学生掌握实验设计的方法、实验数据的处理方法以及推理的逻辑方法等多方面知识。通过对实验证据的分析和推理，学生不仅能够更好地理解化学概念和原理，还能提高自身的逻辑思维能力和科学探究能力。

（2）实验设计方法的掌握

实验设计是进行证据推理的基础。学生需要了解实验目的、明确实验变量、选择合适的实验器材和试剂，并设计合理的实验步骤。例如，在探究影响化学反应速率的因素时，学生要确定自变量（如温度、浓度、催化剂等）、因变量（反应速率的衡量指标）和控制变量（保持其他条件不变）。通过精心设计实验，学生能够收集到更有价值的证据，为后续的推理提供可靠依据。

在实验设计过程中，学生还需考虑实验的可行性、安全性和准确性。可行性要求实验条件在实际操作中能够实现，安全性则确保实验过程不会对实验者和环境造成危害，准确性则保证实验结果能够真实反映所研究的问题。例如，在进行有危险性的化学实验时，学生要采取必要的防护措施，如佩戴护目镜、手套等；在测量实验数据时，要选择精度合适的仪器，以提高数据的准确性。

（3）实验数据的处理方法

收集到实验数据后，学生需要掌握有效的数据处理方法。首先，要对数据进行整理和分类，去除异常值，确保数据的可靠性。然后，可以通过绘制图表（如折线图、柱状图、饼图等）的方式直观地展示数据，以便更好地观察数据的变化趋势和规律。例如，在研究化学反应速率与温度的关系时，学生可以将不同温度下的反应速率数据绘制成折线图，从而清晰地看出随着温度的升高，反应速率的变化情况。此外，还可以运用数学方法对数据进行分析，如计算平均值、标准差、相关系数等，以进一步揭示数据之间的关系。

（4）推理的逻辑方法

在证据推理过程中，学生需要运用正确的逻辑方法。常见的逻辑方法有归纳推理、演绎推理和类比推理等。归纳推理是从个别事实中概括出一般结论的方法。例如，通过观察多个化学反应的实验现象，归纳出影响化学反应速率的一般因素。演绎推理是从一般原理推导出个别结论的方法。例如，根据化学平衡的原理，推导出改变某一条件对化学平衡移动的影响。类比推理是根据两个或两类对象在某些属性上的相似性，推出它们在其他属性上也可能相似的方法。例如，根据水的电离平衡，类比推测其他弱电解质的电离平衡。

在运用逻辑方法进行推理时，学生要注意推理的严密性和准确性，避免出现逻辑错误。同时，要结合化学知识和原理，对推理结果进行验证和解释，确保结论的合理性。

2. 模型认知

模型认知在高中化学学习中起着重要的作用，它帮助学生更好地理解化学现象和问题，提高抽象思维能力和问题解决能力。

（1）模型认知的内涵

模型认知是指学生能够建立化学模型来解释化学现象和问题。在高中化学教学中，学生需要掌握原子结构模型、分子结构模型、晶体结构模型等多种知识，并能够运用这些模型来理解物质的组成和结构。

模型是对现实世界的简化和抽象，它能够帮助学生抓住化学现象的本质特征，忽略次要因素，从而更方便地进行分析和研究。例如，原子结构模型将原子简化为原子核和电子组成的系统，通过研究电子的运动状态和排布规律，可以解释原子的化学性质。

（2）原子结构模型的理解与应用

在学习原子结构时，学生可以通过建立原子结构模型，理解原子核和电子的分布情况，以及原子的化学性质与电子结构的关系。例如，玻尔模型将原子的电子轨道分为不同的能级，当电子在不同能级之间跃迁时，会吸收或释放特定频率的光子，从而解释了原子的光谱现象。

学生可以运用原子结构模型来预测元素的化学性质。例如，根据元素的原子序数，可以确定其原子核外电子的排布情况，进而判断元素的金属性、非金属性、化合价等性质。同时，原子结构模型也为化学键的形成提供了理论基础，学生可以通过理解电子的得失和共用，来认识离子键和共价键的本质。

（3）分子结构模型的理解与应用

分子结构模型对于理解分子的性质和化学反应具有重要意义。学生可以通过学习价层电子对互斥理论、杂化轨道理论等，建立分子的空间结构模型。例如，通过价层电子对互斥理论可以判断分子的几何构型，如甲烷分子为正四面体结构、氨分子为三角锥形结构等。

分子结构模型可以帮助学生解释分子的极性、溶解性、化学反应活性等性质。例如，极性分子易溶于极性溶剂，非极性分子易溶于非极性溶剂；分子的空间结构会影响其化学反应的活性位点和反应机理。

（4）晶体结构模型的理解与应用

晶体结构模型是研究固体物质性质的重要工具。学生可以通过学习晶体的类型（如离子晶体、分子晶体、原子晶体、金属晶体等)，了解不同晶体的结构特点和性质。例如，离子晶体具有较高的熔点和沸点，硬度较大，在熔融状态下能够导电；金属晶体具有良好的导电性、导热性和延展性。

晶体结构模型可以帮助学生解释晶体的物理性质和化学性质。例如，分析晶体的晶格结构和离子间的作用力，可以解释离子晶体的稳定性和溶解性；研究金属晶体的电子气理论，可以解释金属的导电性和导热性。

3. 证据推理与模型认知的联系

证据推理与模型认知是相互联系、相互促进的，它们在高中化学学习中共同发挥着重要作用。

(1) 证据推理是建立模型的基础

在建立化学模型的过程中，需要大量的实验证据作为支撑。对实验现象、数据等证据的分析和推理，可以总结出化学现象的规律和本质特征，从而建立起相应的化学模型。例如，在建立化学平衡模型时，通过实验测定反应物和生成物的浓度随时间的变化情况，然后根据实验数据进行推理，得出化学平衡的特征和影响因素，进而建立起化学平衡的模型。

同时，证据推理还可以对已有的模型进行验证和修正。当新的实验证据与现有模型不符时，需要对模型进行调整和改进，以更好地解释化学现象。例如，随着科学技术的不断发展，人们对原子结构的认识也在不断深入，从道尔顿的实心球模型到卢瑟福的核式结构模型，再到玻尔的量子化模型，每一次模型的改进都是基于新的实验证据的推理。

(2) 模型认知是证据推理的升华

化学模型为证据推理提供了理论框架和思维工具。一旦建立了化学模型，就可以运用模型来预测和解释新的化学现象，进行更深入的证据推理。例如，利用原子结构模型可以预测元素的化学性质，通过实验验证这些预测，进一步丰富和完善对原子结构的认识。

模型认知还可以帮助学生提高证据推理的效率和准确性。在面对复杂的化学问题时，学生可以借助模型快速找到问题的关键所在，有针对性地收集证据进行推理。例如，在分析化学反应机理时，运用分子结构模型可以确定反应的活性位点和可能的反应路径，从而更有效地进行证据推理。

在高中化学教学中，教师要引导学生将证据推理和模型认知相结合，通过对实验证据的分析和推理，建立合理的化学模型，并用模型来解释化学现象和问题。同时，要鼓励学生不断质疑和完善现有模型，培养学生的创新思维和科学探究能力。

（四）科学探究与创新意识

1. 科学探究

科学探究是高中化学核心素养的重要组成部分之一，它对于培养学生的实践能力和问题解决能力具有不可替代的作用。

（1）科学探究的内涵

科学探究是指学生能够提出问题、作出假设、设计实验、进行实验、收集证据、分析数据和得出结论等一系列科学探究活动。在高中化学教学中，学生需要掌握科学探究的方法和步骤，能够运用科学探究的方法解决化学问题。

科学探究是一个基于问题的学习过程，它强调学生的主动参与和自主探索。通过科学探究，学生不仅能够深入理解化学知识，还能培养实验操作能力、数据分析能力和问题解决能力。

（2）提出问题的能力

提出问题是科学探究的起点。学生需要具备敏锐的观察力和批判性思维，能够从日常生活、实验现象、化学史料等方面发现问题。例如，在学习化学反应速率时，学生可以观察到不同反应的快慢不同，从而提出“影响化学反应速率的因素有哪些?”这样的问题。

提出的问题要有针对性和可探究性，即问题要明确具体，能够通过实验等方法进行探究。同时，问题还要具有一定的挑战性和创新性，能够激发学生的探究兴趣和创新思维。

（3）作出假设的能力

在提出问题后，学生需要根据已有的知识和经验作出假设。假设是对问题的一种推测性回答，它为后续的实验设计提供了方向。例如，对于“影响化学反应速率的因素有哪些?”这个问题，学生可以假设温度、浓度、催化剂等因素会影响化学反应速率。

作出假设要具有合理性和科学性，即假设要基于一定的理论依据和逻辑推理。同时，假设还要具有可检验性，即能够通过实验等方法进行验证。

（4）设计实验的能力

实验设计是科学探究的关键环节。学生需要根据问题和假设，选择合适的实验方法和器材，设计合理的实验步骤。在设计实验时，要考虑实验的可行性、安全性和准确性，确保实验能够顺利进行并得到可靠的结果。例如，在探究温度对化学反应速率的影响时，学生可以设计对比实验，将相同浓度的反应物分别在不同温度下进行反应，观察反应速率的变化情况。在设计实验时，还要注意控制变量，即除了温度以外，其他条件（如浓度、催化剂等）要保持一致。

（5）进行实验的能力

进行实验是科学探究的实践环节。学生需要按照实验设计的步骤，正确操作实验器材，准确记录实验数据。在进行实验时，要注意实验安全，遵守实验操作规程，确保实验过程的顺利进行。

同时，学生还要具备良好的实验观察能力，能够及时发现实验中的异常现象，并进行分析和处理。例如，在进行化学实验时，如果发现有颜色变化、气体产生等异常现象，要及时记录下来，并分析这些现象产生的原因。

（6）收集证据、分析数据和得出结论的能力

收集证据是科学探究的重要环节。学生需要通过实验观察、测量等方法收集与问题相关的证据，如实验现象、数据等。收集到证据后，要对证据进行整理和分类，去除异常值，确保证据的可靠性。

分析数据是科学探究的关键步骤。学生需要运用数学方法和统计工具对收集到的数据进行分析，找出数据之间的关系和规律。例如，可以通过绘制图表、计算平均值、标准差等方法对数据进行分析。

得出结论是科学探究的最终目标。学生需要根据分析数据的结果，结合问题和假设，得出合理的结论。结论要具有科学性和准确性，能够回答提出的问题，并对假设进行验证。

2. 创新意识

创新意识是高中化学核心素养的重要组成部分之一，它对于培养学生的创新思维和实践能力具有重要意义。

（1）创新意识的内涵

创新意识是指学生能够在科学探究的过程中提出新的问题、新的假设、新的方法等，具有创新思维和创新能力。在高中化学教学中，学生需要培养自己的创新意识，敢于质疑传统的化学观念和方法，勇于尝试新的化学实验和技术。

创新意识是一种积极主动的思维品质，它强调学生的创造性和批判性思维。通过培养创新意识，学生能够突破传统思维的束缚，提出新颖的观点和方法，为化学学科的发展作出贡献。

（2）质疑传统观念和方法

质疑是创新的起点。学生需要敢于质疑传统的化学观念和方法，对已有的知识和理论

进行批判性思考。例如，在学习化学平衡时，学生可以质疑传统的平衡移动原理是否适用于所有的化学反应，是否存在其他因素影响化学平衡的移动。

质疑传统观念和方法需要学生具备扎实的化学知识和较强的逻辑思维能力。在质疑的过程中，学生要能够提出合理的问题，并通过实验等方法进行验证。同时，学生还要敢于提出自己的观点和看法，与他人进行交流和讨论。

（3）尝试新的实验和技术

创新意识还体现在勇于尝试新的化学实验和技术上。学生可以通过改进传统的实验方法、设计新的实验方案、探索新的化学现象和规律等方式，培养自己的创新思维和实践能力。例如，在学习化学实验时，学生可以尝试使用新的实验器材和试剂，探索新的实验条件和方法。同时，学生还可以关注化学领域的最新研究成果，了解新的化学技术和方法，并尝试将其应用到自己的学习和实践中。

3. 科学探究与创新意识的联系

科学探究与创新意识是相互联系、相互促进的，它们在高中化学学习中共同发挥着重要作用。

（1）科学探究是培养创新意识的重要途径

科学探究为学生提供了一个开放、自主的学习环境，鼓励学生积极思考、勇于探索。在科学探究的过程中，学生需要不断地提出问题、作出假设、设计实验、进行实验、收集证据、分析数据和得出结论，这个过程本身就是一个创新的过程。

通过科学探究，学生能够培养自己的批判性思维和问题解决能力，从而为创新意识的培养奠定基础。同时，科学探究还能够激发学生的学习兴趣和创新热情，让学生在探索未知的过程中体验到创新的乐趣。

（2）创新意识是科学探究的动力源泉

创新意识能够激发学生的科学探究欲望，为科学探究提供动力。具有创新意识的学生往往对未知的事物充满好奇，渴望通过科学探究来解决问题、发现新的知识。

在科学探究的过程中，创新意识能够促使学生提出新的问题、新的假设和新的方法，推动科学探究不断深入。同时，创新意识还能够帮助学生克服科学探究中的困难和挫折，让学生在面对挑战时保持积极的心态和坚定的信念。

在高中化学教学中，教师要引导学生将科学探究和创新意识相结合，通过科学探究培养学生的创新意识和实践能力。教师可以设计一些具有挑战性和创新性的实验项目，让学生在科学探究的过程中培养创新思维和实践能力。同时，教师还可以组织学生参加科技创新活动，激发学生的创新热情和创造力。

（五）科学态度与社会责任

1. 科学态度

科学态度是高中化学核心素养的重要组成部分之一，它对于学生的科学素养和道德品质的培养具有重要意义。

（1）科学态度的内涵

科学态度是指学生在学习和研究化学过程中应具有的实事求是、严谨认真、勇于创新等态度。在高中化学教学中，学生需要培养自己的科学态度，尊重科学事实，不弄虚作假，严格遵守实验操作规程，认真做好每一个实验步骤。

科学态度强调学生对科学的尊重和敬畏以及对真理的追求和探索。通过培养科学态度，学生能够树立正确的科学价值观，提高自己的科学素养和道德品质。

（2）实事求是

实事求是是科学态度的核心。学生在学习和研究化学过程中，要尊重客观事实，不主观臆断，不弄虚作假。在实验过程中，要如实记录实验数据和现象，不篡改实验结果。在分析和解决化学问题时，要依据科学知识和原理，进行客观的分析和判断。例如，在进行化学实验时，如果实验结果与预期不符，学生不能随意修改数据，而应该认真分析原因，找出问题所在，并进行重复实验或改进实验方法。同时，学生在学习化学知识时，也要尊重科学事实，不迷信权威，敢于质疑和探索。

（3）严谨认真

严谨认真是科学态度的重要体现。学生在学习和研究化学过程中，要严格遵守实验操作规程，认真做好每一个实验步骤。在计算和分析化学数据时，要仔细认真，避免出现错误。在撰写实验报告和论文时，要规范严谨，语言准确。例如，在进行化学实验时，学生要认真检查实验器材是否完好，试剂是否过期，实验条件是否符合要求等。在进行实验操作时，要严格按照实验步骤进行，不得随意更改。同时，学生在计算化学数据时，要仔细核对每一个数据，避免出现计算错误。在撰写实验报告时，要按照规范的格式进行，语言表达要准确清晰。

（4）勇于创新

勇于创新是科学态度的重要品质。学生在学习和研究化学过程中，要敢于提出新的问题和假设，勇于尝试新的实验方法和技术；在面对困难和挑战时，要勇于探索，不断创新，寻找解决问题的方法和途径。例如，在学习化学知识时，学生可以提出自己的观点和看法，与他人进行交流和讨论。在进行化学实验时，学生可以尝试改进传统的实验方法，设计新的实验方案，探索新的化学现象和规律。同时，学生在面对化学领域的难题时，要勇于挑战，不断创新，为化学学科的发展作出贡献。

2. 社会责任

社会责任是高中化学核心素养的重要组成部分之一，它对于学生的社会意识和公民意识的培养具有重要意义。

(1) 社会责任的内涵

社会责任是指学生作为社会成员应承担的责任，包括关注环境保护、资源利用、食品安全等社会问题。在高中化学教学中，学生需要了解化学在解决社会问题中的重要作用，培养自己的社会责任感，树立可持续发展的观念。

社会责任是社会意识的一种体现，它强调学生对社会的关注和贡献以及对人类未来的责任和担当。通过培养社会责任，学生能够树立正确的社会价值观，提高自己的社会意识和公民意识。

(2) 关注环境保护

环境保护是当今社会面临的重要问题，化学在环境保护中起着至关重要的作用。学生需要了解化学污染的来源和危害以及化学在治理污染中的应用。

化学污染主要包括大气污染、水污染、土壤污染等。例如，大气中的二氧化硫、氮氧化物等污染物会导致酸雨的形成，破坏生态环境；水中的重金属离子、有机污染物等会对水生生物造成危害，影响人类的饮用水安全；土壤中的农药、化肥残留以及重金属污染会影响农作物的生长和品质。

学生要认识到化学在治理污染方面的积极作用。例如，通过开发新型催化剂，可以提高汽车尾气中有害气体的转化效率，减少大气污染；利用化学沉淀法、离子交换法等技术可以去除水中的重金属离子和有机污染物，净化水质；采用生物修复技术可以治理土壤污染，恢复土壤的肥力。

在学习化学与环境保护的过程中，学生可以通过实地考察、案例分析等方式，深入了解环境污染的现状和治理措施。同时，学生还可以结合所学知识，提出自己的环保建议和方案，为保护环境贡献自己的力量。

(3) 重视资源利用

资源利用也是社会关注的重要问题，化学在资源开发和利用中有着广泛的应用。学生需要了解化学在矿产资源开发、能源转化等方面的应用，树立节约资源、可持续发展的观念。

在矿产资源开发方面，化学方法可以用于矿石的提取和分离。例如，通过浮选法、浸出法等技术可以从矿石中提取有用的金属元素；利用化学合成方法可以制备高性能的材料，提高资源的利用效率。

在能源转化方面，化学起着关键作用。例如，通过化学反应可以将化石能源转化为电能、热能等形式，满足人类的能源需求；开发新型的化学电池、燃料电池等可以提高能源的存储和利用效率；利用太阳能、风能等可再生能源进行化学反应，可以实现能源的可持续供应。

学生要认识到资源的有限性和重要性，学会合理利用资源。在日常生活中，可以通过节约能源、减少浪费等方式，为资源利用作出贡献。同时，学生还可以关注化学领域的最新研究成果，了解资源利用的新技术和新方法，为未来的资源开发和利用提供思路。

（4）关心食品安全

食品安全是关系到人们身体健康的重要问题，化学在食品安全检测和保障中起着重要的作用。学生需要了解食品添加剂的种类和作用以及化学方法在食品安全检测中的应用。

食品添加剂在食品加工中起着重要的作用，如防腐剂可以延长食品的保质期，调味剂可以改善食品的口感。但是，过量使用食品添加剂会对人体健康造成危害。学生要了解食品添加剂的合理使用范围和安全标准，学会正确看待食品添加剂。

化学方法在食品安全检测中有着广泛的应用。例如，通过色谱法、光谱法等技术可以检测食品中的农药残留、重金属离子、非法添加物等有害物质；利用生物传感器等技术可以快速检测食品中的微生物污染。

学生要关注食品安全问题，了解食品安全的基本知识和检测方法。在日常生活中，可以选择安全、健康的食品，提高自己的食品安全意识。同时，学生还可以通过宣传食品安全知识、参与食品安全监督等方式，为保障食品安全作出贡献。

3. 科学态度与社会责任的联系

科学态度与社会责任是相互联系、相互影响的。科学态度是社会责任的基础，社会责任是科学态度的体现。

（1）科学态度为社会责任提供支撑

具有实事求是、严谨认真、勇于创新等科学态度的学生，在面对社会问题时，能够以科学的方法进行分析和解决。他们尊重科学事实，不盲目跟风，能够客观地认识社会问题的本质和根源。同时，他们严格遵守科学规范，认真对待每一个数据和结果，为提出合理的解决方案提供可靠的依据。此外，勇于创新的科学态度使他们能够不断探索新的方法和技术，为解决社会问题提供新的思路和途径。

（2）社会责任促进科学态度的培养

关注环境保护、资源利用、食品安全等社会问题，可以激发学生的学习兴趣和创新热情，促使他们更加积极地学习化学知识，培养科学态度。在解决社会问题的过程中，教师学生需要不断地进行科学探究和实践，这也有助于他们养成严谨认真、实事求是的科学态度。同时，社会责任还可以让学生认识到科学的价值和意义，增强他们对科学的敬畏和尊重，进一步提高科学态度。

在高中化学教学中，教师要引导学生将科学态度和社会责任相结合，通过培养学生的科学态度，提高学生的社会责任意识。例如，在教学过程中，可以结合化学实验、案例分析等方式，让学生了解化学在解决社会问题中的作用，培养学生的社会责任感。同时，教师还可以通过引导学生进行科学探究、创新实践等活动，培养学生的科学态度和创新能力。

综上所述，高中化学核心素养包括宏观辨识与微观探析、变化观念与平衡思想、证据推理与模型认知、科学探究与创新意识、科学态度与社会责任等五个方面。在高中化学教学中，教师要深刻理解核心素养的内涵，以核心素养为导向，优化教学内容和方法，提高教学质量，培养具有综合素质的人才。通过培养学生的宏观辨识与微观探析能力、变化观念与平衡思想、证据推理与模型认知能力、科学探究与创新意识、科学态度与社会责任，让学生在学习化学的过程中，不仅掌握化学知识和技能，还能提高科学素养和社会责任感，为未来的发展奠定坚实的基础。

第三章　高中化学教学现状分析

高中化学教学在不断发展与变革的进程中，既取得了一定的成绩，也面临着诸多挑战。只有准确把握现状，我们才能有的放矢地进行教学探索，找到切实可行的方法与策略，以更好地培养学生的化学核心素养，为他们的未来发展奠定坚实的基础。本章主要深层剖析高中化学教学的现状。

一、教师教学方面

（一）教学方法与手段

1. 传统讲授法：知识传承的基石与局限

（1）系统传授知识：构建知识大厦的坚实支柱

①依纲而教，确保基础扎实。在高中化学教学中，传统讲授法以其独特的优势成为知识传授的重要方式之一。教师严格按照教学大纲的要求进行教学，有计划、有步骤地将化学概念、原理、实验等内容系统地呈现给学生。这种方式确保了学生在有限的时间内能够接触到全面的化学知识体系，为后续的学习打下坚实的基础。例如，在讲解“化学平衡”这一重要概念时，教师可以通过条理清晰的讲解，逐步引导学生理解化学平衡的定义、特征、影响因素等内容。从平衡的建立到平衡的移动，每一个知识点都被详细地阐述，使学生能够形成完整的知识框架。

②精准传达，避免理解偏差。教师在讲授过程中，凭借其专业的知识和丰富的教学经验，能够准确地传达化学知识。他们可以运用恰当的语言表达、生动的例子和形象的比喻，帮助学生更好地理解抽象的化学概念。同时，教师还可以根据学生的反馈及时调整教学内容和进度，确保教学效果。比如，在讲解有机化学中的同分异构体时，教师可以通过列举不同的有机物分子结构，让学生直观地感受同分异构体的概念。当学生对某个知识点存在疑惑时，教师可以及时进行解答和补充讲解，使学生的理解更加准确。

（2）知识准确性高：化学教学的可靠保障

①专业引领，确保知识无误。高中化学知识具有一定的复杂性和专业性，教师作为专业的教育者，能够准确地把握知识的重点和难点，将正确的化学知识传授给学生。他们经

过专业的培训和学习，对化学学科的知识体系有着深入的理解，能够避免学生在学习过程中出现理解偏差。例如，在讲解化学反应速率的计算时，教师可以准确地讲解计算公式的运用方法和注意事项，确保学生在计算过程中不会出现错误。同时，教师还可以通过例题的讲解和练习的布置，让学生巩固所学知识，提高计算的准确性。

②及时反馈，调整教学策略。教师在教学过程中，可以通过课堂提问、作业批改、考试等方式及时了解学生的学习情况，根据学生的反馈调整教学内容和进度。如果发现学生对某个知识点掌握不够扎实，教师可以进行有针对性的复习和强化训练，确保学生能够掌握重点知识。比如，在进行阶段性考试后，教师可以根据学生的考试成绩和答题情况，分析学生在哪些知识点上存在薄弱环节，然后在后续的教学中进行重点讲解和练习，提高学生的学习效率。

（3）学生被动接受：传统讲授法的潜在弊端

①缺乏主动性，抑制创新思维。在传统讲授法中，学生往往处于被动接受的状态，他们只是被动地听取教师的讲解，缺乏自主思考和探究的机会。这种教学方式容易让学生养成依赖教师的习惯，缺乏学习的主动性和创造性。长此以往，不利于培养学生的创新思维和解决问题的能力。例如，在讲解化学实验时，如果教师只是单纯地讲解实验步骤和注意事项，而不让学生亲自参与实验操作和探究，学生就很难真正理解实验的原理和目的，也难以培养他们的实验设计和创新能力。

②被动学习，减弱学习兴趣。被动接受知识的学习方式容易让学生感到枯燥乏味，减弱他们的学习兴趣。学生在课堂上只是被动地听讲，缺乏参与感和成就感，难以激发他们的学习热情。而且，这种教学方式难以满足学生的个性化需求，不同学生的学习进度和能力差异可能会导致部分学生跟不上教学节奏，进一步减弱他们的学习兴趣。比如，在讲解化学方程式的配平时，教师如果只是一味地讲解配平方法，而不引导学生自己去尝试配平不同的化学方程式，学生可能会觉得这个过程很枯燥，难以产生学习的动力。

（4）缺乏互动性：传统讲授法的另一短板

①师生互动少，问题难以及时解决。传统讲授法以教师为中心，教师与学生之间的互动较少。学生在学习过程中遇到问题时，难以得到及时的解答和指导，影响学习效果。而且，缺乏互动也会让教师难以了解学生的学习情况和需求，无法进行有针对性的教学。例如，在讲解化学计算题时，如果学生在计算过程中遇到问题，由于缺乏互动，他们可能无法及时向教师请教，导致问题积累，影响后续的学习。

②课堂气氛沉闷，学习兴趣不高。缺乏互动的课堂气氛往往比较沉闷，学生的学习积

极性不高。在这样的课堂环境中，学生容易产生疲劳感和厌倦情绪，影响学习效果。而且，沉闷的课堂气氛也不利于学生的思维活跃和创新能力的培养。比如，在一堂传统讲授法的化学课上，教师在讲台上滔滔不绝地讲解，学生在下面被动地听讲，整个课堂气氛沉闷，学生的注意力难以集中，学习效果不佳。

2. 新型教学方法：创新驱动下的机遇与挑战

(1) 探究式教学法

①探究式教学法是培养科学探究能力的新途径。

一是亲身体验科学探究，激发创新思维。探究式教学法注重引导学生通过自主探究、实验操作等方式，发现问题、解决问题。在这个过程中，学生能够亲身体验科学探究的过程，培养科学探究能力和创新思维。学生不再是被动地接受知识，而是主动地去探索和发现知识，这种学习方式能够激发学生的学习兴趣和好奇心。例如，在学习酸碱中和反应时，教师可以设计一个探究实验，让学生通过实验探究酸碱中和反应的实质。学生可以自己设计实验方案、进行实验操作、观察实验现象、分析实验数据，最终得出酸碱中和反应的结论。在这个过程中，学生不仅掌握了知识，还培养了科学探究能力和创新思维。

二是提高学习兴趣，增强学习动力。探究式教学法让学生在自主探究中学习，激发了学生的学习兴趣和好奇心。学生通过自己的努力解决问题，会获得成就感，从而更加积极地参与学习。这种学习方式能够让学生感受到学习的乐趣和意义，增强他们的学习动力。比如，在学习化学电源时，教师可以让学生通过查阅资料、实验探究等方式，了解不同类型化学电源的工作原理和特点。学生在探究过程中会发现很多有趣的现象和问题，这些都会激发他们的学习兴趣和好奇心，促使他们更加深入地学习化学知识。

②探究式教学法面临的挑战。

一是教师对于探究式教学法的理解和掌握不够深入。在运用过程中存在形式化的现象。例如，有些教师只是简单地让学生进行实验操作，而没有引导学生进行深入的思考和探究。这样的教学方式只是表面上的探究，没有真正发挥探究式教学法的优势。比如，在进行化学实验探究时，教师只是让学生按照实验步骤进行操作，而没有引导学生思考实验的目的、原理、方法等问题。学生在实验过程中只是机械地完成任务，没有真正理解实验的本质和意义。

二是探究式教学需要更多的时间和资源，对教学条件和教师的教学能力提出了更高的要求。探究式教学往往需要学生进行大量的实验操作、查阅资料、讨论交流等活动，这些都需要花费大量的时间。而且，探究式教学还需要一定的教学资源支持，如实验室设备、图书资料、网络资源等。如果教学条件不足，就会影响探究式教学的实施效果。例如，在进行化学实验探究时，如果实验室设备不足、药品短缺，就会影响学生的实验操作和探究效果。而且，教师在组织探究式教学时，需要具备较高的教学能力和专业素养，能够引导学生进行深入的思考和探究，及时解决学生在探究过程中遇到的问题。

（2）合作学习法

①合作学习法是培养团队合作精神的有效方式。

一是小组合作，共同成长。合作学习法强调学生之间的合作与交流，通过小组合作的方式，共同完成学习任务。在这个过程中，学生能够学会倾听他人的意见、尊重他人的观点，培养团队合作精神和沟通能力。小组成员之间可以互相帮助、互相学习，共同进步。例如，在进行化学课题研究时，教师可以将学生分成小组，每个小组选择一个课题进行研究。小组成员之间可以分工合作，共同收集资料、进行实验、分析数据、撰写报告。在这个过程中，学生不仅能够学到化学知识，还能够培养团队合作精神和沟通能力。

二是拓宽思维视野，激发创新灵感。合作学习法让学生在小组中交流和讨论，不同的学生有不同的思维方式和观点，通过交流和讨论，学生能够拓宽思维视野，从不同的角度思考问题。这种学习方式能够激发学生的创新灵感，培养学生的创新能力。比如，在讨论化学问题时，学生可以分享自己的观点和想法，听取其他同学的意见和建议。通过交流和讨论，学生可以发现不同的解决问题的方法和思路，拓宽自己的思维视野，激发创新灵感。

②合作学习法存在的问题。

一是小组合作的效果受到小组成员的素质和能力的影响。如果小组成员之间存在较大的差异，可能会导致合作效果不佳。例如，有些学生学习能力强、积极性高，而有些学生学习能力弱、积极性低。在小组合作中，学习能力强的学生可能会承担更多的任务，而学习能力弱的学生可能会依赖他人，导致小组合作的不平衡。比如，在进行化学实验合作时，有些学生能够熟练地进行实验操作和数据处理，而有些学生可能对实验操作不熟悉，需要其他同学的帮助。这样就会影响实验的进度和效果，也会影响学生的学习积极性。

二是教师在组织合作学习时，需要花费更多的时间和精力进行指导和管理，确保合作学习的顺利进行。教师需要合理分组、明确任务、制定规则、监督进度、评价效果等。如果教师指导和管理不到位，就可能会出现小组合作混乱、任务不明确、进度缓慢等问题。例如，在进行小组讨论时，如果教师没有明确讨论的主题和要求，学生的讨论可能会偏离主题，浪费时间。而且，如果教师没有及时监督小组的进度，可能会导致有些小组进度缓慢，影响整个教学计划的实施。

3. 多媒体教学：科技助力下的教学变革与困境

（1）多媒体教学的优势

①直观展示化学知识，突破教学难点。多媒体教学借助多媒体课件、动画以及视频等丰富的教学资源，能够以直观的方式呈现化学知识，助力学生理解与掌握化学概念和原理。在展现化学反应过程时，动画演示发挥了独特的作用。它可以将微观世界中原子、分子的变化生动地展现出来，让学生清晰地目睹化学反应的实质。以离子键的形成为例，通过动画细致地演示钠离子与氯离子之间电子的转移以及由此产生的静电作用，能够使抽象的离子键概念变得具体可感、形象生动，从而有效降低学生的学习难度，帮助他们更好地构建化学知识体系。对于化学键、晶体结构等较为抽象的化学概念，多媒体教学更是大显身手，利用图像、模型等直观展示方式，将这些难以用语言清晰表述的概念可视化，使学生仿佛能够亲眼“看见”微观结构，从而加深对这些概念的理解与记忆。

②拓宽学习渠道，满足个性化需求。网络教学平台作为多媒体教学的重要组成部分，为学生的自主学习开辟了广阔的道路。学生借助网络平台，能够便捷地进行在线学习、交流与讨论，极大地拓宽了学习渠道。在这个平台上，学生可以依据自身的学习进度和独特需求，自主挑选学习内容，实现个性化学习，进而显著提高学习效率。以有机化学的学习为例，学生可以在网络教学平台上自由选择观看有机化学的教学视频，这些视频往往由优秀教师精心录制，讲解详细且生动。学生在观看视频后，还能立即进行在线练习和测试，及时检验自己的学习效果。此外，网络教学平台的社交功能使学生能够与其他同学进行交流和讨论，分享学习心得与见解，形成良好的学习社区氛围。这种自主学习模式打破了传统课堂教学时间与空间的限制，让学生在课外时间也能充分沉浸于化学知识的探索中，有效弥补了课堂教学的不足，使学习不再局限于教室的四面墙壁之内。

（2）多媒体教学存在的问题

①过于依赖课件，忽视师生互动。部分教师在使用多媒体教学时，过度依赖课件，将教学过程简化为课件的机械播放，严重忽视了与学生的互动与交流。教师如果只是呆板地按照课件既定内容进行讲解，缺乏对学生思维的引导与启发，就会使课堂氛围沉闷，教学效果大打折扣。例如，在化学实验教学环节，有些教师仅仅播放实验视频来代替实际的实验操作与讲解。虽然实验视频能够展示实验的大致流程，但学生无法亲身感受到实验操作的细节、实验仪器的使用技巧以及实验过程中的微妙变化。而且，教师在播放视频过程中，难以像在实际实验教学中那样根据学生的现场反应进行及时的提问、引导与答疑解

惑，使学生对实验的理解仅仅停留在表面，无法深入探究实验背后的原理，严重影响了学生的学习效果与科学素养的培养。过度依赖课件还使教师在教学过程中逐渐失去灵活性与创造性，难以根据学生的实际学习情况和课堂突发状况进行适时的调整与改进，导致教学过程僵化，无法满足学生多样化的学习需求。

②信息过载，筛选利用困难。多媒体教学在带来丰富教学资源的同时，也引发了信息过载的问题。在网络教学平台和多媒体资源库中，化学知识相关的学习资源数量庞大、种类繁多。面对如此海量的信息，学生往往感到困惑与迷惘，不知所措，难以从中筛选出真正对自己有价值、适合自己学习水平和需求的信息。例如，在网络教学平台上搜索化学知识学习资源时，会出现大量质量参差不齐的资料，包括一些讲解不够准确、深入或者过于专业复杂的内容。学生需要耗费大量的时间和精力去甄别、筛选和整理这些资源，这无疑增加了学生的学习负担。而且，对于学习方法尚未成熟的学生来说，过多的信息容易分散他们的注意力，使其难以专注于核心知识的学习，导致学习效率低下。例如，一些色彩鲜艳、设计精美的多媒体课件可能会因为过多的装饰元素而干扰学生对化学知识本身的关注，一些无关紧要的链接或广告也可能会使学生在学习过程中分心，从而影响学习效果。

（二）对核心素养的认识与落实情况

1. 高中化学教师对核心素养认识的现状

（1）部分教师对核心素养的认识不够深入

①只关注化学知识的传授。在传统的高中化学教学中，一些教师往往将重点放在化学知识的传授上，注重学生对化学概念、原理、公式的记忆和掌握。他们认为只要学生能够在考试中取得好成绩，就完成了教学任务。这种教学方式忽视了对学生核心素养的培养，尤其是创新能力、实践能力等方面。例如，在讲解化学实验时，教师可能只是按照教材内容进行演示，让学生记住实验步骤和现象，而没有引导学生思考实验背后的原理和方法，更没有鼓励学生进行自主探究和创新设计。这样的教学方式使学生只是被动地接受知识，缺乏主动思考和创新的能力。

在化学理论知识的教学中，教师可能只是通过讲解和板书的方式让学生记忆知识点，而没有引导学生将化学知识与实际生活联系起来，培养学生的应用能力和解决问题的能力。例如，在讲解化学反应速率和化学平衡时，教师可以引导学生思考如何通过控制反应条件来提高化学反应的效率或者如何利用化学平衡原理来解决实际生产中的问题。

②对核心素养内涵的理解不全面。部分教师虽然知道核心素养这个概念，但对其内涵

的理解不够全面。他们可能只关注了其中的一两个方面，如科学探究能力或责任担当，而忽视了其他方面的素养培养。例如，有些教师在教学中注重培养学生的科学探究能力，通过实验探究等方式让学生掌握科学研究的方法，但忽略了对学生的人文底蕴、健康生活等方面的培养。这种片面的认识导致在教学中无法全面地培养学生的核心素养，影响了学生的综合素质发展。

核心素养包括文化基础、自主发展、社会参与三个方面，综合表现为人文底蕴、科学精神、学会学习、健康生活、责任担当、实践创新六大素养。在高中化学教学中，教师应该将这些素养有机地融合在一起，全面培养学生的核心素养。例如，在讲解化学史时，教师可以培养学生的人文底蕴和科学精神；在组织学生进行小组合作学习时，教师可以培养学生的学会学习和责任担当；在开展课外实践活动时，教师可以培养学生的实践创新和健康生活。

③缺乏对核心素养与化学教学结合的思考。有些教师没有深入思考如何将核心素养的培养融入高中化学教学中。他们不知道如何在教学内容、教学方法、教学评价等方面体现核心素养的要求，导致核心素养的培养在教学中缺乏具体的实施途径。在教学内容上，教师可能只考虑知识点的覆盖，而没有考虑如何通过教学内容培养学生的核心素养。其实，教师可以选择一些与实际生活密切相关的教学内容，如环境保护、能源开发、新材料研究等，让学生在学习化学知识的同时，培养学生的社会责任感和实践创新能力。

在教学方法上，教师可能仍然采用传统的讲授法，没有尝试采用探究式教学、合作学习等方法来培养学生的核心素养。探究式教学可以让学生在自主探究的过程中培养科学探究能力和创新思维；合作学习可以让学生在小组合作中培养团队合作精神和沟通能力。

在教学评价上，教师可能只关注学生的考试成绩，而没有对学生的核心素养进行全面评价。教学评价应该包括对学生知识掌握、能力发展、情感态度等方面的评价，全面反映学生的核心素养发展情况。

（2）原因分析

①传统教育观念的影响。长期以来，我国的教育以应试教育为主，教师和学生都更加关注考试成绩。在这种传统的教育观念下，教师的教学目标主要是让学生掌握考试所需的知识和技能，而忽视了学生的综合素质和核心素养的培养。此外，家长和社会对学校和教师的评价也主要以学生的考试成绩为标准，这进一步加剧了教师对考试成绩的重视，从而忽视了核心素养的培养。在这种传统教育观念的影响下，教师很难摆脱应试教育的束缚，难以真正将核心素养的培养融入教学中。

为了改变这种现状，需要全社会共同努力，转变教育观念，树立以学生发展为中心的教育理念，重视学生核心素养的培养。教育部门可以通过制定相关政策、开展宣传活动等方式，引导学校、教师、家长和社会树立正确的教育观念。

②教师培训不足。目前，针对高中化学教师的培训主要集中在化学专业知识和教学方法上，对核心素养的培训相对较少。教师缺乏对核心素养的深入了解和认识，也就难以在教学中有效地落实核心素养的培养。此外，教师培训的方式和内容也存在一些问题。例如，培训方式可能过于单一，以讲座为主，缺乏实践操作和互动交流；培训内容可能与实际教学脱节，缺乏针对性和实用性。

为了提高教师对核心素养的认识和培养能力，教育部门和学校应该加强对教师的培训。培训内容应该包括核心素养的内涵、重要性、培养方法等方面；培训方式应该多样化，采用讲座、研讨、案例分析、实践操作等多种方式，提高培训的效率。同时，培训还应该注重与实际教学相结合，让教师在培训中能够学到实用的教学方法和策略。

③教学评价体系不完善。当前的教学评价体系主要以考试成绩为主要评价标准，对学生的核心素养评价不够全面。这种评价体系使教师在教学中更加注重知识的传授，而忽视了核心素养的培养。此外，教学评价的方式也比较单一，主要以纸笔测试为主，缺乏对学生实践能力、创新能力等方面的评价。评价结果的反馈也不够及时和有效，教师难以根据评价结果调整教学策略，进一步提高核心素养的培养效率。

为了完善教学评价体系，应该建立多元化的评价标准，将学生的知识掌握、能力发展、情感态度等方面纳入评价范围。评价方式也应该多样化，采用纸笔测试、实验操作、调查报告、小组展示等多种方式，全面评价学生的核心素养。同时，评价结果的反馈应该及时、有效，教师可以根据评价结果调整教学策略，提高核心素养的培养效率。

2. 高中化学教师对核心素养落实的现状

（1）核心素养的落实存在困难

①缺乏科学有效的评价体系。由于核心素养的培养是一个长期的过程，需要教师在教学中不断地探索和实践。然而，目前缺乏一套科学、有效的评价体系来评价学生的核心素养，这使教师在教学过程中难以把握核心素养的培养效果。教师不知道如何评价学生的核心素养是否得到了提高，也就难以调整教学策略，进一步提高核心素养的培养效率。例如，在评价学生的科学探究能力时，教师可能只关注学生是否能够完成实验报告，而没有考虑学生在实验过程中的思维过程、创新能力等方面；在评价学生的责任担当时，教师可能只关注学生是否遵守课堂纪律，而没有考虑学生在社会实践中的表现。

为了解决这个问题，需要建立一套科学、有效的评价体系。评价体系应该包括评价标准、评价方法、评价工具等方面。评价标准应该明确、具体，能够反映学生核心素养的发展水平；评价方法应该多样化，采用定性评价和定量评价相结合的方式；评价工具应该实用、便捷，能够为教师提供有效的评价依据。

②教学任务重、时间紧。高中化学教学任务繁重，教学时间紧张。教师需要在有限的时间内完成教学大纲规定的教学内容，还要应对各种考试和评价。在这种情况下，教师很难有足够的时间和精力去深入落实核心素养的培养。例如，教师可能为了赶教学进度，而减少实验教学的时间，或者采用传统的讲授法，而没有时间进行探究式教学、合作学习等方法。此外，教师还需要花费大量的时间批改作业、辅导学生，这也进一步减少了他们落实核心素养培养的时间和精力。

为了解决这个问题，需要优化教学内容和教学方法，提高教学效率。教师可以根据教学大纲和学生的实际情况，合理选择教学内容，突出重点、难点，避免面面俱到。同时，教师还可以采用多样化的教学方法，如探究式教学、合作学习、项目式学习等，激发学生的学习兴趣，提高教学效率。此外，学校也可以合理安排教学时间，为教师提供更多的时间和空间来落实核心素养的培养。

③教学资源不足。培养学生的核心素养需要丰富的教学资源支持，如实验设备、多媒体教学资源、课外实践活动资源等。然而，一些学校的教学资源不足，无法满足核心素养培养的需求。这给教师落实核心素养的培养带来了一定的困难。例如，一些学校的实验室设备陈旧、数量不足，无法满足学生进行实验探究的需求；一些学校缺乏多媒体教学设备，教师无法通过多媒体教学资源生动形象地展示化学知识；一些学校没有组织学生参加课外实践活动的资源和条件，学生无法在实践中培养自己的核心素养。

为了解决这些问题，学校应该加大对教学资源的投入，改善教学条件。学校可以购置先进的实验设备、多媒体教学设备等，为教师和学生提供更好的教学资源。同时，学校还可以与企业、科研机构等合作，为学生提供课外实践活动的资源和条件，让学生在实践中培养自己的核心素养。

（2）原因分析

①教育体制的限制。当前的教育体制仍然以考试成绩为主要评价标准，学校和教师面临着较大的升学压力。在这种情况下，教师很难有足够的时间和精力去深入落实核心素养的培养。此外，教育体制对教学内容、教学方法等方面也有一定的限制，教师在教学中缺乏自主性和创新性，难以根据学生的实际情况和核心素养的要求进行教学。

为了改变这种现状，需要深化教育体制改革，建立多元化的评价体系，减轻学校和教师的升学压力。同时，教育部门还应该给予学校和教师更多的自主权，让他们能够根据学生的实际情况和核心素养的要求进行教学。

②学校对核心素养培养的重视程度不够。一些学校虽然认识到核心素养的重要性，但在实际教学中并没有给予足够的重视。学校没有为教师提供足够的教学资源和支持，也没有建立科学有效的评价体系来评价学生的核心素养。例如，学校可能没有为教师提供参加核心素养培训的机会，也没有为教师提供购买教学资源的经费；学校可能没有制订针对核心素养培养的教学计划和评价标准，也没有组织教师进行教学研讨和交流活动。

为了提高学校对核心素养培养的重视程度，教育部门可以通过制定相关政策、开展评估活动等方式，引导学校重视核心素养的培养。学校也应该加强对教师的培训和支持，为教师提供更多的教学资源和交流平台，建立科学有效的评价体系，促进学生核心素养的发展。

③教师自身的能力和意识不足。部分教师自身的教学能力和意识不足，不知道如何在教学中落实核心素养的培养。他们缺乏创新教学方法和手段的能力，也没有意识到核心素养培养对于学生终身发展的重要性。例如，一些教师可能习惯于传统的教学方法，不愿意尝试新的教学方法和手段；一些教师可能只关注自己的教学任务，而没有考虑学生的核心素养培养；一些教师可能没有认识到核心素养培养的长期性和艰巨性，缺乏持之以恒的精神。

为了提高教师自身的能力和意识，教师应该加强学习，不断提高自己的教学水平和专业素养。教师可以参加各种培训、研讨活动，学习先进的教学理念和方法；教师还可以阅读相关的教育书籍和期刊，了解最新的教育动态和研究成果。同时，教师还应该树立正确的教育观念，认识到核心素养培养对于学生终身发展的重要性，积极探索适合学生的教学方法和策略。

高中化学教师对核心素养的认识与落实情况直接关系到学生的综合素质和未来发展。目前，高中化学教师在对核心素养的认识和落实方面仍存在一些问题，如认识不够深入、落实存在困难等。这些问题的存在主要是由于传统教育观念的影响、教师培训不足、教学评价体系不完善、教育体制的限制、学校对核心素养培养的重视程度不够以及教师自身的能力和意识不足等原因造成的。

为了解决这些问题，全社会需要共同努力，转变教育观念，加强教师培训，完善教学评价体系，深化教育体制改革，提高学校对核心素养培养的重视程度，提升教师自身的能

力和意识。只有这样，才能真正将核心素养的培养融入高中化学教学中，提高学生的综合素质，为学生的终身发展奠定坚实的基础

（三）专业素养与教学能力

1. 高中化学教师专业素养的体现与提升方向

（1）具备扎实的化学专业知识与丰富的教学经验

①高中化学教师具备扎实的化学专业知识，是能够胜任教学工作的基础。首先，准确讲解化学概念、原理和实验等内容离不开教师对化学专业知识的熟练掌握。例如，在讲解化学反应原理时，教师运用热力学和动力学的知识，能够深入浅出地解释反应的方向、速率和限度等问题。对于化学反应的热效应、化学平衡的移动等抽象概念，教师可以通过具体的实例和图表，帮助学生理解和掌握。在实验教学中，教师对化学试剂的性质和实验操作的规范的了解，能够有效地指导学生进行实验，确保实验的安全和成功。教师可以准确地讲解实验目的、原理、步骤和注意事项，引导学生观察实验现象，分析实验结果，培养学生的实验操作能力和科学思维能力。

其次，化学专业知识的扎实程度直接影响教师的教学自信和教学效果。当教师对所教学科的知识有深入的理解和掌握时，他们在课堂上能够更加自信地讲解和回答学生的问题，激发学生的学习兴趣和求知欲。同时，教师可以将化学知识与实际生活相结合，通过生动的例子和案例，让学生感受到化学的实用性和趣味性。例如，在讲解有机化学时，教师可以介绍一些常见的有机化合物在生活中的应用，如塑料、橡胶、药物等，让学生了解化学与生活的密切关系。

②丰富的教学经验为高中化学教师的教学工作提供了有力的支持。有经验的教师能够根据学生的特点和学习需求，灵活调整教学方法和策略，提高教学效率。

一方面，经验丰富的教师熟悉不同教学内容的重点和难点，能够有针对性地进行讲解和练习。对于一些抽象、难以理解的化学概念和原理，如化学平衡、电解质溶液等，他们可以采用多种教学方法，如实验演示、模型构建、案例分析等，帮助学生理解和掌握。例如，在讲解化学平衡这一难点内容时，经验丰富的教师会先通过实验演示，让学生观察化学反应达到平衡状态的现象，然后引导学生分析平衡状态的特点和影响因素。接着，教师可以利用化学平衡常数的概念，帮助学生定量地分析化学平衡的移动。最后，通过一些实际案例的分析，让学生巩固所学知识，提高应用能力。

另一方面，有经验的教师能够根据学生的学习情况及时调整教学进度和难度。他们可

以通过课堂提问、作业批改、小测验等方式，了解学生对知识的掌握情况，发现学生的问题和不足。对于学习困难的学生，教师可以给予更多的关注和辅导，帮助他们克服困难，提高学习成绩。对于学有余力的学生，教师可以提供一些拓展性的学习资料和问题，激发他们的学习兴趣和创新能力。例如，在讲解完化学反应速率的知识后，教师可以给学有余力的学生布置一些关于催化剂对反应速率影响的研究性课题，让他们通过查阅资料、实验探究等方式，深入了解催化剂的作用机制和应用。

（2）专业知识与教学经验在高中化学教学中的具体体现

①在课堂教学中，扎实的化学专业知识和丰富的教学经验使教师能够运用生动的例子和形象的比喻，将抽象的化学知识变得通俗易懂。例如，在讲解化学键的类型时，教师可以用“两个人手拉手”来比喻共价键，用“一个人失去东西被另一个人得到”来比喻离子键，帮助学生更好地理解化学键的形成机制。教师还可以通过一些生活中的例子，如氯化钠的形成过程，让学生直观地感受离子键的形成。在讲解化学反应的能量变化时，教师可以用“爬山”来比喻化学反应中的能量变化，让学生理解吸热反应和放热反应的概念。

②在实验教学中，教师能够熟练地操作实验仪器，准确地演示实验过程，引导学生观察实验现象，分析实验结果。同时，教师还能够根据实验中出现的问题，及时进行调整和指导，确保实验的顺利进行。例如，在进行酸碱中和滴定实验时，教师可以先演示实验过程，让学生观察滴定管的使用方法、指示剂的变色情况等。在学生进行实验时，教师可以巡视指导，及时纠正学生的错误操作，解答学生的问题。如果实验中出现了异常现象，教师可以引导学生分析原因，提出解决问题的方法。

③在课外辅导中，教师凭借专业知识和教学经验，能够为学生解答各种化学问题，提供学习建议和方法。他们可以根据学生的学习情况，为学生制订个性化的学习计划，帮助学生提高学习成绩。例如，对于学习困难的学生，教师可以重点辅导基础知识，帮助他们建立学习信心。教师可以通过一些简单的例子和练习，让学生巩固化学基本概念和原理，如元素周期表、化学键、化学反应类型等。对于学有余力的学生，教师可以推荐一些拓展性的学习资料，激发他们的学习兴趣。教师还可以推荐一些化学科普书籍、学术论文、化学竞赛试题等，让学生拓宽知识面，提高学习能力。

（3）学科发展与教育改革对高中化学教师专业素养的新要求

①关注化学学科前沿动态。随着化学学科的不断发展，新的理论、技术和方法不断涌现。教师需要不断更新自己的化学知识，了解化学学科的前沿动态，以便将最新的科研成果引入教学中，拓宽学生的视野，激发学生的学习兴趣。

②引入前沿科研成果。在讲解新型材料时，教师可以介绍纳米材料、超导材料等前沿领域的研究进展，让学生了解化学在材料科学中的重要作用。例如，教师可以介绍纳米材料的特殊性质和应用，如纳米金的催化性能、碳纳米管的导电性能等。在讲解环境保护时，教师可以介绍绿色化学的理念和方法，培养学生的环保意识。教师还可以介绍绿色化学的基本原则，如减少废物的产生、使用可再生资源、提高原子利用率等。通过这些前沿知识的介绍，学生可以了解到化学学科的最新发展动态，感受到化学的魅力和应用价值。

③提高科研能力。关注化学学科前沿动态可以帮助教师提高自己的科研能力，为教学提供更丰富的资源。教师可以结合自己的教学实际，开展一些小型的科研项目，如化学实验改进、校本课程开发等，将科研成果转化为教学资源，提高教学质量。例如，教师可以通过改进化学实验，提高实验的安全性和可操作性，让学生更好地参与实验教学。教师可以对一些传统的化学实验进行改进，如减少实验试剂的用量、优化实验步骤、采用环保型试剂等。教师还可以开发校本课程，满足学生的个性化学习需求，培养学生的创新能力。教师可以根据学校的实际情况和学生的兴趣爱好，开发一些具有特色的校本课程，如化学实验探究、化学与生活、化学与社会等。通过校本课程的开发，教师可以将自己的科研成果和教学经验融入教学中，提高教学的针对性和实效性。

④掌握现代教育教学理论和方法。

一是教师需要掌握强调以学生为中心的现代教育教学理论，注重培养学生的自主学习能力、合作学习能力和创新能力。教师需要学习这些理论，转变教学观念，创新教学方法，为学生创造一个积极、主动的学习环境。例如，采用探究式教学法，引导学生通过自主探究和合作学习，发现问题、解决问题，培养学生的科学思维和实践能力。在探究式教学中，教师可以提出一些具有启发性的问题，引导学生进行思考和探究。教师可以组织学生进行小组讨论，让学生分享自己的观点和想法。教师还可以提供一些实验器材和材料，让学生进行实验探究，验证自己的假设。采用项目式学习法，让学生在完成项目的过程中，学习和应用化学知识，提高学生的综合素养。在项目式学习中，教师可以设计一些具有挑战性的项目，让学生通过查阅资料、实验探究、数据分析等方式，完成项目任务。教师还可以组织学生进行项目汇报和展示，让学生分享自己的项目成果和经验。

二是教师要掌握运用信息技术进行教学的现代教育教学方法。随着信息技术的飞速发展，多媒体教学、在线教学等新型教学模式逐渐普及。教师需要掌握这些信息技术，将其与化学教学相结合，丰富教学资源，提高教学效率。例如，利用化学模拟软件，让学生直观地观察化学反应的过程和分子的结构。教师可以利用化学模拟软件，如 ChemDraw、

Gaussian 等，让学生观察分子的三维结构、化学键的形成和断裂、化学反应的过程等；可以利用在线教学平台，如慕课、微课、直播课堂等，开展远程教学和互动教学；还可以上传教学视频、课件、作业等教学资源，让学生随时随地进行学习；教师还可以通过在线教学平台，与学生进行互动交流，解答学生的问题，了解学生的学习情况。

2. 高中化学教师教学能力的体现、现状与改进方向

（1）教学设计能力

教学设计能力是高中化学教师教学能力的重要组成部分之一。教师能够根据教学目标和学生的实际情况，设计合理的教学方案，是确保教学活动顺利进行的关键。

①在确定教学目标时，教师要明确学生在知识与技能，过程与方法，情感态度与价值观等方面的具体要求。例如，在讲解“化学反应速率”这一内容时，知识与技能目标可以设定为学生掌握化学反应速率的概念、计算公式和影响因素；过程与方法目标可以设定为学生通过实验探究和数据分析，掌握科学研究的方法和技能；情感态度与价值观目标可以设定为培养学生的科学精神和创新意识。

②在选择教学内容时，教师要根据教学目标和学生的认知水平，合理取舍教材内容，适当补充拓展性知识。例如，在讲解“有机化合物”这一内容时，教师可以根据学生的实际情况，选择一些常见的有机化合物，如甲烷、乙烯、乙醇、乙酸等，进行重点讲解。同时，教师可以适当补充一些拓展性知识，如有机合成的方法、有机化合物的应用等，拓宽学生的知识面。

③在设计教学方法时，教师要结合教学内容和学生特点，选择适合的教学方法，如讲授法、演示法、讨论法、探究法等。例如，在讲解“化学平衡”这一内容时，教师可以采用讲授法，讲解化学平衡的概念、特征和影响因素；可以采用演示法，通过实验演示化学平衡的建立和移动过程；可以采用讨论法，组织学生讨论化学平衡的应用和实际意义；可以采用探究法，引导学生通过实验探究化学平衡的影响因素。

（2）课堂教学能力

课堂教学能力是教师教学能力的核心。高中化学教师具备较强的课堂教学能力，能够有效地组织教学，引导学生积极参与学习。

①在课堂教学中，教师要注重教学语言的准确性、生动性和启发性，用简洁明了的语言讲解化学知识，激发学生的学习兴趣。例如，在讲解化学实验时，教师可以用生动的语言描述实验现象，引导学生观察和思考。教师可以说：“同学们，看这个实验，当我们把镁条放入稀盐酸中时，会看到什么现象呢？对，会有大量的气泡产生，这说明镁与稀盐酸

发生了化学反应。那么，这些气泡是什么呢？它们是氢气。为什么会产生氢气呢？这是因为镁与稀盐酸发生了置换反应，镁把盐酸中的氢置换出来了。”在讲解化学概念时，教师可以用比喻、类比等方法，帮助学生理解抽象的概念。教师可以说：“同学们，化学键就像两个人手拉手一样，把原子结合在一起。共价键就像两个人共用一对电子，离子键就像一个人把电子给了另一个人。”

②教师要善于运用教学方法和手段，提高课堂教学的效率和质量。教师可以利用多媒体课件，展示一些化学实验的视频、分子的结构模型、化学反应的过程等，让学生更加直观地了解化学知识。教师可以采用小组合作学习，让学生在合作中交流、讨论，培养学生的合作精神和创新能力；可以组织学生进行小组讨论，让学生共同解决一些化学问题，如化学实验的设计、化学方程式的书写等。此外，教师还要关注学生的学习状态，及时调整教学节奏和方法，确保每个学生都能参与到学习中来。教师可以通过观察学生的表情、动作、回答问题的情况等，了解学生的学习状态。如果发现学生对某个知识点不理解，教师可以放慢教学节奏，采用更加详细的讲解方法；如果发现学生对某个知识点已经掌握得很好，教师可以加快教学进度，或者提出一些拓展性的问题，让学生进行思考和探究。

（3）教学评价能力

教学评价能力是教师教学能力的重要保障。高中化学教师能够对学生的学习情况进行及时的评价和反馈，帮助学生提高学习效率。

①形成性评价。形成性评价主要是在教学过程中对学生的学习表现进行评价，及时发现学生的问题和不足，为教师调整教学策略提供依据。例如，通过课堂提问、作业批改、小测验等方式，了解学生对知识的掌握情况。教师可以在课堂上提出一些问题，让学生回答，了解学生对知识点的理解程度；可以批改学生的作业，发现学生的错误和问题，及时给予反馈和指导；可以进行小测验，检测学生对某个知识点的掌握情况，为后续的教学提供参考。

②总结性评价。总结性评价主要是在教学结束后对学生的学习成果进行评价，全面了解学生的学习情况，为教师改进教学提供参考。例如，教师可以通过期末考试，检测学生对整个学期所学知识的掌握情况；可以让学生完成一些项目报告，如化学实验报告、化学研究性学习报告等，评价学生的综合素养和创新能力。

（4）教学能力的现状与改进方向

①部分高中化学教师的教学设计缺乏创新性，教学方法单一，这可能导致学生对化学学习产生厌倦情绪，影响教学效果。其改进方向如下。

一是教师可以关注化学学科前沿动态，将最新的科研成果引入教学中，丰富教学内容。例如，教师可以关注化学领域的最新研究进展，如新型材料的合成、绿色化学的发展等，将这些内容融入教学设计中。教师可以设计一些与学科前沿相关的问题，引导学生进行思考和探究。例如，教师可以提出问题："新型材料的发展对我们的生活有哪些影响？""绿色化学的理念如何在化学实验中体现？"

二是教师可以学习现代教育教学理论和方法，尝试新的教学模式和教学方法，如翻转课堂、微课教学等。翻转课堂是一种将传统的课堂教学模式翻转过来的教学模式，学生在课前通过观看教学视频、阅读教材等方式进行自主学习，课堂上则进行讨论、答疑、实验等活动。微课教学是一种以短小精悍的教学视频为主要教学资源的教学方法，教师可以将教学内容制作成微课视频，让学生在课余时间进行学习。教师可以根据教学内容和学生特点，选择适合的教学模式和教学方法，提高教学设计的创新性。

三是教师可以结合学生的兴趣和特点，设计富有创意的教学活动，如化学实验竞赛、化学科普讲座等。教师可以组织学生参加化学实验竞赛，激发学生的学习兴趣和竞争意识，提高学生的实验操作能力和创新能力。可以邀请专家学者来校进行化学科普讲座，让学生了解化学领域的最新研究进展和应用前景，拓宽学生的知识面，培养学生的科学素养和创新精神。

②在课堂教学中，部分高中化学教师对学生的关注度不够，未能充分发挥学生的主体作用。其改进方向如下。

一是教师要了解学生的学习需求和兴趣爱好，根据学生的实际情况设计教学内容和教学方法。教师可以通过问卷调查、个别访谈等方式，了解学生对化学学科的兴趣点、学习困难和期望的教学方式。例如，教师了解到学生对化学实验比较感兴趣，就可以在教学中增加实验教学的比重，设计一些有趣的实验活动，让学生在实验中学习化学知识。

二是教师要关注学生的学习状态，及时发现学生的问题和困难，给予帮助和指导。教师可以通过观察学生的课堂表现、作业完成情况、考试成绩等，了解学生的学习状态。如果发现学生在学习中遇到了困难，教师可以及时给予帮助和指导，如个别辅导、小组讨论等。如果发现学生在学习中出现了错误，教师可以及时纠正，让学生明白错误的原因和正确的方法。

三是教师要鼓励学生积极参与课堂讨论和互动，尊重学生的意见和想法，培养学生的自主学习能力和创新能力。教师可以提出一些开放性的问题，引导学生进行思考和讨论。例如，教师可以提出问题："你认为化学在环境保护中可以发挥哪些作用？"让学生发表自己的观点和想法。教师要尊重学生的意见和想法，给予积极的评价和反馈。教师可以组织学生进行小组合作学习，让学生在合作中交流、讨论，共同解决问题。教师要引导学生进行自主学习，让学生学会自己查找资料、分析问题、解决问题。

③部分高中化学教师的教学评价方式不够多元化，未能全面地评价学生的学习情况。其改进方向如下。

一是采用多样化的评价工具和方法。为了全面评价学生的学习情况，教师可以采用包括但不限于纸笔测验的多种评价工具和方法。例如，可以引入实验报告、口头报告、项目作业、小组讨论、课堂表现记录、自我评价和同伴评价等多种形式。通过这些多样化的评价方式，教师可以更全面地考察学生的知识掌握、实验技能、科学探究、创新思维和团队合作等能力。

二是强化形成性评价。形成性评价关注学生学习过程中的进步和问题，有助于及时调整教学策略和学习方法。教师可以通过观察、学习日志、反思性写作、同伴评议、教师与学生之间的定期交流等方式，对学生的学习过程进行持续跟踪和评价。形成性评价不仅能够激励学生，还能帮助教师更好地了解学生的学习需求，从而提供更有针对性的指导。

三是提高学生参与度。鼓励学生参与评价过程，可以提高评价的全面性和客观性。教师可以引导学生进行自我评价，帮助他们建立自我反思的习惯，明确自己的学习目标和进步方向。同时，通过同伴评价，学生可以学习如何给予和接受建设性的反馈，培养批判性思维和公正评价的能力。此外，教师可以与学生共同制定评价标准和评价方法，使评价过程更加民主和透明。

二、学生学习方面

（一）学习兴趣

1. 学习兴趣在高中化学学习中的重要性

（1）激发学习热情

兴趣，犹如一盏明灯，照亮了学生在高中化学学习道路上的前行之路。在高中化学的知识海洋中，浓厚的学习兴趣能够如同一股强大的动力，激发学生的学习热情。

当学生对化学学科产生浓厚的兴趣时，他们的内心便会燃起一团对知识渴望的火焰。这种热情不仅体现在课堂上的专注听讲，更表现在课后主动投入更多的时间和精力去探索化学知识的奥秘。例如，对于那些对化学实验充满热爱的学生来说，实验室就如同一个充满神奇的魔法世界。当他们亲眼看见各种奇妙的化学反应现象时，如镁条在空气中燃烧发出耀眼的白光、硫酸铜溶液与氢氧化钠溶液混合产生蓝色沉淀等，内心会充满好奇和兴奋。这种强烈的视觉冲击会让他们迫不及待地想要深入了解这些现象背后的化学原理，从而主动去翻阅化学书籍、查阅相关资料，以满足自己对化学知识的强烈渴望。

在课堂讨论中，有学习兴趣的学生不再是被动的倾听者，而是积极的参与者。他们会踊跃发言，提出自己的观点和疑问，与同学们展开热烈的讨论。对于一个化学问题，他们会从不同的角度去思考，尝试用各种方法去解决。这种积极主动的学习态度，不仅能够加深他们对知识的理解，还能激发更多的思维火花，让学习变得更加有趣和富有挑战性。

在实验活动中，学习兴趣更是发挥着至关重要的作用。学生们会满怀期待地走进实验室，小心翼翼地操作各种实验仪器，认真观察实验现象的每一个细节。他们会为实验的成功而欢呼雀跃，也会为实验的失败而认真反思，寻找问题的根源。这种对实验的热情和执着，源于他们内心对化学的浓厚兴趣，让他们在实践中不断探索、不断进步。

（2）提高学习效率

学习兴趣就像是一把神奇的钥匙，能够打开高效学习的大门。在高中化学学习过程中，有了学习兴趣，学生在学习时会更加专注和投入，学习效率也会大大提高。当学生对化学学科充满兴趣时，他们会主动寻找各种学习资源，为自己的学习之旅增添更多的动力。他们会积极查阅化学书籍，从经典的化学教材到前沿的化学研究文献，不放过任何一个获取知识的机会。在阅读的过程中，他们会仔细品味每一个化学概念、每一条化学原理，努力理解其中的精髓。同时，他们还会观看化学科普视频，通过视频中生动形象的画面和通俗易懂的讲解，加深对化学知识的理解。此外，他们还可能参加化学学习小组、在线化学论坛等，与志同道合的伙伴们交流学习心得，分享学习资源，共同进步。

兴趣还能促使学生在学习中克服各种困难，保持积极的学习态度。在学习高中化学的过程中，学生们不可避免地会遇到一些复杂的问题，如难以理解的化学概念、烦琐的化学计算、复杂的化学反应机理等。然而，对于有学习兴趣的学生来说，这些困难并不是他们前进道路上的绊脚石，而是激发他们挑战自我的动力。比如，在学习复杂的化学方程式配平时，出于对化学的兴趣，学生可能会更有耐心地去尝试不同的方法。他们会仔细分析化学反应中各元素的化合价变化、原子的守恒关系等，通过不断的尝试和调整，最终掌握正确的配平技巧。在这个过程中，他们不仅提高了自己的学习能力，还培养了坚持不懈的精神。

此外，学习兴趣还能让学生在学习中找到乐趣，从而减轻学习的压力。当学生以愉悦的心情去学习化学时，他们会更加轻松地掌握知识，提高学习效率。例如，在学习有机化学时，学生们可以通过制作分子模型的方式来加深对有机化合物结构的理解。在制作模型的过程中，他们会感受到化学的趣味性和创造性，同时也更加直观地掌握了有机化合物的空间结构和化学键的形成。这种寓学于乐的方式，能够让学生在轻松愉快的氛围中提高学习效率。

（3）培养创新思维

学习兴趣是培养创新思维的肥沃土壤。在高中化学学习中，当学生对化学学科充满兴趣时，他们会不满足于课本上的知识，而是尝试提出自己的问题和假设，并通过实验、探究等方式去验证。

这种主动探索的过程有助于培养学生的创新思维和实践能力。例如，学生在了解了化学反应的基本原理后，可能会思考如何利用化学反应来解决实际生活中的问题。他们可能会思考如何利用化学反应开发新型环保材料，以减少对环境的污染；如何利用化学反应提高能源的利用效率，缓解能源危机等。在这个过程中，学生需要运用所学的化学知识，结合实际情况，提出创新性的解决方案。

为了验证自己的假设，学生会积极设计实验方案，选择合适的实验仪器和试剂，进行实验操作。在实验过程中，他们会仔细观察实验现象，记录实验数据，分析实验结果。如果实验结果与自己的假设不符，他们会认真反思，找出问题所在，调整实验方案，再次进行实验。这种不断尝试、不断改进的过程，能够培养学生的科学精神和创新思维。

此外，学习兴趣还能激发学生的创造力。在化学学习中，学生可以通过参加化学实验竞赛、科技创新活动等，展示自己的创新成果。在这些活动中，他们会充分发挥自己的想象力和创造力，设计出独特的实验方案和创新作品。例如，有的学生可能会设计出一种新型的化学传感器，用于检测环境中的有害物质；有的学生可能会利用化学方法合成一种具有特殊性能的材料，用于高科技领域等。这些创新成果不仅展示了学生们的创新能力，也为化学学科的发展注入了新的活力。

2. 影响高中学生化学学习兴趣的因素

（1）教学方法与手段

教师的教学方法和手段在很大程度上决定了学生对化学学科的兴趣。在高中化学教学中，如果教师采用传统的讲授法，一味地灌输知识，学生很容易感到枯燥乏味，失去学习兴趣。传统的讲授法往往以教师为中心，教师在讲台上滔滔不绝地讲解化学知识，学生在下面被动地听讲、记笔记。这种教学方式缺乏互动性和趣味性，学生很难真正参与到学习中来。而且，对于一些抽象的化学概念和复杂的化学反应机理，单纯的讲授很难让学生理解和掌握。例如，在讲解化学键的形成时，如果教师只是简单地讲解离子键和共价键的概念，学生可能会感到抽象难懂，难以形成深刻的印象。

而采用多样化的教学方法，如探究式教学、实验教学、多媒体教学等，可以极大地激发学生的学习兴趣。

探究式教学是以学生为中心的教学方法，它鼓励学生通过自主探究和合作学习的方式来发现问题、解决问题。在化学教学中，教师可以提出一些具有启发性的问题，引导学生进行思考和探究。例如，在讲解化学反应速率的影响因素时，教师可以提出问题："为什么有些化学反应进行得很快，而有些化学反应进行得很慢？影响化学反应速率的因素有哪些？"然后让学生通过实验探究、查阅资料等方式来寻找答案。在这个过程中，学生会积极主动地参与到学习中来，他们的思维会得到充分的锻炼，学习兴趣也会大大提高。

实验教学是化学教学的重要组成部分，它能够让学生亲自动手操作，观察实验现象，从而更加直观地理解化学知识。通过实验教学，学生可以感受到化学的神奇和魅力，激发他们对化学学科的兴趣。例如，在进行金属钠与水反应的实验时，学生可以亲眼看到金属钠在水中浮、熔、游、响等现象，这些生动的实验现象会让他们对化学知识产生浓厚的兴趣。而且，在实验教学中，学生还可以培养自己的动手能力、观察能力和分析问题的能力。

多媒体教学则可以利用图像、声音、动画等多种形式来展示化学知识，使抽象的化学概念变得更加形象生动。例如，在讲解原子结构时，教师可以通过多媒体课件展示原子的内部结构、电子的运动轨迹等，让学生更加直观地了解原子的结构和性质。在讲解化学反应过程时，教师可以通过动画演示化学反应中分子的破裂和原子的重新组合，让学生更加清晰地看到化学反应的本质。多媒体教学不仅能够提高学生的学习兴趣，还能够提高教学效率和质量。

（2）学科内容与实用性

化学学科的内容和实用性也是影响学生学习兴趣的重要因素。如果化学知识过于抽象，学生可能会觉得难以理解和掌握，从而失去学习兴趣。高中化学中的一些概念和原理，如物质的量、化学键、化学平衡等，都比较抽象和复杂。对于这些知识，如果教师只是单纯地讲解概念和原理，学生很难真正理解和掌握。而且，这些抽象的知识往往让学生觉得与实际生活相去甚远，缺乏实用性，从而降低了学生的学习兴趣。

而如果化学知识与实际生活联系紧密，能够解决实际问题，学生就会更有兴趣去学习。

例如，讲解化学在环境保护中的应用时，可以让学生了解到化学在治理大气污染、水污染、土壤污染等方面的重要作用。学生可以通过学习化学知识，了解到如何利用化学方法减少汽车尾气中的有害物质排放、如何处理工业废水和生活污水、如何改良受污染的土壤等。这些知识与实际生活密切相关，能够让学生认识到化学的重要性和实用性，提高学习兴趣。

在讲解新材料开发时，可以让学生了解到化学在开发新型材料方面的巨大贡献。如纳米材料、高分子材料、复合材料等新型材料的出现，为人类的生活带来了极大的便利。学生可以通过学习化学知识，了解到这些新型材料的性能和用途以及其制备方法和原理。这些知识不仅能够拓宽学生的知识面，还能够让学生感受到化学的魅力和实用性。

在讲解医药领域的应用时，可以让学生了解到化学在药物研发、疾病诊断和治疗等方面的重要作用。学生可以通过学习化学知识，了解到药物的结构和性质、药物的合成方法和原理、疾病的诊断方法和治疗原理等。这些知识与人类的健康息息相关，能够让学生认识到化学的重要性和实用性，提高学习兴趣。

（3）学生自身因素

学生自身的因素也会对学习兴趣产生重要影响。例如，学生的学习态度、学习能力、学习目标等都会影响他们对化学学科的兴趣。

如果学生对学习持积极的态度，他们会更容易对化学学科产生兴趣。积极的学习态度包括对知识的渴望、对学习的热情、对困难的勇敢挑战等。具有积极学习态度的学生，会把学习看作一种乐趣和挑战，而不是一种负担。他们会主动去探索化学知识的奥秘，积极参与课堂讨论和实验活动，努力提高自己的学习能力。

学习能力也是影响学习兴趣的重要因素。如果学生具备较强的学习能力，他们能够更好地理解和掌握化学知识，从而更容易对化学学科产生兴趣。学习能力包括记忆力、思维能力、动手能力等。例如，记忆力强的学生能够更快地记住化学概念和化学方程式；思维能力强的学生能够更好地理解化学反应的原理和机理；动手能力强的学生能够更好地进行化学实验操作。

学习目标对学习兴趣的影响也不可忽视。如果学生有明确的学习目标，他们会更有动力去学习化学。学习目标可以是短期的，如在一次考试中取得好成绩；也可以是长期的，如将来从事与化学相关的职业。有了明确的学习目标，学生就会更加努力地学习化学，不断提高自己的学习成绩和能力。

相反，如果学生学习态度不端正，缺乏学习目标和动力，学习能力较弱，就可能对化学学习失去兴趣。例如，有些学生对学习不重视，认为学习只是为了应付考试，没有真正认识到学习的重要性。这样的学生在学习化学时，往往缺乏积极性和主动性，容易产生厌烦情绪。有些学生没有明确的学习目标，不知道自己为什么要学习化学，学习起来缺乏动力。还有些学生学习能力较弱，在学习化学时遇到困难就容易放弃，从而对化学学习失去信心。

综上所述，学习兴趣在高中化学学习中具有重要的作用。浓厚的学习兴趣能够激发学生的学习热情，提高学习效率，培养创新思维。而影响高中学生化学学习兴趣的因素主要包括教学方法与手段、学科内容与实用性、学生自身因素等。为了提高学生的化学学习兴趣，教师应该采用多样化的教学方法，让化学知识与实际生活紧密联系，同时关注学生的个体差异，激发学生的学习热情和动力。学生自身也应该树立积极的学习态度，明确学习目标，提高学习能力，努力培养对化学学科的兴趣。只有这样，才能让学生在高中化学学习中取得更好的成绩，为未来的发展奠定坚实的基础。

（二）学习方法与习惯

1. 良好的学习方法与习惯对高中化学学习的重要性

（1）提高学习效率

在高中化学的学习中，良好的学习方法和习惯就如同高效的工具，能极大地提高学习效率。

学会制订学习计划是提高学习效率的重要一步。高中化学知识体系庞大且复杂，涵盖了众多的概念、原理和实验内容。学生如果没有一个明确的学习计划，很容易陷入混乱和无序的学习状态。制订学习计划可以让学生明确自己在不同时间段的学习任务和目标，合理安排学习时间。例如，学生可以根据课程表和教学进度，制订每周的学习计划，将每天的学习时间分配给不同的学习内容，如预习新课、复习旧知识、做练习题等。这样可以避免拖延和浪费时间，让学习更加有条不紊地进行。

掌握有效的记忆方法对于化学学习至关重要。化学中有大量的知识点需要记忆，如元素周期表、化学方程式、物质的性质等。如果采用死记硬背的方法，不仅效率低下，而且容易遗忘。而运用归纳总结、联想记忆等有效的记忆方法，则可以事半功倍。例如，在学习元素周期表时，可以通过归纳总结元素的性质随原子序数的变化规律，将相似性质的元素进行分类记忆。同时，可以通过联想记忆的方法，将元素的性质与生活中的事物联系起来，加深记忆。比如，将金属钠的活泼性与水的反应联想到“浮、熔、游、响、红”的现象，这样不仅容易记忆，而且在回忆时也能快速联想到相关的知识点。

学会分析问题和解决问题的方法是提高学习效率的关键。高中化学中常常会遇到各种复杂的问题，如化学计算题、实验探究题等。如果学生没有掌握正确的分析问题和解决问题的方法，很容易陷入困境。建立化学模型和运用化学思维是解决化学问题的有效方法。例如，在解决化学平衡问题时，可以建立化学平衡的模型，分析反应物和生成物的浓度变化、平衡移动的方向等。同时，运用化学思维，如守恒思维、平衡思维等，可以快速找到问题的突破口，解决问题。通过学会这些方法，学生在解决化学问题时会更加得心应手，提高学习效率。

(2) 培养自主学习能力

良好的学习方法和习惯有助于培养学生的自主学习能力，这在高中化学学习中尤为重要。

自主预习是培养自主学习能力的重要环节。在学习新的化学知识之前，学生通过自主预习，可以了解将要学习的内容的大致框架和重点难点，为课堂学习做好准备。在预习过程中，学生可以阅读教材、查阅相关资料，尝试理解新的概念和原理。例如，在预习化学反应速率的内容时，学生可以先了解化学反应速率的定义、影响因素等基本概念，思考生活中哪些现象与化学反应速率有关。这样，在课堂上学生就能更加主动地参与学习，提出自己的问题和见解，提高学习效率。

自主复习也是培养自主学习能力的关键步骤。课后及时进行复习，可以巩固所学知识，加深对知识点的理解和记忆。学生在复习时，可以结合课堂笔记、教材和练习题，对所学内容进行系统的梳理和总结。例如，在复习有机化学的内容时，学生可以将不同类型的有机物进行分类整理，总结它们的性质、反应类型和用途等。通过自主复习，学生能够发现自己的知识漏洞，及时进行弥补，提高学习的质量。

学会自主查阅资料、解决问题是培养自主学习能力的重要体现。在高中化学学习中，学生常常会遇到一些超出教材范围的问题或者需要进一步深入了解的知识点。这时，学生如果能够学会自主查阅资料，如查阅化学专业书籍、学术期刊、互联网资源等，就可以拓宽自己的知识面，提高解决问题的能力。例如，在学习环境保护与化学的关系时，学生可以通过查阅相关资料，了解化学在治理环境污染中的应用，如污水处理、大气污染防治等。同时，学生在查阅资料的过程中，还可以培养自己的信息筛选和整合能力，提高自主学习的水平。

（3）促进知识的系统掌握

良好的学习方法和习惯能够促进学生对化学知识的系统掌握，为学生的化学学习打下坚实的基础。

学会整理笔记是系统掌握化学知识的重要方法之一。在课堂上，学生要认真听讲，做好笔记，记录下重要的知识点、例题和解题方法等。课后，学生要及时整理笔记，将笔记中的内容进行分类、归纳和总结，使其更加条理清晰。例如，在学习化学实验的内容时，学生可以将不同类型的实验进行分类整理，记录实验目的、实验原理、实验步骤、实验现象和实验结论等。这样，在复习时可以更加方便地查阅和回顾，有助于学生将零散的化学知识点整合起来，形成系统的知识体系。

建立知识框架是系统掌握化学知识的关键。高中化学知识之间存在着紧密的联系，建立知识框架可以帮助学生更好地理解化学知识之间的内在联系和逻辑关系。学生可以通过绘制思维导图、构建知识网络等方式建立知识框架。例如，在学习元素周期律的内容时，学生可以以元素周期表为基础，构建元素的性质与原子结构之间的关系网络，将元素的金属性、非金属性、化合价、原子半径等性质与原子的核外电子排布联系起来。通过建立知识框架，学生可以更加全面地掌握化学知识，提高学习的深度和广度。

学会总结归纳、对比分析可以让学生更好地理解化学知识之间的联系和区别。在学习化学的过程中，学生常常会遇到一些相似的概念、原理和实验内容，容易产生混淆。通过总结归纳和对比分析，学生可以找出它们之间的共同点和不同点，加深对化学知识的理解。例如，在学习氧化还原反应和离子反应时，学生可以对这两种反应类型进行总结归纳和对比分析，找出它们的定义、特征、反应规律和应用等方面的异同点。这样可以帮助学生更好地掌握这两种反应类型，避免在解题时出现错误。

2. 高中学生在化学学习中常见的不良学习方法与习惯

（1）死记硬背

在高中化学学习中，死记硬背是一种常见的不良学习方法。很多学生认为化学知识只要记住了就可以了，于是采用机械地记忆化学公式、概念和实验现象等方法。然而，死记硬背不仅效率低下，而且容易遗忘。化学知识是一个有机的整体，各个知识点之间存在着紧密的联系。如果只是单纯地死记硬背，没有理解知识点的内涵和本质，那么在遇到实际问题时就很难灵活运用所学知识进行解决。例如，在学习化学平衡的内容时，如果学生只是死记硬背化学平衡的定义和平衡常数的计算公式，而不理解化学平衡的本质是正逆反应速率相等，那么在解决化学平衡移动的问题时就会感到无从下手。

同时，死记硬背无法让学生真正理解化学知识的本质和内涵，不利于学生的长远发展。化学是一门以实验为基础的自然科学，它的发展离不开科学探究和创新思维。如果学生只是死记硬背化学知识，而不注重培养自己的科学探究能力和创新思维，那么在未来的学习和工作中就会遇到很大的困难。例如，在学习有机化学的内容时，如果学生只是死记硬背各种有机物的结构和性质，而不理解有机物的结构与性质之间的关系，那么在进行有机合成和推断时就会感到非常吃力。

（2）缺乏预习和复习

预习和复习是学习过程中不可或缺的环节，但有些学生在高中化学学习中却没有养成预习和复习的习惯。

缺乏预习会导致学生在学习新的化学知识时没有提前做好准备，课堂上跟不上教师的教学节奏。高中化学知识的难度较大，如果学生没有进行预习，就很难在课堂上快速理解教师讲解的内容。例如，在学习化学反应原理的内容时，如果学生没有预习，就很难理解化学反应的热效应、化学反应速率和化学平衡等概念和原理。这样会影响学生的学习效果，降低学习效率。

课后不及时进行复习也是一个常见的问题。化学知识需要不断地巩固和加深理解，如果学生课后不及时进行复习，对所学知识掌握不牢固，就容易出现知识漏洞。例如，在学习化学实验的内容时，如果学生课后不复习实验步骤和注意事项，就很容易在实验操作中出现错误。而且，随着学习内容的不断增加，知识漏洞会越来越多，最终会影响学生的整体学习成绩。

（3）不注重实验操作

化学是一门以实验为基础的学科，实验操作对于学生理解化学知识至关重要。然而，有些学生在学习化学时不注重实验操作，只是死记实验步骤和现象，缺乏对实验原理的深入理解。

不注重实验操作会导致学生无法真正理解化学知识。化学实验是化学理论的重要来源，通过实验操作，学生可以直观地观察到化学现象，从而更好地理解化学原理。例如，在学习金属钠的性质时，如果学生只是死记钠与水反应的现象，而没有亲自进行实验操作，就很难真正理解钠的活泼性和反应原理。而且，在实验操作过程中，学生还可以培养自己的观察能力、动手能力和分析问题的能力。

缺乏对实验原理的深入理解也会影响学生的实验探究能力。在高中化学学习中，实验探究是一种重要的学习方法。学生需要通过实验探究来发现问题、提出假设、设计实验方案、进行实验操作、收集数据、分析结果和得出结论。如果学生对实验原理没有深入理解，就很难进行有效的实验探究。例如，在进行影响化学反应速率因素的实验探究时，如果学生不理解化学反应速率的定义和影响因素，就很难设计出合理的实验方案，也无法准确地分析实验结果。

（4）缺乏独立思考

在学习化学过程中，有些学生缺乏独立思考的能力，过于依赖教师和同学的帮助。遇到问题时，不是自己主动思考解决方法，而是直接寻求答案。这样会导致学生的思维能力得不到锻炼，影响学习效果。化学问题往往具有一定的复杂性和多样性，需要学生运用所学知识进行分析和解决。如果学生总是依赖他人的帮助，就很难培养自己的独立思考能力和创新思维。例如，在解决化学计算题时，如果学生只是按照教师给出的解题步骤进行计算，而不思考解题方法的原理和适用范围，那么在遇到新的计算题时就会感到无从下手。

缺乏独立思考还会影响学生的学习兴趣和积极性。当学生自己通过思考解决问题时，会获得一种成就感和满足感，从而激发学习兴趣和积极性。相反，如果总是依赖他人的帮助，学生就会感到学习很被动，缺乏动力。例如，在进行化学实验探究时，如果学生能够自己设计实验方案并进行实验操作，就会对实验过程充满期待和兴趣。而如果总是依赖教师的指导，学生就会觉得实验很枯燥，没有乐趣。

综上所述，良好的学习方法与习惯对高中化学学习至关重要，而不良的学习方法与习惯则会严重影响学习效果。在高中化学教学中，教师应该引导学生养成良好的学习方法和习惯，帮助学生克服不良的学习方法和习惯，提高学生的学习效率和自主学习能力，促进学生对化学知识的系统掌握。同时，学生也应该认识到自己在学习方法和习惯方面存在的问题，积极主动地进行调整和改进，努力提高自己的化学学习水平。

（三）核心素养的发展水平

1. 宏观辨识与微观探析方面

（1）宏观观察能力

①缺乏系统性和准确性。部分学生在观察物质的宏观性质时，往往只关注一些明显的特征，而忽略了其他重要的方面。例如，在进行化学实验时，学生可能只注意到溶液颜色的变化、有无沉淀生成等明显现象，却忽视了温度的变化、气体的产生速度等细微之处。对于物质的物理性质，学生虽然能够进行简单的描述，如颜色为红色、状态为固体、气味有刺激性等，但对于其在不同条件下的变化过程中的动态特征把握不足。比如，在加热某

种物质时，学生可能只注意到物质由固体变为液体，却没有观察到物质在熔化过程中的温度变化趋势以及是否有其他物理性质的改变。

②原因分析。

一是观察方法不当。学生在观察物质的宏观性质时，缺乏有效的观察方法。他们可能没有按照一定的顺序进行观察，或者没有对观察到的现象进行分类和比较。例如，在观察化学实验现象时，学生可能没有先观察实验装置的整体情况，再观察实验过程中的变化，最后观察实验后的产物。这样容易导致观察的不全面和不准确。

二是缺乏观察的目的性。学生在进行观察时，往往没有明确的目的，不知道自己要观察什么。这使他们在观察过程中容易被一些无关的现象吸引，而忽略了重要的信息。例如，在进行酸碱中和反应的实验时，学生可能只关注到溶液颜色的变化，而没有思考这种变化背后的原因以及与酸碱中和反应的关系。

三是缺乏对观察结果的记录和分析。学生在观察物质的宏观性质后，往往没有及时记录观察结果，或者只是简单地记录一些现象，没有进行深入的分析。这使他们在后续的学习和思考中，无法准确地回忆起观察到的现象，也难以从中提取有用的信息。例如，在进行化学实验后，学生如果没有记录实验过程中的各种现象以及实验条件的变化，就很难分析出实验结果与实验条件之间的关系。

（2）微观理解能力

①抽象概念难以建立清晰认识。在微观层面，原子、分子、离子等微观粒子的概念对于学生来说较为抽象，难以建立起清晰的认识。学生往往只能记住这些微观粒子的名称和一些简单的性质，而对于它们的结构、运动方式以及相互作用等方面的理解存在困难。例如，学生可能知道原子是由原子核和电子组成的，但对于原子核的结构、电子的运动轨道以及原子之间的化学键等概念理解不深。在理解化学反应的微观本质时，如化学键的断裂和形成、电子的转移等，学生往往感到困惑。他们难以想象微观粒子之间的相互作用是如何导致化学反应的发生，也不清楚化学反应中能量的变化是如何与微观粒子的运动状态相关联的。

②原因分析。

一是微观世界具有抽象性。微观粒子是肉眼无法直接观察到的，学生只能通过模型、图像和文字描述来理解它们的性质和行为。这种抽象性使学生在学习过程中需要借助大量的想象力和逻辑推理能力，而这对于很多学生来说是一个挑战。

二是缺乏直观的教学手段。在教学过程中，教师往往采用传统的讲授法来讲解微观粒子的概念和化学反应的微观本质，缺乏直观的教学手段。虽然现在有一些多媒体教学资源可以帮助学生更好地理解微观世界，但这些资源的使用还不够广泛和深入。例如，一些化学软件可以通过动画演示微观粒子的运动和化学反应的过程，但很多教师并没有充分利用这些资源来辅助教学。

三是学生受认知水平限制。高中学生的认知水平还处于发展阶段，他们对于抽象概念的理解和掌握需要一定的时间和过程。在学习微观粒子的概念和化学反应的微观本质时，学生可能需要先建立起一些具体的模型和实例，然后逐渐过渡到抽象的概念和理论。如果教师在教学过程中没有考虑到学生的认知水平，直接讲解抽象的概念和理论，就容易导致学生的理解困难。

（3）宏观与微观之间的联系

①学生在建立宏观现象与微观本质之间的联系方面存在不足。很多学生不能将观察到的宏观现象与微观粒子的运动和变化联系起来，导致对化学知识的理解停留在表面。例如，学生在观察到金属与酸反应产生气泡的宏观现象时，往往只知道这是一种化学反应，但不知道这种反应的微观本质是金属原子失去电子，氢离子得到电子形成氢气分子。在学习物质的性质时，学生也往往只记住了物质的宏观性质，如颜色、状态、溶解性等，而不知道这些性质是由物质的微观结构所决定的。

②原因分析。

一是教学中缺乏对宏观与微观之间的联系的讲解。在教学过程中，教师往往将宏观现象和微观本质分开讲解，没有注重两者之间的联系。例如，在讲解化学反应时，教师可能先讲解化学反应的宏观现象，如物质的生成和消失、颜色的变化等，然后再讲解化学反应的微观本质，如化学键的断裂和形成、电子的转移等。这样的教学方式容易让学生认为宏观现象和微观本质是两个独立的部分，而没有意识到它们之间的内在联系。

二是学生缺乏主动建立宏观与微观之间的联系的意识。学生在学习过程中，往往只关注教师讲解的内容，缺乏主动建立宏观现象与微观本质之间联系的意识。他们可能认为只要记住了宏观现象和微观本质的知识点，就能够应对考试，而没有意识到建立两者之间的联系对于深入理解化学知识的重要性。

三是缺乏有效的学习方法。学生在建立宏观现象与微观本质之间的联系时，缺乏有效的学习方法。他们可能不知道如何从宏观现象入手，去分析其背后的微观本质，也不知道如何从微观本质出发，去解释宏观现象。例如，在学习物质的性质时，学生可能不知道如何从物质的微观结构出发，去推断物质的宏观性质，也不知道如何通过观察物质的宏观性质，去推测物质的微观结构。

2. 变化观念与平衡思想方面

（1）对物质变化的认识

①片面认识物质的变化。部分学生对物质变化的认识较为片面，只关注物质的化学变化，而忽略了物理变化。在理解化学反应时，往往只看到物质的生成和消失，而没有认识到化学反应中的能量变化和质量守恒。例如，学生在学习燃烧反应时，可能只关注到物质燃烧后生成了新的物质，而没有意识到燃烧过程中伴随着能量的释放。在学习酸碱中和反应时，学生可能只知道酸和碱反应生成了盐和水，而没有考虑到反应过程中的热量变化。

②原因分析。

一是学生在学习物质的变化时，往往对物理变化和化学变化的区分不清。他们可能只知道物质的状态、形状等方面的变化属于物理变化，而物质的生成和消失属于化学变化，但对于一些复杂的变化过程，如溶解、结晶等，就难以判断是物理变化还是化学变化。这是因为学生对物理变化和化学变化的本质特征理解不深，没有掌握区分两者的方法。

二是学生缺乏对能量变化的认识。在化学反应中，能量的变化是一个重要的方面，但很多学生对能量变化的认识不足。他们可能只知道化学反应会伴随着热量的释放或吸收，但对于能量的转化形式、能量的守恒等方面的知识了解较少。这是因为在教学过程中，教师往往只注重化学反应的物质变化，而对能量变化的讲解不够深入和系统。

三是学生对质量守恒定律的理解不深刻。质量守恒定律是化学反应的一个重要定律，但学生在理解质量守恒定律时往往存在困难。他们可能只知道在化学反应前后物质的总质量不变，但对于质量守恒的原因以及在具体化学反应中的应用理解不深。例如，在进行化学方程式的配平时，学生可能只是机械地按照一定的方法进行配平，而没有真正理解质量守恒定律的内涵。

（2）对化学平衡的理解

①对于化学平衡的概念和特征，学生理解起来存在困难。很多学生不能准确把握平衡状态的条件和标志，在判断化学平衡移动方向时容易出现错误。对于平衡常数的计算和应用，也存在一定的难度。例如，学生在学习化学平衡时，可能不知道在什么条件下化学反应会达到平衡状态，也不知道如何通过实验现象来判断化学平衡是否达到。在计算平衡常数时，学生可能不知道平衡常数的表达式如何推导，也不知道如何根据平衡常数来判断化学反应的进行程度。

②原因分析。

一是化学平衡概念具有抽象性。化学平衡是一个抽象的概念，它涉及化学反应的动态平衡过程。学生在理解化学平衡时，需要同时考虑化学反应的正反应和逆反应速率相等、各物质的浓度保持不变等多个方面的因素。这种抽象性使学生在学习过程中需要具备较强的逻辑思维能力和抽象思维能力，而这对于很多学生来说是一个挑战。

二是缺乏直观的教学手段。在教学过程中，教师往往采用传统的讲授法来讲解化学平衡的概念和特征，缺乏直观的教学手段。如前文所述，虽然现在有一些多媒体教学资源可以帮助学生更好地理解化学平衡，但这些资源的使用还不够广泛和深入。

三是受学生的数学基础限制。化学平衡的学习需要一定的数学基础，如理解函数关系、进行代数运算等。但一些学生的数学基础较弱，在学习平衡常数的计算和应用时就会感到困难。例如，在计算平衡常数时，学生需要根据化学方程式写出平衡常数的表达式，然后进行代数运算。如果学生的数学基础不好，就很难正确地进行计算和分析。

（3）理解变化与平衡的关系

①学生在理解变化与平衡的关系方面存在不足。学生不能认识到变化是平衡的前提，平衡是变化的结果。在实际问题中，学生难以运用变化观念和平衡思想来分析和解决问题。例如，在学习化学反应速率和化学平衡的关系时，学生可能不知道如何通过改变反应条件来影响化学反应速率和化学平衡的移动方向。在分析工业生产中的化学反应时，学生也可能不知道如何运用变化观念和平衡思想来优化生产条件，提高生产效率。

②原因分析。

一是教学中缺乏对变化与平衡之间的联系的讲解。在教学过程中，教师往往将变化观念和平衡思想分开讲解，没有注重两者之间的联系。例如，在讲解化学反应速率时，教师可能只关注如何改变反应条件来影响化学反应速率，而没有考虑到化学反应速率的变化对化学平衡的影响。在讲解化学平衡时，教师可能只关注如何判断化学平衡状态和化学平衡的移动方向，而没有考虑到化学平衡的建立是一个动态变化的过程。

二是学生缺乏综合运用的能力。学生在学习过程中，往往只掌握了变化观念和平衡思想的知识点，而缺乏综合运用这些知识点来分析和解决实际问题的能力。他们可能不知道如何将变化观念和平衡思想与其他化学知识相结合，也不知道如何从实际问题中提取有用的信息，运用变化观念和平衡思想来进行分析和解决。

三是学生在学习变化观念和平衡思想时，缺乏实践机会。他们可能只是在课堂上听教师讲解理论知识，而没有通过实验、案例分析等方式来亲身体验变化观念和平衡思想的应用。这使他们在面对实际问题时，难以将理论知识与实际情况相结合，运用变化观念和平衡思想来进行分析和解决。

3. 证据推理与模型认知方面

（1）证据收集与处理

① 证据运用存在的问题。

一是实验证据收集能力薄弱。学生在设计实验方案时，难以确定需要收集的关键证据类型。例如，在酸碱滴定实验中，部分学生仅记录终点颜色变化，却忽视反应过程中 pH 值的变化趋势、温度变化等辅助数据；面对复杂实验现象时，常出现选择性记录数据现象，导致证据链条不完整。

二是证据分析存在片面性。在解释化学现象时，学生往往孤立看待个别实验现象。例如，探究金属活动性顺序时，可能仅凭借某次置换反应的实验结果就断言金属活性顺序，忽略浓度、温度等变量对反应的影响；对异常数据多采取直接舍弃的处理方式，缺乏深入探究意识。

三是证据与结论的关联性不足。部分学生在论证过程中存在证据与结论脱节现象。例如，在分析原电池工作原理时，虽能描述实验现象，如电流计偏转、金属溶解，但不能系统阐述这些现象与电子转移、氧化还原反应之间的逻辑关系。

②原因分析。

一是实验教学重结果轻过程。传统实验教学中，教师常预先告知“标准答案”，导致学生仅关注预期现象而忽视异常数据。分组实验中存在“操作员”“记录员”分工固化的问题，学生难以全程参与证据收集的全过程。

二是证据链构建训练不足。课堂教学多呈现片段化证据，缺乏系统性证据整合训练。例如，在元素周期律教学中，往往直接给出原子半径、电离能等数据图表，而非引导学生通过多维度数据自主发现规律。

三是批判性思维培养缺失。当前评价体系侧重标准答案，导致学生形成“非对即错”的思维定式，面对矛盾证据时缺乏批判性思维去分析和解决问题。学生往往习惯于接受现成的结论，而不是通过质疑和验证来形成自己的理解。这种教学方式不利于学生发展独立思考和问题解决的能力。

（2）模型构建与应用

①模型认知的局限性。

一是模型理解形式化。学生对化学模型的认识停留在符号层面，如将电子云模型简单等同于教材中的概率密度图示，无法理解其统计意义。在原子结构学习中，部分学生机械记忆不同模型的演变历程，却不理解模型更新的科学本质。

二是模型迁移应用困难。面对新情境时，学生难以调用合适模型进行解释。例如，分析新型电池工作原理时，虽掌握原电池基本模型，但遇到非典型电极材料便无法有效迁移模型。

三是模型修正能力欠缺。当现有模型与实验现象矛盾时，学生普遍缺乏模型修正意识。例如，学习气体性质时，发现实际气体与理想气体模型的偏差后，往往选择忽略差异而非尝试建立修正模型。

②原因分析。

一是模型教学碎片化。不同化学模型的讲授相对孤立，缺乏发展脉络的梳理。例如，物质结构模型的教学呈割裂状态，学生难以建立模型演进的逻辑链条。

二是建模过程体验不足。教学中多采用“呈现模型—解释模型”的灌输模式，缺少模型构建的过程性体验。例如，在化学平衡教学中，直接给出平衡常数表达式，而非通过浓度变化数据引导学生自主建立数学模型。

三是跨学科整合薄弱。化学模型的数学表达、空间构想需要多学科支撑，但当前教学缺乏必要的学科交叉。学生在跨学科学习中往往感到困惑，如在理解分子轨道理论时，缺乏物理中波函数和量子数等概念的支撑，导致难以深入理解化学模型背后的物理意义。

(3) 证据与模型的关联

①综合运用缺陷。

一是证据支持模型意识淡薄。学生在模型应用中忽视证据支撑，如使用理想气体状态方程时不考虑实际气体的适用条件。在解释同分异构现象时，学生虽能熟练绘制结构式但缺乏相应光谱证据的佐证意识。

二是模型指导实验能力欠缺。设计探究性实验时，难以运用模型进行预测和方案优化。例如，研究催化剂对反应速率的影响，部分学生不能根据碰撞理论模型设计对照实验参数。

三是证据模型转化障碍。在证据与模型的转化过程中，学生面临显著的障碍，表现为证据与模型匹配不精准，如学生在将实验证据转化为化学模型时，往往难以准确匹配证据与模型之间的关系。另外，还存在模型验证与修正困难问题。面对实验证据与预设模型不符的情况，学生在验证和修正模型方面显得力不从心。

②原因分析。

一是科学认识论教育缺失。教学侧重知识传授而忽视科学本质教育，学生不了解模型作为科学工具的可证伪性特征。对“证据-推论-模型”的科学认知链条缺乏系统性理解。

二是复杂问题解决训练不足。日常教学多采用结构良好的习题，缺乏真实情境下的劣构问题训练。当遇到开放性课题时，学生难以有效组织证据链和构建解释模型。

三是数字化工具应用欠缺。现代化学研究中的模型常需借助计算机模拟（如分子动力学模型），但基础教育中相关软件使用率低。学生停留在纸笔建模阶段，缺乏多维建模的实践经验。

4. 实验探究与创新意识方面

（1）实验方案设计

①设计能力薄弱的表现。

一是实验目的模糊不清。学生在自主设计实验时，常无法明确实验的核心目标，导致步骤冗余或遗漏关键环节。例如，在探究浓度对反应速率影响的实验中，部分学生设计的方案同时改变了温度和浓度，未意识到需控制单一变量，由此致使实验结果无法有效说明问题。

二是变量控制逻辑混乱。难以区分自变量、因变量和控制变量。例如，在金属腐蚀实验中，学生可能同时改变氧气含量和电解质溶液的浓度，导致实验结果无法准确归因于某一变量。部分学生甚至将无关变量纳入控制范围，增加实验复杂度。

三是提出的假设缺乏科学性，常脱离理论依据。例如，有学生假设“所有金属与酸反应都会产生氢气”，却未考虑金属活动性差异（如铜与稀硫酸不反应）。此类假设反映出学生对化学原理的理解流于表面。

②原因分析。

一是教材实验程式化严重。教材中验证性实验占比过高，学生习惯于按固定流程操作，如“取少量试剂→滴加指示剂→观察现象”，缺乏自主设计实验的机会。学生长期被动接受既定方案，导致设计能力未得到有效训练。

二是教师过度替代学生思考。教师为避免实验失败或节省时间，常直接给出完整实验方案，甚至精确到具体操作细节。例如，在探究电解质溶液导电性时，教师直接规定电极材料和电压参数，学生仅需机械执行，无需思考设计逻辑。

三是跨学科知识整合不足。实验设计需要数学建模、统计学等跨学科知识支持，但教学中学科壁垒明显。例如，学生虽学过函数图像，却不会用图表法优化实验参数设置。

（2）实验实施与问题解决

①实施过程中的问题。

一是基本操作规范性差。学生在关键操作环节常出现失误。例如，滴定实验中手势不稳导致液滴飞溅、读数时视线未与刻度线齐平，致使数据误差超过允许范围。部分学生甚至混淆仪器用途，如用烧杯代替锥形瓶进行滴定。

二是异常现象处理僵化。面对突发情况，如溶液意外变色、仪器突发故障，学生多选择重启实验而非分析原因。例如，在制备乙酸乙酯时，若产物分层不明显，学生普遍直接重做实验，而非检查浓硫酸用量或加热温度是否适宜。

三是数据记录碎片化。学生仅选择性记录符合预期的数据，忽视环境变量，如室温、湿度和异常现象。例如，测定中和反应热时，学生可能记录溶液温度变化，却忽略量热计保温性能的检查记录，导致计算结果偏差。

②原因分析。

一是实验课时被严重压缩。因安全顾虑或教学进度压力，学校常将学生分组实验改为教师演示实验或直接播放实验视频。例如金属钠与水反应的实验，多数学校仅通过视频展示，使学生失去实际操作体验。

二是评价体系重结果轻过程。实验报告评分侧重结论准确性，对操作规范性、数据完整性等过程性指标关注不足。这种导向导致学生为获得高分而篡改数据，而非真实记录实验过程。

三是反思环节系统性缺失。实验结束后，教师多直接总结“标准结论”，缺乏引导学生开展“操作复盘→误差溯源→方案优化”的完整反思。例如，电解水实验后，鲜有教师带领学生讨论电极气泡量差异的影响因素。

（3）创新意识培养

①创新意识不足的表现。

一是方案改进主动性低。重复实验时，90%的学生完全复制初始方案，仅5%会尝试调整变量或方法。例如，在粗盐提纯实验中，学生普遍沿用教材规定的溶解、过滤、蒸发步骤，无人尝试优化过滤介质或蒸发方式。

二是跨情境迁移能力薄弱，难以将课堂实验经验迁移至新情境。例如，学生学完中和滴定后，仍不会设计测定食醋总酸度的生活化实验，表现为无法自主选择指示剂或计算浓度换算关系。

三是畏惧非常规方法，对教材外的仪器装置存在排斥心理。例如，在气体收集实验中，学生拒绝使用自制简易排水法装置，坚持等待教师分发标准集气瓶，反映出对创新方法的保守态度。

②原因分析。

一是教育环境存在风险规避倾向。学校过度强调“规范操作”，将创新尝试等同于违规行为。例如，学生若擅自改变实验试剂用量，即便出于探究目的，也可能被批评为“违反实验纪律”。

二是创新激励机制缺位，考试评价体系极少涉及开放性实验设计。例如，中高考试题中的实验题多为填空式设问，如补全步骤、填写现象，学生只需记忆标准答案，无需展现创新思维。

三是实验资源供给不均。乡镇学校实验器材更新缓慢，制约创新实践。例如，部分学校仍在使用刻度模糊的量筒和锈蚀的铁架台，学生连基础实验都难以完成，更不要说开展创新探索了。

5. 科学精神与社会责任方面

(1) 科学探究精神

①科学态度薄弱的表现。

一是批判性质疑能力欠缺。学生普遍缺乏对科学结论的审辨意识，将教材内容视为绝对真理。例如，在学习元素周期表时，很少有学生思考元素的分类和排列或者对元素性质的解释是否可以进一步深化。他们往往接受现成的科学知识，而不会主动去探索和验证。

二是实证意识尚未形成。在解释化学现象时，常出现“想当然”的推理方式。例如，解释胶体聚沉现象时，部分学生直接套用“电荷中和”理论，却不会设计实验验证不同电解质溶液的聚沉效果差异，导致将 $AlCl_3$ 与 NaCl 的聚沉能力简单归结于离子电荷数差异。

三是科研伦理认知模糊。学生在科研活动中往往忽视科研伦理的重要性，如在进行实验设计时可能不会充分考虑实验对环境的影响，或者在数据处理时可能不会意识到篡改数据的严重性。这不仅违反了学术诚信原则，也体现了对科研伦理认知的不足。

②原因分析。

一是权威型教学范式固化。教师习惯采用“结论灌输”模式，鲜少展现科学发展的争议性过程。例如，在讲解原子结构时，直接呈现现代量子力学模型，而未重现卢瑟福团队当年面对实验异常数据时的质疑与突破过程。

二是伪探究活动普遍存在。所谓“探究实验”实为按图索骥的操作演练。例如，燃烧条件探究实验中，学生只需按既定步骤对比不同情境下的燃烧现象，既不需提出假设，也不用处理异常情况（如白磷未燃烧），失去真正的探究意义。

三是科研伦理教育缺位。课程体系缺乏系统的科研伦理模块，仅零散涉及“绿色化学”概念，而未深入探讨科研诚信、数据处理、实验设计中的伦理问题，学生因此难以形成全面的科研伦理观念。

（2）社会责任意识

①责任意识淡薄的表现。

一是环境问题认知碎片化。学生对化学污染的理解停留在表层，如知道酸雨成因是 SO_2 排放，但无法系统分析火力发电厂从煤炭脱硫到碳捕捉的全流程环保技术，仅有少数学生能正确指出可降解塑料与普通塑料的化学结构差异。

二是风险研判能力不足。学生面对化学产品使用风险时易走极端：或盲目恐惧所有食品添加剂，或忽视长期低剂量接触的危害。例如，许多学生认为“不含任何防腐剂的食品最安全”，却不知某些天然防腐剂（如乳酸链球菌素）的安全性更高。

三是社会参与主动性低下。化学知识的社会应用局限于考试答题，仅有少数学生曾参与过社区垃圾分类科普、水质检测等实践活动。

②原因分析。

一是科学、技术与社会教育实施形式化，即科学、技术与社会教育在实际教学中往往流于形式，缺乏深入的实践和体验。例如，虽然课程中可能包含有关化学物质对环境影响的讨论，但这些讨论往往缺乏与现实世界问题的直接联系，学生难以将理论知识与实际情境相结合。

二是风险教育维度单一，导致学生在面对化学产品使用风险时缺乏全面的判断能力。例如，学校在进行化学安全教育时，往往只强调实验室内的安全操作规程，而忽视了化学物质在社会生活中的应用风险，如家庭清洁剂、个人护理产品等的潜在危害。这种单一维度的风险教育无法帮助学生建立起对化学产品安全使用的全面认识。

三是社会实践机制缺失，学生缺乏将化学知识应用于社会问题解决的机会。学校和教育机构往往重视理论教学，而忽视了将学生带入社区、工厂或实验室等真实环境中的实践机会。这种缺失导致学生难以理解化学知识在解决实际问题中的作用，也难以培养他们对社会问题的责任感和参与意识。

（3）科学实践与社会参与

①知行脱节的表现。

一是知识转化能力薄弱。学生在科学实践中往往难以将理论知识转化为实际操作能力。例如，在化学实验中，学生能够熟记各种化学反应方程式，但在实际操作时却常操作不当导致实验失败。这表明学生在知识转化方面存在明显短板，无法将所学知识灵活应用于实践中。

二是跨学科协作意识缺失。在解决复杂科学问题时，往往需要跨学科的知识和协作。然而，学生在科学实践中往往缺乏跨学科协作的意识，习惯于在自己的学科领域内思考问题，忽视了其他学科可能提供的解决方案。这种狭隘的学科视野限制了学生的创新思维和解决问题的能力。

三是可持续发展观落实不足。虽然学生普遍认识到可持续发展的重要性，但在实际科学实践中却往往难以落实这一观念。例如，在进行化学实验时，学生可能忽视了实验废弃物的处理对环境的影响，导致资源浪费和环境污染。这表明学生在实践中缺乏可持续发展的意识和行动。

②原因分析。

一是问题情境真实性不足。在科学教育中，学生往往被置于人为构建的、与现实脱节的问题情境中，缺乏真实世界中的问题的复杂性和挑战性。例如，化学实验往往围绕课本上的标准操作进行，而很少涉及真实世界中的复杂化学问题，这限制了学生将所学知识应用于实际情境的能力。

二是学科壁垒尚未打破。学科间的界限过于明显，导致学生在学习过程中难以形成跨学科的知识体系和解决问题的方法。例如，化学教育往往局限于化学知识本身，而很少与物理、生物、环境科学等其他学科进行交叉融合，这限制了学生在科学实践中运用跨学科知识的能力。

三是评价导向存在偏差。现行的评价体系往往过于注重知识记忆和理论考试成绩，而忽视了对学生实践能力、创新思维和社会责任感的评价。例如，在化学学科的评价中，实验操作和报告往往只占很小的比重，而理论知识的考核占据了主导地位，这导致学生在科学实践中缺乏足够的动力和重视。

综上所述，高中学生在宏观辨识与微观探析、变化观念与平衡思想、证据推理与模型认知、科学探究与创新意识、科学态度与社会责任等方面的发展存在一些问题。例如，在宏观辨识与微观探析方面，学生的宏观观察能力缺乏系统性和准确性，微观理解能力较弱，难以建立宏观现象与微观本质之间的联系；在变化观念与平衡思想方面，学生对物质变化的认识较为片面，对化学平衡的理解存在困难，难以理解变化与平衡的关系；等等。这些问题的存在，不仅影响了学生对化学知识的掌握和理解，也制约了学生化学核心素养的发展。

三、教学资源与环境方面

（一）教材与课程资源的利用

1. 教材在高中化学教学中的地位和作用

（1）高中化学教材是高中化学教学的重要依据和基础资源

①高中化学教材经过精心编排，系统地呈现了化学学科的知识体系。从基本的化学概念、原理到化学反应、物质的性质和用途，再到化学实验和化学与生活的联系，教材为教师的教学和学生的学习提供了全面而有序的内容。例如，人教版高中化学教材以模块的形式，将化学知识分为必修和选修部分。必修模块涵盖了化学学科的基础知识，为学生后续的学习打下坚实的基础；选修模块则根据学生的兴趣和未来的发展方向，深入探讨化学学科的各个领域，如化学反应原理、物质结构与性质、有机化学基础等。这种编排方式既保证了知识的系统性，又满足了不同学生的学习需求。

②高中化学教材明确了高中化学教学的目标和要求，为教师的教学提供了具体的指导。教师可以根据教材中的教学目标，制订合理的教学计划和教学方法，确保教学的有效性和针对性。例如，教材在每个章节的开头都会明确列出本章节的学习目标和重点难点，让教师和学生在教学和学习过程中有明确的方向。同时，教材中的课后习题和实验活动也围绕着教学目标进行设计，帮助学生巩固所学知识，提高解决问题的能力。

③教材中的教学内容经过严格的筛选和审核，具有较高的规范性和权威性。教师可以放心地使用教材中的内容进行教学，避免因教学内容的不规范而误导学生。例如，教材中的化学概念和原理的表述准确、简洁，实验步骤和注意事项详细、明确，为教师的教学和学生的实验操作提供了可靠的依据。

（2）构建高中化学知识体系

①教材通过章节的编排，将化学知识有机地组织起来，使学生能够逐步建立起完整的化学知识体系。例如，在人教版高中化学必修一教材中，首先介绍了化学实验基本方法，让学生掌握化学实验的基本操作和安全知识；接着学习物质的分类、离子反应和氧化还原反应等化学基本概念和原理；然后深入探讨金属及其化合物、非金属及其化合物的性质和用途。这种由浅入深、由基础到应用的章节编排方式，符合学生的认知规律，有助于学生逐步构建起化学知识体系。

②教材中的知识内容具有递进性和连贯性，前一章节的知识为后一章节的学习打下基础，后一章节的知识又对前一章节的知识进行拓展和深化。例如，在学习化学反应原理模块时，学生需要先掌握必修模块中的化学平衡、化学反应速率等基础知识，才能更好地理解选修模块中的水溶液中的离子平衡、电化学基础等内容。这种知识的递进性和连贯性，有助于学生系统地掌握化学知识，提高学习效率。

③高中化学教材注重跨学科知识的融合，将化学知识与物理、生物、地理等学科的知识有机地结合起来，培养学生的综合素养。例如，在学习化学反应与能量变化时，教材会涉及物理学科中的热力学知识；在学习环境保护中的化学问题时，教材会涉及生物学科中的生态知识和地理学科中的环境知识。这种跨学科知识的融合，有助于学生拓宽视野，提高综合分析问题的能力。

（3）指导高中化学实验内容

①高中化学教材中的实验内容都有明确的实验目的，让学生在实验前就清楚地知道自己要通过实验探究什么问题。例如，在进行酸碱中和滴定实验时，教材明确指出实验目的是掌握酸碱中和滴定的原理和方法，学会使用滴定管等实验仪器，以及培养学生的实验操作技能和数据分析能力。这种明确的实验目的，有助于学生在实验过程中有针对性地进行观察和思考，提高实验的效率和质量。

②教材详细地介绍了实验的原理，让学生在实验前就了解实验的理论依据。例如，在进行电解饱和食盐水实验时，教材会介绍电解的原理是在直流电的作用下，电解质溶液中的离子发生定向移动，在电极上发生氧化还原反应。这种清晰的实验原理，有助于学生理解实验现象的本质，提高学生的科学思维能力。

③教材中的实验步骤详细、规范，为教师进行实验教学提供了有力的指导。教师可以按照教材中的实验步骤进行演示实验或指导学生进行实验操作，确保实验的安全和成功。例如，在进行化学实验时，教材会明确要求学生在实验前要检查实验仪器是否完好，实验过程中要严格按照实验步骤进行操作，实验后要及时清理实验仪器和整理实验台。这种规范的实验步骤，有助于培养学生的实验操作技能。

④教材中还会列出实验的注意事项，提醒学生在实验过程中要注意安全和环保。例如，在进行化学实验时，教材会提醒学生要注意化学试剂的使用方法和安全事项，避免发生危险；要注意实验废弃物的处理，保护环境。这种实验注意事项的提醒，有助于培养学生的安全意识和环保意识。

（4）引导高中化学学习方法

①教材在内容的呈现上，注重通过设置问题来激发学生的思考和主动学习的积极性。例如，在每个章节的开头，教材会提出一些与本章节内容相关的问题，引导学生思考和讨论；在教材的正文中，也会适时地提出一些问题，让学生在阅读过程中进行思考和探究。这种问题设置的方式，有助于培养学生的问题意识和创新思维。

②教材中还设置了一些讨论和探究活动，引导学生进行合作学习和自主探究。例如，在学习化学反应速率和化学平衡时，教材会设置一些探究活动，让学生通过实验探究影响化学反应速率和化学平衡的因素。这种讨论和探究活动的设置，有助于培养学生的合作精神和科学探究能力。

③教材在每个章节的结尾，都会对本章节的学习内容进行总结和归纳，并提出一些学习方法的建议。例如，在学习有机化学基础时，教材会总结有机化合物的分类、结构和性质等内容，并建议学生采用对比归纳的方法学习不同类型的有机化合物。这种学习方法的总结和归纳，有助于学生掌握科学的学习方法，提高学习效率。

2. 高中化学课程资源的丰富性与多样性

（1）多媒体资源

①化学教学课件的制作与应用。化学教学课件是一种常见的多媒体资源，它可以通过图片、动画、视频等形式生动形象地展示化学现象和原理，帮助学生更好地理解抽象的化学知识。教师可以根据教学内容和学生的实际情况，制作适合自己教学的课件。例如，在讲解原子结构时，教师可以制作一个动画课件，展示原子核外电子的运动轨迹和排布规律；在讲解化学反应原理时，教师可以制作一个视频课件，展示化学反应的过程和能量变化。这种多媒体教学课件的应用，有助于提高教学的直观性和趣味性，激发学生的学习兴趣。

②化学动画和视频的选择与使用。除了教学课件，化学动画和视频也是一种非常有效的多媒体资源。教师可以从互联网上选择一些优质的化学动画和视频，用于课堂教学。例如，在讲解化学实验时，教师可以播放一些化学实验的视频，让学生更加直观地了解实验的操作步骤和注意事项；在讲解化学与生活的联系时，教师可以播放一些化学科普视频，让学生了解化学在日常生活中的应用和重要性。这种化学动画和视频的选择与使用，有助于拓宽学生的学习视野，提高教学效率。

③在线化学课程平台的利用。随着信息技术的发展，在线化学课程平台也越来越受到教师和学生的欢迎。在线化学课程平台提供了丰富的化学课程资源，学生可以根据自己的

学习进度和需求，选择适合自己的课程进行学习。例如，学生可以在慕课平台上选择一些高中化学在线课程，进行自主学习和复习；教师也可以在在线课程平台上学习一些先进的教学理念和教学方法，提高自己的教学水平。这种在线化学课程平台的利用，有助于实现个性化学习和终身学习。

（2）图书馆资源

①化学书籍和期刊的借阅与阅读。学校图书馆中丰富的化学书籍和期刊，可以为学生提供广泛的学习资源。学生可以通过借阅化学书籍和期刊，了解化学学科的前沿动态和研究成果，拓宽自己的知识面。例如，学生可以借阅一些化学科普书籍，了解化学的历史和发展；借阅一些化学专业书籍，深入学习化学学科的理论知识；阅读一些化学期刊，了解化学学科的最新研究进展。这种化学书籍和期刊的借阅与阅读，有助于培养学生的自主学习能力和创新思维。

②图书馆的学习环境和资源服务。学校图书馆不仅提供了丰富的学习资源，还为学生提供了安静的学习环境和优质的资源服务。学生可以在图书馆中进行自主学习和研究，图书馆的工作人员也会为学生提供图书借阅、资料查询等服务。例如，学生在学习过程中遇到问题时，可以向图书馆的工作人员咨询，获取相关的学习资料和帮助；学生在进行研究性学习时，可以利用图书馆的电子资源和数据库，进行文献检索和资料收集。这种图书馆的学习环境和资源服务，有助于提高学生的学习效率和学习质量。

（3）生活中的化学资源

①食品中的化学添加剂是生活中常见的化学资源之一。教师可以引导学生关注食品中的化学添加剂，了解它们的种类、作用和安全性。例如，教师可以让学生调查食品包装袋上的成分表，了解食品中常见的化学添加剂有哪些；通过实验探究化学添加剂对食品的影响，如防腐剂对食品保质期的影响、色素对食品颜色的影响等。这种对食品中化学添加剂的关注和探究，有助于培养学生的实践能力和科学态度。

②环境保护中的化学问题也是生活中重要的化学资源。教师可以引导学生关注环境保护中的化学问题，如大气污染、水污染、土壤污染等，了解它们的成因和治理方法。这种对环境保护中化学问题的关注和探究，有助于培养学生的社会责任感和创新思维。

③新材料的开发与应用是化学学科的重要研究领域之一，也是生活中丰富的化学资源。教师可以引导学生关注新材料的开发与应用，了解它们的性能和用途。例如，教师可以让学生调查新型材料在电子、航空航天、生物医药等领域的应用；通过实验探究新材料的制备方法和性能特点，如纳米材料的制备和性能测试、高分子材料的合成和应用等。这

种对新材料开发与应用的关注和探究，有助于培养学生的实践能力和创新思维。

（4）化学实验资源

①学校实验室的利用。学校实验室是学生进行化学实验的重要场所，教师应该充分利用学校实验室的资源，为学生提供更多的实验机会。例如，教师可以根据教学内容和学生的实际情况，设计一些探究性实验和综合性实验，让学生在实验中巩固所学知识，提高实验操作技能和科学探究能力。同时，教师还可以组织学生进行实验竞赛和科技活动，激发学生的学习兴趣和创新精神。

②科研机构和企业实验室的开放。一些科研机构和企业的实验室也可以向学生开放，让学生了解化学实验在实际生产和科研中的应用。例如，教师可以组织学生参观科研机构和企业的实验室，了解化学实验在新材料开发、环境保护、生物医药等领域的应用；邀请科研人员和企业技术人员到学校举办讲座和指导，让学生了解化学学科的前沿动态和实际应用。这种科研机构和企业实验室的开放，有助于拓宽学生的学习视野，提高学生的实践能力和创新思维。

3. 高中化学教材与课程资源利用中存在的问题

（1）教材内容具有局限性

①虽然教材在知识体系的构建上具有系统性和完整性，但也存在一定的局限性。随着化学学科的不断发展，新的研究成果和技术不断涌现，教材中的知识内容可能相对滞后，无法及时反映化学学科的最新发展动态。例如，在新材料的开发、绿色化学的发展等领域，教材中的内容可能无法满足学生对新知识的需求。

②教材中的实验内容可能过于简单，无法满足学生对实验探究的需求。一些教材中的实验只是为了验证某个化学原理或概念，缺乏探究性和综合性。例如，在学习化学反应速率和化学平衡时，教材中的实验可能只是让学生观察不同条件下化学反应的速率变化，而没有引导学生深入探究影响化学反应速率和化学平衡的因素。

③教材中的知识内容可能与实际生活联系不够紧密，缺乏趣味性和实用性。一些教材中的例子和问题可能过于抽象，让学生难以理解和应用。例如，在学习有机化学基础时，教材中的例子可能只是一些简单的有机化合物的结构和性质，而没有涉及有机化合物在日常生活中的应用和重要性。

（2）课程资源开发不足

①在实际教学中，许多教师对多媒体资源的认识和利用能力不足。一些教师只是简单地将多媒体资源作为教学的辅助工具，没有充分发挥多媒体资源的优势。例如，一些教师

在制作教学课件时，只是将教材中的内容复制到课件中，缺乏创新和互动性；在使用化学动画和视频时，只是简单地播放，没有引导学生进行思考和讨论。

②学校对课程资源的建设和支持力度不够，也是导致课程资源开发不足的原因之一。一些学校缺乏对图书馆资源、实验室资源等的建设和管理，导致课程资源相对匮乏。例如，一些学校的图书馆中化学书籍和期刊的数量较少，更新不及时；实验室的设备和药品不足，无法满足学生的实验需求。

③教师和学生对生活中的化学资源缺乏挖掘和利用的意识。一些教师在教学过程中，只注重教材中的知识内容，没有引导学生关注生活中的化学现象和问题。例如，在学习化学与生活的联系时，教师只是简单地介绍一些化学在日常生活中的应用，没有引导学生深入探究生活中的化学资源。

（3）资源整合与利用效率低下

①在教学过程中，不同的课程资源之间缺乏有效的整合，教师在教学中往往只是孤立地使用某一种资源，无法充分发挥各种资源的协同作用。例如，教师在讲解化学实验时，可能只是使用教材中的实验内容和学校实验室的资源，没有结合多媒体资源和生活中的化学资源，进行综合性的实验教学。

②学生在学习过程中缺乏对资源的自主选择和整合能力，导致学习效果不佳。一些学生在学习化学时，只是被动地接受教师提供的资源，没有主动地去寻找和利用其他的课程资源。例如，一些学生在进行研究性学习时，不知道如何从图书馆、互联网等渠道获取相关的学习资料和信息。

③在教学过程中，缺乏对资源利用效果的评价和反馈机制，也是导致资源整合与利用效率低下的原因之一。教师和学生不知道自己使用的课程资源是否有效，也不知道如何改进和优化资源的利用。例如，教师在使用多媒体资源进行教学后，没有对学生的学习效果进行评价和反馈，不知道学生是否真正理解了教学内容。

高中化学教材与课程资源在高中化学教学中具有重要的地位和作用。高中化学教材是教学的重要依据和基础资源，它系统地呈现了化学学科的知识体系、实验内容和方法，为教师的教学和学生的学习提供了明确的方向和内容。高中化学课程资源的丰富性与多样性，为拓宽学生的学习视野、提高教学效率提供了有力的支持。然而，在高中化学教材与课程资源的利用中，也存在一些问题，如教材内容的局限性、课程资源开发不足、资源整合与利用效率低下等。为了解决这些问题，教师和学校应该采取一系列措施，如及时更新教材内容、加强课程资源的开发和建设、提高教师和学生对课程资源的认识和利用能力、加强不同课程资源之间的整合等。只有这样，才能充分发挥高中化学教材与课程资源的作用，提高高中化学教学质量，培养学生的核心素养。

（二）实验室等硬件设施

1. 实验室在高中化学教学中的重要性

（1）培养实验技能

实验室作为高中化学教学的重要场所，为学生提供了实践操作的宝贵机会，在培养学生实验技能方面发挥着不可替代的关键作用。

化学是一门以实验为基础的自然科学，实验技能是化学学习的重要基石。通过亲自动手进行实验操作，学生能够逐步掌握化学实验的基本方法和技能。例如，在仪器的使用方面，学生可以学会如何正确使用酒精灯、试管、烧杯、量筒、天平、滴定管等常见实验仪器，了解酒精灯的正确点燃和熄灭方法，避免发生火灾事故；掌握试管的加热技巧，防止试管破裂；熟悉量筒的读数方法，确保测量数据的准确性。在药品的取用方面，学生能够学会如何安全地取用固体药品和液体药品，知道用钥匙或纸槽取用固体药品时的注意事项，避免药品洒落；掌握用胶头滴管或量筒取用液体药品的规范操作，防止药品污染和浪费。在实验数据的测量和记录方面，学生可以学会使用温度计、pH 试纸、电流表、电压表等测量工具，准确测量实验过程中的温度、pH 值、电流、电压等数据，并规范地记录下来，为后续的数据分析和结论得出提供依据。

这些实验技能不仅是化学学习的重要基础，更是学生未来从事科学研究和实际工作所必备的能力。在科学研究领域，实验技能是科学家进行科学探索的重要手段。无论是物理、化学、生物等自然科学领域，还是工程技术、医学等应用科学领域，都离不开实验技能的支持。例如，在化学研究中，科学家需要通过精确的实验操作来合成新的化合物、分析物质的结构和性质、研究化学反应的机理等。在实际工作中，实验技能也具有广泛的应用价值。例如，在化工生产中，工人需要掌握各种化学实验技能，以确保生产过程的安全、高效和质量稳定；在环境保护领域，检测人员需要运用实验技能对环境中的污染物进行检测和分析，为环境保护提供科学依据；在医疗卫生领域，医生和护士需要掌握一定的实验技能，如血液检测、药品配制等，以保障患者的健康和安全。

（2）促进科学探究

实验室为学生提供了一个自主探究的理想环境，是培养学生科学探究能力的重要阵地。在科学探究过程中，学生可以亲身体验提出问题、作出假设、设计实验方案、收集和分析数据、得出结论等一系列科学方法。

提出问题是科学探究的起点。在实验室中，学生通过观察实验现象、阅读科学文献、与同学和老师交流等方式，可以发现各种有趣的化学问题。例如，为什么不同的物质在水中的溶解度不同？化学反应的速率受哪些因素影响？如何制备一种新型的化学材料？这些问题的提出可以激发学生的好奇心和求知欲，促使他们积极探索问题的答案。

作出假设是科学探究的重要环节。在提出问题后，学生需要根据已有的知识和经验，对问题的答案进行猜测和假设。例如，对于化学反应速率受哪些因素影响的问题，学生可以假设化学反应速率与温度、浓度、催化剂等因素有关。作出假设可以帮助学生明确探究的方向，为后续的实验设计提供依据。

设计实验方案是科学探究的核心步骤。在作出假设后，学生需要设计合理的实验方案来验证假设。实验方案的设计需要考虑实验目的、实验原理、实验器材、实验步骤、实验数据的收集和处理等多个方面。例如，对于验证化学反应速率与温度有关的假设，学生可以设计如下实验方案：准备相同浓度的反应物溶液，分别在不同温度下进行反应，测量反应时间，计算反应速率，比较不同温度下的反应速率大小。实验方案的设计可以培养学生的科学思维和创新能力，提高他们解决问题的能力。

收集和分析数据是科学探究的关键环节。在实验过程中，学生需要认真观察实验现象，准确记录实验数据。实验数据的收集需要使用各种测量工具和方法，确保数据的准确性和可靠性。例如，在测量化学反应速率时，学生可以使用计时器、量筒、温度计等工具，记录反应时间、反应物的消耗量、温度等数据。收集到实验数据后，学生需要对数据进行分析和处理，找出数据之间的规律和关系。例如，对于化学反应速率与温度的关系，学生可以通过绘制反应速率与温度的关系曲线，分析曲线的斜率和截距，得出化学反应速率与温度的定量关系。收集和分析数据可以培养学生的观察能力、数据分析能力和逻辑思维能力。

得出结论是科学探究的最终目标。在分析实验数据的基础上，学生需要得出科学合理的结论，回答提出的问题。结论的得出需要综合考虑实验结果、假设的合理性、实验误差等因素。例如，对于化学反应速率与温度的关系，学生可以得出结论：化学反应速率随温度的升高而增大，符合阿伦尼乌斯方程。得出结论可以培养学生的归纳总结能力和科学表达能力，提高他们的科学素养。

（3）增强学习兴趣

实验教学以其直观性、趣味性和实践性等独特特点，能够极大地激发学生的学习兴趣和积极性，为高中化学教学注入强大的活力。

实验教学的直观性能够让学生亲眼看到化学现象的发生，使抽象的化学知识变得更加具体和形象。例如，在学习化学反应的类型时，学生可以通过实验观察到酸碱中和反应、氧化还原反应、沉淀反应等不同类型的化学反应现象，深刻理解化学反应的本质和特点。这种直观的实验现象能够给学生留下深刻的印象，帮助他们更好地理解和记忆化学知识。

实验教学的趣味性能够吸引学生的注意力，让他们在轻松愉快的氛围中学习化学。例如，在学习化学实验的基本操作时，学生可以进行一些有趣的实验，如“大象牙膏”实验、“法老之蛇”实验等。这些实验现象奇特、趣味性强，能够激发学生的好奇心和探索欲，让他们对化学实验产生浓厚的兴趣。在学习化学元素周期表时，学生可以通过制作元素周期表卡片、进行元素周期表拼图游戏等方式，增加学习的趣味性。这种趣味性的学习方式能够让学生在快乐中学习，提高学习的效率和质量。

实验教学的实践性能够让学生亲身体验化学知识的应用，增强他们的学习成就感和自信心。例如，在学习环境保护的相关知识时，学生可以进行一些环保实验，如水质检测实验、大气污染检测实验等。通过这些实验，学生可以了解到化学知识在环境保护中的重要应用，增强他们的环保意识和社会责任感。在学习化学肥料的相关知识时，学生可以进行一些肥料制备实验，如尿素的合成实验、磷肥的制备实验等。通过这些实验，学生可以了解到化学知识在农业生产中的重要应用，增强他们对化学学科的认同感和学习兴趣。

实验教学还可以培养学生的团队合作精神和沟通能力，提高学生的综合素质。在实验过程中，学生需要分工合作，共同完成实验任务。例如，在进行化学实验探究时，学生可以分成小组，分别负责提出问题、作出假设、设计实验方案、进行实验操作、收集和分析数据、得出结论等不同的任务。在这个过程中，学生需要相互沟通、相互协作、相互支持，共同解决实验中遇到的问题。这种团队合作和沟通能力的培养不仅有助于学生在化学学习中取得更好的成绩，也有助于他们在未来的生活和工作中更好地适应社会的发展需求。

2. 实验室硬件设施的现状与问题

（1）实验室数量不足

随着高中教育的普及和学生人数的增加，许多学校的实验室数量无法满足教学需求，成为制约高中化学教学质量提升的重要因素。

首先，在一些偏远地区和农村学校，实验室数量严重不足的问题尤为突出。由于经济条件的限制和教育资源的不均衡分配，这些学校往往缺乏足够的资金和场地来建设实验室。例如，在一些偏远山区的学校，可能只有一个简陋的化学实验室，甚至没有专门的化学实验室，只能在普通教室中进行一些简单的实验演示。这种情况导致学生无法进行充分的实验操作和科学探究，严重影响了学生的实验技能和科学素养的培养。

其次，即使在一些城市学校，随着学生人数的不断增加，实验室数量也逐渐显得捉襟见肘。由于班级规模较大，学生人数众多，实验室的使用频率非常高，往往需要多个班级轮流使用实验室。这就导致每个班级能够使用实验室的时间非常有限，学生无法进行深入的实验探究和实践操作。例如，在一些城市的重点高中，由于学生人数众多，实验室的使用安排非常紧张，可能一个学期每个班级只能使用实验室一到两次。这种情况不仅影响了学生的学习兴趣和积极性，也不利于教师开展实验教学和科学探究活动。

最后，实验室数量不足还会导致一些其他问题。例如，由于实验室使用频率过高，实验设备和药品的损耗也会相应增加，需要更多的资金和人力来进行维护和更新。同时，实验室数量不足也会影响学校的教学计划和课程安排，使一些实验教学内容无法按时完成，影响教学进度和质量。

（2）实验设备陈旧落后

一些学校的实验设备陈旧落后，无法满足现代化学实验教学的要求，严重影响了实验教学的效果和质量。

首先，一些实验仪器的精度不高、稳定性差，影响实验数据的准确性。例如，在一些学校的实验室中，可能还在使用一些老旧的天平、温度计、pH 试纸等测量工具。这些测量工具的精度不高，容易出现误差，影响实验数据的准确性。在进行一些高精度的实验时，如物质的定量分析、化学反应速率的测定等，这些老旧的测量工具就无法满足实验要求。

其次，一些实验药品的质量不过关，存在安全隐患。在一些学校的实验室中，可能存在一些过期的实验药品或者质量不合格的实验药品。这些药品在使用过程中可能会发生意外反应，产生有毒有害的物质，对学生的身体健康造成威胁。同时，一些实验药品的包装和储存方式也不规范，容易导致药品泄漏、变质等问题，影响实验的安全性和可靠性。

最后，一些学校的实验室缺乏现代化的教学设备，如多媒体教学设备、传感器等，影响实验教学的效果。随着科技的不断进步，现代化的教学设备在实验教学中的应用越来越广泛。例如，多媒体教学设备可以通过图片、视频、动画等形式展示实验过程和实验现象，帮助学生更好地理解实验原理和方法；传感器可以实时监测实验过程中的各种物理量和化学量，如温度、压力、pH 值、浓度等，提高实验数据的准确性和可靠性。然而，在一些学校的实验室中，由于缺乏这些现代化的教学设备，实验教学仍然停留在传统的演示和操作阶段，无法满足现代化学实验教学的要求。

（3）实验室管理不善

实验室管理不善也是一个普遍存在的问题，严重影响了实验室的使用效率和安全性。

首先，一些学校的实验室缺乏规范的管理制度，实验设备和药品的摆放混乱，存在安全隐患。例如，在一些学校的实验室中，实验设备和药品随意摆放，没有按照分类、分区的原则进行管理。这就导致在实验过程中，学生和教师很难快速找到所需的实验设备和药品，浪费了大量的时间。同时，混乱的摆放也容易导致实验设备和药品的损坏、丢失，增加了实验成本。此外，一些危险的实验药品没有进行专门的管理和存放，容易被学生误拿误用，造成安全事故。

其次，一些学校的实验室管理人员缺乏专业知识和技能，无法对实验设备进行有效的维护和管理。实验室管理人员是实验室正常运行的重要保障，他们需要具备一定的化学知识和实验技能，能够对实验设备进行日常的维护和保养，及时处理实验设备出现的故障。然而，在一些学校中，实验室管理人员往往是由一些非专业人员担任，他们缺乏必要的专业知识和技能，无法对实验设备进行有效的维护和管理。这就导致一些实验设备长期处于损坏状态，无法正常使用，影响了实验教学的顺利进行。

最后，一些学校的实验室开放时间不足，学生无法充分利用实验室进行自主学习和研究。实验室不仅是教师进行实验教学的场所，也是学生进行自主学习和研究的重要平台。然而，在一些学校中，实验室的开放时间非常有限，往往只在上课时间开放，课后和节假日则关闭。这就导致学生无法充分利用实验室进行自主学习和研究，限制了学生的创新能力和实践能力的培养。

综上所述，实验室在高中化学教学中具有极其重要的作用。然而，目前实验室硬件设施存在实验室数量不足、实验设备陈旧落后、实验室管理不善等问题，严重影响了高中化学教学的质量和效果。为了解决这些问题，学校和教育部门需要加大对实验室建设的投入力度，提高实验室硬件设施的水平，加强实验室管理，为学生提供更好的实验教学环境，培养学生的实验技能和科学素养，促进高中化学教学质量的提升。

（三）学校与社会的支持力度

1. 学校对高中化学教学的支持

（1）教学管理支持

学校的教学管理对于提高高中化学教学质量起着至关重要的作用。有效的教学管理能够建立起规范的教学秩序，确保教学工作的顺利进行，提高教学质量。

①学校应制订完善的教学计划、教学大纲和教学评价标准，为高中化学教学提供明确的指导。教学计划应根据学生的学习阶段和学科特点，合理安排教学内容和进度。教学大纲应详细阐述化学学科的教学目标、教学内容和教学要求，使教师和学生都能清楚地了解教学的重点和难点。教学评价标准则应涵盖教学过程和教学结果的各个方面，包括教师的教学方法、教学态度、教学效果，以及学生的学习成绩、学习态度、学习能力等。通过建立健全这些教学管理制度，学校能够规范教学行为，确保教学工作的有序进行。例如，学校可以制订详细的高中化学教学计划，明确每个学期的教学内容和进度安排。在教学大纲中，明确规定化学基本概念、化学原理、化学实验等方面的教学要求，使教师在教学过程中有据可依。同时，制定科学合理的教学评价标准，对教师的教学进行定期评价，及时发现问题并加以改进。

②学校应加强对高中化学教师的教学考核和评价，激励教师提高教学水平。教学考核可以包括教学常规考核、教学质量考核、教学成果考核等方面。教学常规考核主要考察教师的教学准备、教学过程、教学反思等方面的情况；教学质量考核主要考察教师的教学效果，包括学生的学习成绩、学习态度、学习能力等方面的提升情况；教学成果考核主要考察教师在教学研究、教学改革、学科竞赛等方面的成果。通过对教师进行全面的教学考核和评价，学校能够及时发现教师教学中的问题和不足，为教师提供有针对性的培训和指导，同时也能够激励教师不断提高教学水平。例如，学校可以定期组织教学常规检查，检查教师的教案、教学课件、作业批改等情况。同时，通过评测学生的学习成绩、问卷调查等方式，对教师的教学质量进行评价。对于在教学中表现优秀的教师，给予表彰和奖励；对于教学中存在问题的教师，及时进行反馈和指导，帮助其改进教学方法。

③学校应加强对高中化学学生的学习管理和指导，帮助学生提高学习效率。学习管理可以包括学生的考勤管理、学习进度管理、学习成绩管理等方面。学习指导可以包括学习方法指导、学习心理指导、学习规划指导等方面。通过加强对学生的学习管理和指导，学校能够帮助学生养成良好的学习习惯，提高学习效率，增强学习信心。例如，学校可以建立严格的考勤制度，确保学生按时上课。同时，教师可以根据学生的学习情况，为学生制订个性化的学习计划，帮助学生合理安排学习时间。在学习方法指导方面，教师可以向学生介绍有效的学习方法，如预习、复习、总结归纳等。在学习心理指导方面，教师可以关注学生的学习压力和情绪变化，及时给予心理疏导和支持。

（2）师资队伍建设支持

高素质的师资队伍是提高高中化学教学质量的关键。学校应加强对高中化学教师的师资队伍建设支持，提高教师的专业素质和教学能力。

①学校应积极组织高中化学教师参加各种培训和研修活动，提高教师的专业知识和教学技能。培训和研修活动可以包括学科专业培训、教学方法培训、教育技术培训等方面。学科专业培训可以帮助教师更新化学学科知识，了解学科前沿动态；教学方法培训可以帮助教师掌握先进的教学方法和教学策略，提高教学效率；教育技术培训可以帮助教师熟练运用现代教育技术手段，丰富教学形式。例如，学校可以组织教师参加化学学科的学术研讨会、专题讲座等活动，让教师了解化学学科的最新研究成果和发展趋势。同时，学校可以邀请教育专家来校进行教学方法培训，传授先进的教学理念和教学方法。此外，学校还可以组织教师参加教育技术培训，学习如何制作教学课件、运用在线教学平台等。

②学校应鼓励高中化学教师开展教学研究和教学改革，提高教师的教学创新能力。教学研究可以包括教材研究、教法研究、学法研究等方面。教学改革可以包括课程改革、教学模式改革、评价方式改革等方面。通过开展教学研究和教学改革，教师能够不断探索适合学生的教学方法和教学模式，提高教学质量。例如，学校可以设立教学研究项目，鼓励教师积极申报。教师可以结合自己的教学实践，开展教材分析、教法创新、学法指导等方面的研究。同时，学校可以支持教师进行教学模式改革尝试，如开展探究式教学、合作学习、项目式学习等。在评价方式改革方面，教师可以探索多元化的评价方式，注重过程性评价和发展性评价，全面评价学生的学习成果。

③学校应建立教师激励机制，提高教师的工作积极性和创造性。激励机制可以包括物质激励和精神激励两个方面。物质激励可以包括绩效工资、奖金、职称晋升等方面；精神激励可以包括表彰奖励、荣誉称号、学术交流机会等方面。通过建立教师激励机制，学校能够激发教师的工作热情，鼓励教师积极投入教学工作中。例如，学校可以根据教师的教学成绩和教学贡献，给予相应的绩效工资和奖金。对于在教学中表现突出的教师，给予表彰奖励，授予“优秀教师”“教学能手”等荣誉称号。同时，学校可以为教师提供更多的学术交流机会，让教师有机会与同行交流教学经验，拓宽教学视野。

（3）教学资源建设支持

丰富的教学资源是提高高中化学教学质量的重要保障。学校应加强对高中化学教学资源的建设支持，为教师和学生提供丰富的教学资源。

①学校应加大对化学实验室、图书馆、多媒体教室等教学设施的建设投入，为教学提

供良好的硬件条件。化学实验室是化学教学的重要场所，学校应配备齐全的实验仪器和药品，确保实验教学的顺利进行。图书馆应收藏丰富的化学书籍、期刊、报纸等资料，为教师和学生的学习和研究提供便利。多媒体教室应配备先进的多媒体教学设备，如投影仪、计算机、音响等，为教师的教学提供多样化的教学手段。例如，学校可以建设高标准的化学实验室，按照教学大纲的要求配备各种实验仪器和药品。同时，学校可以加强图书馆的化学书籍和资料建设，定期更新化学期刊和报纸。在多媒体教室建设方面，学校可以配备高清投影仪、智能计算机、音响系统等设备，为教师的教学提供更好的技术支持。

②学校应根据教学需要，购买化学教材、教学参考资料、实验仪器和药品等教学资源，为教学提供充足的物质保障。化学教材是教学的基础，学校应选择权威、适用的教材。教学参考资料可以帮助教师拓宽教学视野，丰富教学内容。实验仪器和药品是实验教学的必备条件，学校应确保实验仪器的质量和数量以及实验药品的安全和充足。例如，学校可以选择由相关出版社出版的高中化学教材，同时购买一些教学参考资料，如化学教学案例集、化学实验指导书等。在实验仪器和药品方面，学校可以根据教学大纲的要求，配备齐全的实验仪器，如试管、烧杯、酒精灯、天平、温度计等，以及充足的实验药品，如盐酸、硫酸、氢氧化钠、硫酸铜等。

③学校应积极开发化学教学软件、在线课程等数字化教学资源，为教学提供现代化的教学手段。化学教学软件可以帮助学生更好地理解化学知识，提高学习兴趣。在线课程可以让学生随时随地进行学习，满足学生的个性化学习需求。例如，学校可以组织教师开发化学教学软件，如化学实验模拟软件、化学知识问答软件等。同时，学校可以建设在线课程平台，邀请教师录制化学课程视频，上传到平台上供学生学习。在线课程可以设置不同的难度级别和学习模块，满足不同学生的学习需求。

2. 社会对高中化学教学的支持

（1）企业合作支持

企业与学校的合作可以为高中化学教学提供丰富的实践教学资源和实习机会，有助于提高学生的实践能力和综合素质。

①企业可以为学校提供实践教学基地和实习机会。企业可以向学校开放实验室、生产车间等场所，为高中化学教学提供实践教学基地。学生可以在这些实践教学基地中亲身体验化学知识在实际生产中的应用，加深对化学知识的理解和掌握。同时，企业可以为学生提供实习岗位，让学生在实践中提高自己的专业技能和综合素质。例如，化工企业可以向学校开放化学实验室和生产车间，让学生了解化学反应的过程、化工产品的生产工艺等。

学生可以在实习期间参与企业的生产活动，学习化工设备的操作、化工产品的质量检测等技能。同时，企业可以安排专业技术人员对学生进行指导，帮助学生解决实习中遇到的问题。

②企业可以与学校合作开展科研项目，为教师和学生提供科研平台和资金支持。通过合作开展科研项目，教师和学生可以接触到实际的科研问题，提高自己的科研能力。同时，企业也可以借助学校的科研力量，解决企业在生产中遇到的技术难题，实现互利共赢。例如，企业可以与学校的化学教师合作开展新材料研发、环保技术研究等科研项目。企业提供资金支持和实验条件，学校教师带领学生参与项目研究。在项目研究过程中，学生可以学习到科研方法和技能，提高自己的创新能力。同时，企业也可以将科研成果应用到实际生产中，提高企业的竞争力。

（2）社区资源支持

社区可以为高中化学教学提供丰富的社会资源，拓宽学生的学习视野，增强学生的社会责任感。

①社区可以组织学生参观科技馆、博物馆、环保设施等场所，让学生了解化学知识在社会生活中的应用。科技馆和博物馆通常会展示一些与化学相关的展品和科普知识，如化学元素的发现历程、化学实验的演示等。环保设施则可以让学生了解化学在环境保护中的作用，如污水处理厂、垃圾焚烧厂等。例如，社区可以组织学生参观科技馆的化学展区，让学生通过互动展品和科普讲解了解化学的奥秘。同时，社区可以组织学生参观博物馆的化学文物展览，了解化学在人类历史发展中的重要作用。此外，社区还可以组织学生参观污水处理厂，了解化学方法在污水处理中的应用。

②社区可以邀请专家学者为学生举办化学科普讲座，提高学生的科学素养。专家学者可以结合自己的研究领域和实际工作经验，为学生讲解化学知识的应用和发展前景。讲座内容可以涵盖化学在能源、材料、环境、医药等领域的应用以及化学学科的前沿动态和发展趋势。例如，社区可以邀请大学化学教授、科研人员、企业技术专家等为学生举办化学科普讲座。讲座可以采用生动有趣的形式，如案例分析、实验演示、互动问答等，激发学生的学习兴趣。通过举办化学科普讲座，学生可以了解到化学学科的重要性和广阔的发展前景，增强学习化学的动力。

③社区可以组织学生开展环保志愿活动，让学生在实践中增强环保意识和社会责任感。环保志愿活动可以包括垃圾分类宣传、植树造林、河流清理等。通过参与这些活动，学生可以将所学的化学知识应用到实际生活中，提高自己的实践能力。例如，社区可以组

织学生开展垃圾分类宣传活动，让学生了解垃圾分类的重要性和方法。学生可以通过制作宣传海报、发放宣传资料、举办知识讲座等方式，向社区居民宣传垃圾分类的知识。同时，学生可以参与社区的植树造林活动，了解化学肥料和农药对环境的影响，学习如何科学地进行植树造林。此外，社区还可以组织学生参与河流清理活动，了解水污染的危害和治理方法。

（3）家庭支持

家庭对学生的学习和成长起着至关重要的作用。家长的支持和鼓励可以激发学生的学习兴趣，提高学生的学习动力。

①家长可以关注学生的化学学习，了解学生的学习进度和学习困难，为学生提供必要的支持和帮助。家长可以与学生一起讨论化学问题，激发学生的学习兴趣。同时，家长可以关注学生的学习态度和学习方法，及时给予指导和建议。例如，家长可以定期与学生交流化学学习的情况，了解学生在学校的学习表现和学习困难。家长可以与学生一起观看化学科普节目、阅读化学书籍，培养学生的学习兴趣。同时，家长可以关注学生的学习方法，如预习、复习、总结归纳等，及时给予指导和建议，帮助学生提高学习效率。

②家长可以为学生提供学习支持和鼓励，为学生创造良好的学习环境。学习支持可以包括购买化学书籍、实验仪器等学习用品，为学生提供学习条件。鼓励可以包括表扬学生的学习进步、鼓励学生参加学科竞赛等，激发学生的学习动力。例如，家长可以为学生购买一些化学科普书籍、化学实验套装等学习用品，让学生在课余时间进行自主学习和实验探究。同时，家长可以关注学生的学习进步，及时给予表扬和鼓励。对于学生在学科竞赛中取得的成绩，家长可以给予适当的奖励，激发学生的学习动力。

③家长可以与教师保持沟通，了解学生的学习情况，共同促进学生的成长。家长可以通过家长会、电话、微信等方式与教师进行沟通，及时了解学生在学校的学习表现、学习困难和心理状态。同时，家长可以向教师反馈学生在家的学习情况，共同制定个性化的教育方案。例如，家长可以定期参加家长会，与教师面对面交流学生的学习情况。家长也可以通过电话、微信等方式与教师保持联系，及时了解学生的学习动态。在沟通中，家长可以向教师反馈学生在家的学习情况和行为表现，共同探讨如何更好地教育学生。同时，家长可以与教师合作，共同制定个性化的教育方案，针对学生的特点和需求进行有针对性的教育。

综上所述，学校、社会和家庭的支持力度对于高中化学教学至关重要。学校应加强教学管理支持、师资队伍建设支持和教学资源建设支持，为高中化学教学提供良好的教学条件和教学环境。社会应加强企业合作支持、社区资源支持和家庭支持，为高中化学教学提供丰富的实践教学资源和学习支持。家庭应关注学生的化学学习，为学生提供学习支持和鼓励，并与教师保持沟通。学校、社会和家庭共同努力，才能够提高高中化学教学质量，培养出具有创新精神和实践能力的高素质人才。

第四章　核心素养视域下的高中化学教学原则

在深入探讨了高中化学教学的现状后，有必要明确在核心素养视域下高中化学教学应遵循的原则。这些原则将为教师的教学实践提供指引，确保在培养学生核心素养的道路上方向明确、方法得当。从当前的教学实际出发，综合考虑学生的认知发展规律、化学学科的特点以及社会对人才的需求等多方面因素，以确立科学合理的教学原则，为高中化学教学注入新的活力与动力。

一、以学生发展为中心原则

（一）关注学生个体差异

1. 学生个体差异的表现

（1）认知水平差异

在高中化学学习中，学生的认知水平差异是一个显著的问题。认知水平包括学生的感知、记忆、思维、想象等方面的能力。有的学生逻辑思维能力较强，能够快速理解抽象的化学概念和原理。例如，在学习“物质的量”这一概念时，这些学生能够迅速理解物质的量是一个物理量，用于表示含有一定数目粒子的集合体，并能够运用物质的量进行相关的计算。而有的学生则需要更多的时间和具体的实例来帮助理解。对于这些学生，教师可以通过生活中的实例，如用一定数量的米粒表示一摩尔的物质，帮助他们理解物质的量的概念。此外，在学习化学反应原理时，逻辑思维能力强的学生能够较快地理解化学反应的速率和平衡等抽象概念，而认知水平较低的学生则可能需要通过实验观察和数据分析来逐步理解。

（2）学习风格差异

学习风格是指学生在学习过程中所表现出的独特方式和偏好。学生的学习风格各不相同，主要包括视觉型、听觉型、动觉型等。视觉型学生喜欢通过阅读教材和笔记、观看图片和视频等方式来学习化学知识。他们对色彩、图表等视觉信息较为敏感，能够通过观察化学实验现象、分子模型等直观地理解化学概念。例如，在学习原子结构时，视觉型学生可以通过观察原子结构模型图，更好地理解原子核、电子云等概念。听觉型学生则更倾向于通过听教师讲解、参加讲座等方式来学习。他们对声音信息较为敏感，能够通过听取化学知识的讲解、实验现象的描述等方式来加深对化学知识的理解。例如，在学习有机化学时，听觉型学生可以通过听取教师对有机物的结构、性质和用途的讲解，更好地掌握有机化学的知识。动觉型学生喜欢通过实验操作、小组讨论等方式来学习化学知识。他们对身体的运动和操作较为敏感，能够通过亲身体验化学实验、参与小组活动等方式来加深对化学知识的理解。例如，在学习化学实验时，动觉型学生可以通过亲自进行实验操作，更好地掌握实验技能和实验原理。

（3）兴趣爱好差异

学生的兴趣爱好也是个体差异的一个重要表现。有的学生对化学实验感兴趣，喜欢通过实验操作来探索化学世界；有的学生对化学理论感兴趣，喜欢深入研究化学概念和原理；有的学生对化学与生活的联系感兴趣，喜欢关注化学在日常生活中的应用。例如，对化学实验感兴趣的学生可能会在课余时间主动进行一些简单的化学实验，如制作肥皂、提取精油等；对化学理论感兴趣的学生可能会阅读一些化学专业书籍，了解化学学科的前沿动态；对化学与生活的联系感兴趣的学生可能会关注食品安全、环境保护等问题，思考化学在解决这些问题中的作用。

（4）学习动机差异

学习动机是指推动学生进行学习的内部动力。学生的学习动机各不相同，主要包括内部动机和外部动机。内部动机是指学生出于对化学知识的兴趣、好奇心和求知欲而进行学习。具有内部动机的学生在学习过程中表现出较高的积极性和主动性，他们会主动地探索化学知识，积极地参与课堂讨论和实验活动。例如，一些对化学学科有浓厚兴趣的学生，会主动参加化学竞赛、科技创新活动等，以提高自己的化学水平。外部动机是指学生为了获得奖励、避免惩罚或满足他人的期望而进行学习。具有外部动机的学生在学习过程中可能会表现出一定的被动性，他们的学习动力主要来自外部的压力和激励。例如，一些学生为了在考试中取得好成绩而努力学习化学，或者为了满足家长和教师的期望而认真听讲、完成作业。

2. 关注个体差异的教学策略

在高中化学教学中，充分关注学生个体差异是提高教学质量、促进全体学生发展的关键。以下是几种行之有效的关注个体差异的教学策略。

（1）分层教学

①学生分层。通过综合运用测试、观察、访谈等手段，全面了解学生在认知水平、学

习能力以及学习风格等方面的独特性，将学生精准划分为 A、B、C 三个层次。A 层次为学有余力的优等生，他们具备较强的自主学习能力与知识迁移能力；B 层次是中等生，其学习基础和能力处于中等水平，有较大的提升空间；C 层次为难困生，在学习上可能面临较多困难，基础知识和技能相对薄弱。

②教学目标分层。为不同层次学生量身定制具有针对性的教学目标。A 层次学生的教学目标具有高挑战性，旨在使其深入掌握复杂化学知识与技能，如熟练运用化学原理解决复杂的综合问题，具备创新思维与独立探究能力，能够对化学学科前沿知识有初步的理解与思考。B 层次学生的教学目标适中，聚焦于扎实掌握基础知识与技能，能够运用所学知识分析和解决常见化学问题，逐步提升思维能力与学习方法。C 层次学生的教学目标相对较低，侧重于对简单化学知识的理解与记忆，如基本化学概念、常见元素化合物知识，能够进行简单的化学计算和基础实验操作。

③教学内容分层。依据分层教学目标，精心设计不同层次的教学内容。A 层次学生的教学内容注重拓展与深化，引入化学学科前沿研究成果、最新技术应用以及复杂的实际案例，如纳米材料的合成原理与应用、新型催化剂的作用机制等，培养其创新思维与综合素养。B 层次学生的教学内容围绕基础知识与技能的巩固与提升，通过适量典型案例分析与针对性练习，强化其对化学概念、原理的理解与运用，提高分析和解决问题的能力，例如深入学习各类化学反应类型及其应用场景。C 层次学生的教学内容强调简单直观，借助大量生活实例、形象化的比喻以及基础实验演示，助力其理解基本化学知识，如以日常生活中的酸碱中和现象解释酸碱反应原理，通过简单的物质鉴别实验帮助其掌握物质的性质。

④教学方法分层。针对各层次学生特点，采用多样化教学方法。对于 A 层次学生，探究式教学与讨论式教学相得益彰。如在学习化学平衡原理时，教师提出开放性问题，引导学生自主设计实验、查阅资料、深入讨论，探究影响化学平衡的因素，激发其创新思维与自主学习热情。对于 B 层次学生，启发式教学与案例教学效果显著。如在讲解有机化合物的性质时，教师通过展示典型有机反应案例，启发学生思考反应机理，引导其逐步掌握分析问题的方法。对于 C 层次学生，讲授式教学与演示教学更为合适。如在教授化学实验基本操作时，教师详细讲解操作步骤并进行规范演示，学生跟随模仿练习，确保其准确掌握基本技能。

⑤评价分层。依据学生层次制定差异化评价标准。A 层次学生的评价侧重创新思维与综合能力展现，如对其在探究性学习项目中的独特见解、创新方案以及综合运用知识解决复杂问题的能力进行重点考查。B 层次学生的评价聚焦分析与解决问题能力，关注其在案

例分析、作业练习以及课堂讨论中的思维过程与答案准确性。C 层次学生的评价着重基础知识与基本技能掌握情况，通过简单测试、实验操作考核等方式，检验其对基本概念、公式以及实验操作规范的掌握程度。

（2）采用多样化的教学方法

①视觉型学习者教学方法。对于视觉型学生，教师可充分利用图片、图表、视频、动画等直观教学资源。在讲解物质结构知识时，展示原子结构模型图、分子空间结构示意图等，帮助学生构建微观世界的直观印象；在教授化学反应过程时，播放动画演示，如氢气与氧气反应生成水的微观粒子变化动画，使学生清晰看到原子的重新组合过程，深刻理解化学反应实质。

②听觉型学习者教学方法。听觉型学生对声音信息敏感，教师可增加讲授时间，用清晰、准确、生动的语言传递化学知识。在讲解化学史知识时，讲述科学家们的传奇故事与研究历程，如门捷列夫发现元素周期表的故事，吸引学生注意力；组织讲座，邀请专家或教师深入讲解化学学科的重要理论与前沿动态，同时安排小组讨论，让学生在交流中加深对知识的理解与记忆。

③动觉型学习者教学方法。动觉型学生热衷于身体活动与实践体验。在实验教学中，给予他们更多操作机会，如在酸碱中和滴定实验中，让其亲手操作滴定管，感受溶液滴加过程中的细微变化，提高实验技能与实践能力；开展小组活动，如化学实验竞赛、化学模型制作大赛等，让学生在活动中亲身体验化学知识的应用与乐趣。

（3）关注学生的兴趣爱好

①开展兴趣小组活动。针对对化学实验感兴趣的学生，组建化学实验兴趣小组。定期开展趣味实验活动，如自制肥皂、水果电池制作、化学魔术表演等。在自制肥皂活动中，学生亲身体验油脂的皂化反应过程，了解表面活性剂的作用原理，同时锻炼实验操作能力与团队协作精神。

②推荐个性化学习资源。针对对于对化学理论感兴趣的学生，推荐专业书籍如《普通化学原理》《有机化学》等，以及学术论文数据库资源，引导其深入探索化学学科的理论奥秘。鼓励学生撰写读书笔记与心得体会，分享阅读收获，培养其独立思考与学术研究能力。

③探究生活化学。对于关注化学与生活联系的学生，引导其关注生活中的化学现象并开展探究活动。如在食品添加剂主题探究中，学生通过调查食品标签、查阅资料，了解食品添加剂的种类、作用、安全性等知识，运用化学知识分析其在食品中的作用原理与可能

存在的风险。在环境保护主题探究中，学生研究大气污染、水污染、土壤污染的化学成因，探讨化学方法在污染治理中的应用，如利用化学沉淀法处理污水中的重金属离子等，培养学生的社会责任感与实践能力。

（二）激发学生自主学习

1. 自主学习的重要性

（1）提高学习积极性和主动性

自主学习能够让学生在学习过程中更加积极主动地参与到学习中来。与传统的被动接受式学习相比，自主学习强调学生的主体地位，让学生自己决定学习的内容、方法和进度。学生在自主学习过程中，会根据自己的兴趣和需求选择学习内容，制订学习计划，并积极主动地去实施。这种学习方式能够激发学生的学习兴趣和好奇心，提高学生的学习积极性和主动性。例如，在学习化学实验时，学生可以根据自己的兴趣选择一些感兴趣的实验进行自主探究，通过查阅资料、设计实验方案、进行实验操作和数据分析等环节，深入了解实验的原理和方法。在这个过程中，学生的学习积极性和主动性会得到极大的提高。

（2）培养独立思考能力和创新精神

自主学习要求学生在学习过程中独立思考、勇于探索，这有助于培养学生的独立思考能力和创新精神。在自主学习过程中，学生需要自己发现问题、分析问题和解决问题，这就需要他们运用所学的知识和技能，进行独立思考和创新思维。例如，在学习化学反应原理时，学生可以通过自主探究不同条件下化学反应的速率和平衡，发现影响化学反应的因素，并提出自己的假设和解释。在这个过程中，学生的独立思考能力和创新精神会得到很好的锻炼。

（3）提高学习效率和学习质量

自主学习能够让学生根据自己的学习特点和需求，选择适合自己的学习方法和学习进度，从而提高学习效率和学习质量。每个学生的学习方式和学习节奏都不同，传统的统一教学模式可能无法满足所有学生的需求。而自主学习则可以让学生根据自己的情况进行个性化学习，提高学习的针对性和有效性。例如，有的学生善于通过阅读教材和参考书籍来学习，可以在自主学习时间里阅读相关的化学书籍，加深对化学知识的理解；有的学生喜欢通过实验操作来学习，可以利用实验室资源进行自主实验，提高自己的实验技能和实践能力。通过这种个性化的学习方式，学生的学习效率和学习质量会得到显著提高。

2. 激发自主学习的教学策略

(1) 创设问题情境

创设问题情境是激发学生自主学习的一种有效教学策略。通过提出具有启发性的问题，激发学生的好奇心和求知欲，引导学生主动地思考和探索。问题情境可以是生活中的实际问题、化学实验中的现象、化学史中的故事等。例如，在学习化学反应速率时，可以提出这样的问题：为什么食物在夏天容易变质？为什么钢铁在潮湿的环境中容易生锈？这些问题与学生的生活密切相关，能够激发学生的好奇心和求知欲，引导他们主动地去思考化学反应速率的影响因素。在学习化学平衡时，可以通过化学实验中的现象创设问题情境，如在一个密闭容器中进行可逆反应，当反应达到平衡时，加入某种物质会对平衡产生什么影响？通过这样的问题情境，引导学生主动地去分析和解决问题，提高自主学习能力。

在创设问题情境时，教师要注意问题的难度和开放性。问题的难度要适中，既不能太简单，让学生觉得没有挑战性，也不能太难，让学生无从下手。问题的开放性要适当，既要能够激发学生的思维，又要能够引导学生朝着正确的方向进行思考和探索。此外，教师还可以通过小组讨论、实验探究等方式，让学生在合作中解决问题，提高自主学习能力。

(2) 提供学习资源

为学生提供丰富的学习资源是激发学生自主学习的重要保障。教师可以为学生提供教材、参考书籍、网络资源等多种学习资源，让学生自主地选择学习内容和学习方式。教材是学生学习的主要资源，但教材的内容往往比较有限，不能满足学生的个性化需求。因此，教师可以推荐一些相关的参考书籍和学术论文，让学生在课外进行拓展阅读，加深对化学知识的理解。网络资源也是一种非常丰富的学习资源，教师可以引导学生利用网络平台进行在线学习、交流和讨论，拓宽学习渠道。例如，学生可以通过在线课程平台学习化学知识，通过化学论坛与其他学生和教师进行交流和讨论，通过化学科普网站了解化学学科的前沿动态和应用。

在提供学习资源时，教师要注意资源的质量和适用性。资源的质量要高，内容要准确、权威、丰富。资源的适用性要强，要符合学生的认知水平和学习需求。此外，教师还可以引导学生学会筛选和利用学习资源，提高自主学习能力。

(3) 引导学生进行合作学习

合作学习是一种有效的学习方式，它可以激发学生的自主学习能力。通过小组合作学习，学生可以互相交流、互相启发，共同解决问题，提高自主学习能力。在合作学习过程中，学生需要分工合作、互相配合，共同完成学习任务。这就要求学生在学习过程中积极主动地参与，发挥自己的优势，为小组的学习贡献自己的力量。同时，学生在合作学习过程中还可以互相学习、互相借鉴，提高自己的学习能力和综合素质。

教师在引导学生进行合作学习时，可以采用以下方法。

一是合理分组。根据学生的学习能力、学习风格、兴趣爱好等因素，将学生分成若干个小组。每个小组的成员要具有一定的差异性，这样可以让学生在合作学习过程中互相学习、互相启发。同时，每个小组的成员人数要适中，一般以 4~6 人为宜，这样可以保证每个学生都有充分的参与机会。

二是明确任务。为每个小组分配明确的学习任务，让学生在合作学习过程中有明确的目标和方向。任务的难度要适中，既不能太简单，也不能太难。任务的类型可以多样化，如实验探究、问题解决、项目设计等，这样可以满足不同学生的学习需求。

三是组织讨论。在合作学习过程中，组织学生进行小组讨论，让学生在讨论中交流自己的想法和观点，互相启发、共同进步。讨论的主题可以是学习任务中的问题，也可以是学生在学习过程中遇到的其他问题。教师要参与到学生的讨论中，引导学生进行深入的思考和交流，及时解决学生在讨论中遇到的问题。

四是展示成果。在合作学习结束后，组织学生进行成果展示，让每个小组向全班同学展示自己的学习成果。成果展示的形式可以多样化，如口头汇报、海报展示、实验演示等。通过成果展示，不仅可以让学生分享自己的学习成果，还可以让学生在展示过程中提高自己的表达能力和自信心。

以学生发展为中心原则是高中化学教学的重要指导原则。关注学生个体差异，激发学生自主学习，能够促进学生在化学学习中不断成长和进步。在教学过程中，教师要充分认识到学生个体差异的表现，采取分层教学、采用多样化的教学方法、关注学生的兴趣爱好等教学策略，关注学生的个体差异。同时，教师要通过创设问题情境、提供学习资源、引导学生进行合作学习等教学策略，激发学生的自主学习能力。只有这样，才能真正实现以学生发展为中心的教学目标，提高高中化学教学质量，培养学生的化学核心素养。

二、情境创设原则

（一）真实情境的构建方法

1. 利用生活实际构建情境

化学，作为一门自然科学，与我们的日常生活紧密相连。教师巧妙地利用生活中的实际问题构建情境，能让学生深刻感受到化学知识的实用性，从而激发他们的学习兴趣和求知欲。

（1）化学与生活的紧密联系

化学在我们的日常生活中无处不在。从我们每天吃的食物到穿的衣服，从使用的各种日常用品到周围的环境，都蕴含着丰富的化学知识。例如，食物的烹饪过程中涉及许多化学反应，如蛋白质的变性、淀粉的糊化等；衣物的染色和洗涤也离不开化学物质的作用；日常用品如塑料、橡胶、玻璃等都是通过化学方法制造出来的；而环境污染问题，如大气污染、水污染、土壤污染等，也与化学物质的排放和转化密切相关。

（2）以生活实际问题构建情境的具体方法

在讲解化学反应速率时，教师可以以食品的保鲜、药品的有效期等为例构建情境。食品的保鲜涉及许多化学反应，如氧化反应、酶促反应等。教师可以引导学生思考为什么有些食品容易变质，而有些食品可以保存较长时间。通过分析食品保鲜的原理，让学生了解化学反应速率在生活中的重要性。例如，低温可以降低化学反应速率，所以我们可以将食物放在冰箱中保鲜；添加抗氧化剂可以抑制氧化反应的发生，从而延长食品的保质期。

在讲解化学平衡时，教师可以以工业生产中的合成氨反应为例构建情境。合成氨反应是一个典型的可逆反应，涉及化学平衡的原理和应用。教师可以向学生介绍合成氨反应的条件，如温度、压力、催化剂等，以及如何通过控制这些条件来提高氨的产量。通过这个例子，让学生了解化学平衡在工业生产中的重要性，以及如何运用化学平衡的原理来解决实际问题。

此外，教师还可以以生活中的其他实际问题为例构建情境，如清洁剂的去污原理、电池的工作原理、自来水的净化过程等。通过这些实际问题，让学生感受到化学知识的实用性，激发他们学习化学的兴趣。

2. 利用化学实验构建情境

化学实验是化学教学的重要组成部分，它具有直观性、趣味性和实践性等特点。教师利用化学实验构建情境，能让学生在实验中观察化学现象、探索化学原理，从而加深对化学知识的理解和掌握。

（1）化学实验在教学中的重要性

化学实验是化学学科发展的基础，也是化学教学的重要手段。通过化学实验，学生可以亲眼观察到化学现象的发生，亲身体验化学变化的过程，从而加深对化学知识的理解和记忆。同时，化学实验还可以培养学生的观察能力、动手能力、思维能力和创新能力，提高学生的科学素养。

（2）以化学实验构建情境的具体方法

在讲解酸碱中和反应时，教师可以让学生进行酸碱中和实验构建情境。在实验中，学生可以观察到酸碱指示剂的颜色变化，如酚酞在碱性溶液中变红，在酸性溶液中无色；石蕊在酸性溶液中变红，在碱性溶液中变蓝。通过观察这些颜色变化，学生可以了解酸碱中和反应的实质，即酸和碱反应生成盐和水。同时，教师还可以引导学生思考为什么酸碱指示剂会在不同的溶液中显示不同的颜色。通过这个问题，让学生进一步了解酸碱指示剂的变色原理。

在讲解氧化还原反应时，教师可以让学生进行铁的生锈实验构建情境。在实验中，学生可以观察到铁在不同条件下的生锈情况，如在潮湿的空气中生锈较快，在干燥的空气中生锈较慢；在有氧气和水的条件下生锈较快，在只有氧气或只有水的条件下生锈较慢。通过观察这些现象，学生可以了解氧化还原反应的原理和应用，即铁在空气中与氧气和水发生氧化还原反应，生成铁锈。同时，教师还可以引导学生思考如何防止铁生锈。通过这个问题，让学生了解防锈的方法，如涂漆、镀锌、保持干燥等。

此外，教师还可以利用其他化学实验构建情境，如燃烧实验、沉淀实验、电解实验等。通过这些实验，学生观察化学现象、探索化学原理，可提高学习兴趣和学习效率。

3. 利用化学史构建情境

化学史是化学学科发展的历史记录，它蕴含着丰富的科学思想、科学方法和科学精神。教师利用化学史构建情境，能让学生了解化学学科的发展历程和科学家的探索精神，从而激发他们的学习兴趣和创新意识。

（1）化学史在教学中的重要性

化学史是化学教学的重要内容，它可以帮助学生了解化学学科的发展历程，认识到化学知识的产生和发展是一个不断探索和创新的过程。同时，化学史还可以让学生了解科学家的探索精神和科学方法，培养学生的科学素养和创新意识。

（2）以化学史构建情境的具体方法

在讲解元素周期表时，教师可以介绍门捷列夫发现元素周期表的过程构建情境。门捷列夫在研究元素的性质和原子量的关系时，发现了元素周期律，并据此编制了元素周期表。教师可以向学生介绍门捷列夫的研究方法和创新思维，如他如何通过对已知元素的性质进行分析和归纳，发现元素周期律；他如何大胆预测未知元素的性质和存在，为后来的科学家发现新元素提供了指导。通过这个例子，学生了解了科学家的创新思维和科学方法，可激发他们的学习兴趣和创新意识。

在讲解有机化学时，教师可以介绍诺贝尔化学奖得主的研究成果构建情境。诺贝尔化学奖是化学领域的最高荣誉，每年的诺贝尔化学奖得主都是在化学领域作出杰出贡献的科学家。教师可以向学生介绍一些诺贝尔化学奖得主的研究成果，如 2020 年诺贝尔化学奖得主埃玛纽埃勒·沙尔庞捷和珍妮弗·道德纳因开发出一种基因组编辑方法而获奖。教师可以向学生介绍这种基因组编辑方法的原理和应用以及它对生命科学和医学领域的重要影响。通过这个例子，学生了解了有机化学的发展历程和应用前景，可激发他们的学习兴趣和创新意识。

此外，教师还可以利用其他化学史事件构建情境，如拉瓦锡发现氧气的过程、居里夫人发现镭的过程等。通过这些化学史上的重大事件，学生了解了科学家的探索精神和科学方法，可培养学生的科学素养和创新意识。

（二）情境对化学学习的促进作用

1. 激发学习兴趣

情境能够激发学生的学习兴趣，使学生更加主动地参与到学习过程中。兴趣是最好的老师，当学生对化学学习产生浓厚的兴趣时，他们会积极主动地探索化学知识，提高学习效率。

一是情境通常与学生的生活经验密切相关，能够让学生感受到化学知识的实用性和重要性。例如，在讲解化学与生活的关系时，教师可以通过展示一些与生活密切相关的化学现象，如食品添加剂、环境污染等，让学生认识到化学知识在日常生活中的广泛应用。学生看到这些熟悉的现象，会产生强烈的好奇心和求知欲，从而激发他们学习化学的兴趣。

二是情境往往具有趣味性和吸引力，能够吸引学生的注意力，激发他们的学习兴趣。例如，在讲解化学实验时，教师可以通过一些有趣的实验现象，如“大象牙膏”实验、“法老之蛇”实验等，让学生感受到化学实验的神奇和魅力。这些有趣的实验现象能够激发学生的好奇心和探索欲，使他们更加积极地参与到化学学习中。

三是情境能够满足学生的认知需求，让学生在解决实际问题的过程中获得成就感和满足感。例如，在讲解化学与环境保护的关系时，教师可以让学生通过调查研究自己周围的环境问题，并提出相应的解决方案。学生在这个过程中，会运用所学的化学知识解决实际问题，感受到自己的能力和价值，从而激发他们学习化学的兴趣。

2. 促进知识理解

情境能够帮助学生更好地理解化学知识，使抽象的化学概念和原理变得更加具体和形象。化学知识往往比较抽象和复杂，学生在学习过程中容易感到困惑和难以理解。而情境可以为学生提供具体的实例和背景，帮助他们理解化学知识的本质和内涵。

一是情境可以为学生提供具体的实例和背景，让学生在具体的情境中理解化学知识。例如，在讲解化学反应速率和化学平衡时，教师可以通过工业生产中的实际案例，如合成氨反应、硫酸的生产等，让学生了解化学反应速率和化学平衡的原理和应用。学生在这些具体的情境中，能够更加直观地理解化学反应速率和化学平衡的概念，掌握影响化学反应速率和化学平衡的因素。

二是情境可以帮助学生建立知识之间的联系，让学生在整体的情境中理解化学知识。例如，在讲解有机化学时，教师可以以一种常见的有机化合物为例，如乙醇，构建一个具体的情境。在这个情境中，学生可以了解乙醇的物理性质、化学性质、用途等方面的知识，同时也可以将乙醇与其他有机化合物进行比较，建立知识之间的联系。通过这种方式，学生可以更加系统地理解有机化学的知识体系。

三是情境能够激发学生的思维活动，让学生在思考和解决问题的过程中理解化学知识。例如，在讲解化学实验时，教师可以提出一些问题，让学生在实验中思考和解决。如在进行酸碱中和实验时，教师可以问学生为什么酸碱指示剂会在不同的溶液中显示不同的颜色。通过这个问题，激发学生的思维活动，让他们在思考和实验的过程中理解酸碱中和反应的实质。

3. 培养实践能力

情境能够为学生提供实践的机会，让学生在实践中掌握化学知识和技能，培养学生的实践能力和创新精神。化学是一门实验性很强的学科，学生只有通过实践才能真正掌握化学知识和技能。

一是情境可以为学生提供实践的平台，让学生在具体的情境中进行实践操作。例如，在讲解化学实验时，教师可以让学生进行一些与生活实际相关的实验，如自制肥皂、提取精油等。在这些实验中，学生可以亲自动手操作，掌握化学实验的基本方法和技能。同时，学生还可以在实践中发现问题、解决问题，培养自己的实践能力和创新精神。

二是情境可以促进学生的合作与交流，让学生在团队合作中提高实践能力。例如，在进行一些综合性的实验项目时，教师可以将学生分成小组，让他们共同完成实验任务。在这个过程中，学生需要相互合作、相互交流，共同解决实验中遇到的问题。通过这种方式，学生可以提高自己的团队合作能力和沟通能力，培养自己的实践能力和创新精神。

三是情境可以激发学生的创新意识，让学生在实践中尝试创新。例如，在进行一些开放性的实验项目时，教师可以鼓励学生提出自己的实验方案和想法，让他们在实践中尝试创新。在这个过程中，学生可以发挥自己的想象力和创造力，提出一些新颖的实验方案和想法。通过这种方式，学生可以培养自己的创新意识和创新能力。

综上所述，情境的构建方法包括利用生活实际、化学实验和化学史构建情境。这些方法能够为学生提供具体的实例和背景，激发学生的学习兴趣和创新意识，帮助学生更好地理解化学知识。同时，情境对化学学习具有促进作用，能够激发学习兴趣、促进知识理解和培养实践能力。因此，教师在化学教学中应注重情境的创设，为学生提供一个生动、有趣、富有挑战性的学习环境，提高化学教学的质量和效率。

三、实验探究原则

（一）实验在化学教学中的重要性

1. 培养实验技能

化学是一门以实验为基础的自然科学，实验在化学教学中占据着至关重要的地位。化学实验不仅能够帮助学生深入理解化学理论知识，还能培养学生的实践操作能力、科学思维能力和创新精神。化学实验是培养学生实验技能的重要途径，通过实际操作，学生能够亲身体验化学现象，掌握化学实验的基本方法和技能。

（1）仪器的使用

在化学实验中，学生需要学会正确使用各种实验仪器。实验仪器是进行化学实验的重要工具，正确使用实验仪器不仅能够保证实验的顺利进行，还能提高实验的准确性和可靠性。

①常见实验仪器的用途和特点。化学实验中常见的实验仪器有天平、量筒、酒精灯、试管、烧杯、玻璃棒、漏斗等。这些实验仪器各有其特定的用途和特点。

天平用于称量物质的质量，是化学实验中常用的计量工具。天平的种类有很多，如托盘天平、电子天平等。托盘天平操作简单，适用于一般的称量；电子天平精度高，适用于精确称量。

量筒用于测量液体的体积，是化学实验中常用的测量工具。量筒有不同的规格，如10mL、25mL、50mL、100mL 等。选择量筒时，要根据所需测量的液体体积选择合适的规格，以确保测量的准确性。

酒精灯用于加热，是化学实验中常用的加热工具。酒精灯的火焰分为外焰、内焰和焰心三部分，外焰温度最高，内焰温度次之，焰心温度最低。在加热时，要用外焰加热，以提高加热效率。

试管用于盛放少量的液体或固体，进行化学反应或加热。试管有不同的规格，如10mL、15mL、20mL 等。试管可以直接加热，但在加热时要注意试管口不能对着人，以免液体喷出伤人。

烧杯用于盛放较多的液体，进行化学反应或加热。烧杯不能直接加热，需要垫上石棉网进行加热，以防止烧杯破裂。

玻璃棒用于搅拌、引流和蘸取少量液体。玻璃棒在搅拌时要注意不要碰到容器壁，以免损坏容器。

漏斗用于过滤、分液等操作。漏斗有普通漏斗、长颈漏斗和分液漏斗等。普通漏斗用于过滤；长颈漏斗用于向反应容器中添加液体；分液漏斗用于分离两种不相溶的液体。

②仪器使用的方法和注意事项。学生要了解不同仪器的用途、使用方法和注意事项，掌握正确的操作技巧。在使用仪器时，要严格按照操作规程进行，避免因操作不当而损坏仪器或引发安全事故。

在使用天平时，需要先将天平放置在平稳的台面上，调整天平的零点。在称量物质时，要将物质放在天平的左盘，砝码放在右盘，且砝码要用镊子夹取，不能用手直接拿取。称量完毕后，要将砝码放回砝码盒中，整理好天平。

在使用量筒时，要将量筒放置在平稳的台面上，读数时视线要与量筒内液体的凹液面最低处保持水平。选择量筒时，要根据所需测量的液体体积选择合适的规格，以避免测量误差过大。

在使用酒精灯时，要先检查酒精灯内的酒精量，不能超过酒精灯容积的三分之二。点燃酒精灯时要用火柴，不能用酒精灯对火。熄灭酒精灯时要用灯帽盖灭，不能用嘴吹灭。

在使用试管时，要先将试管外壁擦干，以免试管受热不均而破裂。加热试管时，要先预热，然后用外焰集中加热。加热固体时，试管口要略向下倾斜，以免冷凝水回流使试管破裂。

在使用烧杯时，要先将烧杯外壁擦干，然后垫上石棉网进行加热。加热时要不断搅拌，以免液体局部过热而飞溅。

在使用玻璃棒时，要注意不要用力过猛，以免玻璃棒折断。搅拌时要轻轻搅拌，不要碰到容器壁。

在使用漏斗时，要注意滤纸的折叠方法和安装位置，以确保过滤效果。分液时要注意分液漏斗的使用方法和操作顺序，以确保分离效果。

③通过反复练习提高操作技巧。学生要通过反复练习使用各种实验仪器，熟练掌握其操作方法，提高实验的准确性和可靠性。在练习过程中，要注意观察实验现象，及时发现问题并解决问题。同时，要注意总结经验教训，不断提高自己的操作技巧。

例如，在练习使用天平称量物质的质量时，可以先从称量一些简单的固体物质开始，如小石块、铁钉等。在称量过程中，要注意调整天平的零点，正确放置物质和砝码，用镊子夹取砝码等。通过多次练习，逐渐掌握天平的使用方法。然后，可以尝试称量一些液体物质，如酒精、水等。在称量液体物质时，要注意使用容器盛放液体，不能直接将液体放在天平上称量。如此通过不断练习，提高自己的称量技巧。

（2）药品的取用

化学实验中涉及各种化学药品的取用，学生需要掌握正确的取用方法。正确取用药品不仅能够保证实验的安全进行，还能提高实验的效率和准确性。

①固体药品的取用方法。固体药品一般用镊子或药匙取用。取用块状固体药品时，要用镊子夹取，先将容器横放，把药品放入容器口，再把容器慢慢地竖立起来，使药品缓缓地滑到容器底部，以免打破容器。取用粉末状固体药品时，要用药匙或纸槽取用，先将试管横放，把药匙或纸槽小心地送入试管底部，然后使试管直立起来，让药品全部落入试管底部，以免药品沾在试管内壁上。

在取用固体药品时，要注意药品的用量，避免浪费和污染。一般来说，取用固体药品时，只需盖满试管底部即可。如果没有说明用量，应按照最少量取用。同时，要注意药品的性质，对于有毒、有腐蚀性的药品，要采取相应的防护措施。例如，在取用氢氧化钠等有腐蚀性的固体药品时，要戴手套和护目镜，避免药品接触皮肤和眼睛。

②液体药品的取用方法。液体药品则用滴管或量筒取用。取用少量液体药品时，可用胶头滴管吸取。使用胶头滴管时，要先挤压胶头，排出空气，然后将滴管伸入液体中吸取液体。吸取液体后，滴管不能平放或倒置，以免液体倒流腐蚀胶头。取用较多量液体药品时，可用倾倒法。先将瓶塞倒放在桌面上，标签向着手心，瓶口紧挨试管口，缓缓地倒入液体。倒完液体后，要立即盖紧瓶塞，放回原处，标签向外。

取用一定量液体药品时，可用量筒量取。选择合适规格的量筒，先将液体倒入量筒中，接近所需体积时，改用胶头滴管滴加至所需体积。读数时，视线要与量筒内液体的凹液面最低处保持水平。在取用液体药品时，也要注意药品的用量，避免浪费和污染。如果没有说明用量，一般取 1～2mL。

③正确取用药品的重要性。通过正确取用药品，学生可以保证实验的安全进行，同时也能提高实验的效率和准确性。如果药品取用不当，可能会导致实验失败、仪器损坏甚至引发安全事故。例如，在取用浓硫酸时，要戴手套和护目镜，将浓硫酸缓慢地倒入水中，并用玻璃棒不断搅拌，以防止浓硫酸溅出伤人。如果将水倒入浓硫酸中，会产生大量的热，使浓硫酸飞溅，造成严重的安全事故。

在取用固体药品时，要将药匙或镊子擦拭干净，避免污染药品。如果药匙或镊子上沾有其他药品，可能会影响实验结果。

（3）实验数据的测量和记录

在化学实验中，学生需要准确地测量各种实验数据，并及时记录下来。实验数据是进行化学实验分析和总结的重要依据，准确测量和记录实验数据对于提高实验的科学性和准确性至关重要。

①实验数据的测量方法。实验数据的测量方法有很多种，如用温度计测量温度、用 pH 试纸测量溶液的酸碱度、用天平称量物质的质量、用量筒测量液体的体积等。

在测量实验数据时，要选择合适的测量工具，确保数据的准确性。例如，测量温度时，要根据所需测量的温度范围选择合适的温度计。如果测量的温度较低，可以选择酒精温度计；如果测量的温度较高，可以选择水银温度计。同时，要按照实验要求进行多次测量，取平均值以减小误差。例如，在测量化学反应速率时，要多次测量反应物的浓度和反应时间，然后取平均值计算化学反应速率，以减小测量误差。

②实验记录表格的设计和使用。记录实验数据时，要使用规范的实验记录表格，将实验数据清晰地记录下来。实验记录表格应包括实验条件、实验现象、测量数据等内容，以便后续的分析和处理。例如，在进行化学反应速率的实验时，实验记录表格可以包括反应物的浓度、温度、反应时间、化学反应速率等项目。在实验过程中，要将每次测量的数据及时记录在表格中，确保数据的准确性和完整性。

③实验数据的分析和处理。实验数据记录完毕后，要对数据进行分析和处理。分析实验数据可以帮助学生了解实验结果，总结实验规律，提高实验的科学性和准确性。例如，在进行化学反应速率的实验时，通过对记录的数据进行分析，可以得出化学反应速率与温度、浓度等因素的关系。可以绘制化学反应速率与温度、浓度的关系曲线，直观地展示它们之间的关系。

化学实验技能的培养不仅是化学学习的重要基础，也是学生未来从事科学研究和实际工作所必备的能力。在高中化学教学中，教师要注重实验教学，让学生多动手操作，提高学生的实验技能水平。教师可以通过演示实验、学生实验、探究实验等多种形式，让学生在实验中掌握化学实验的基本方法和技能。同时，教师要加强对学生实验操作的指导和监督，及时纠正学生的错误操作，确保实验的安全进行。此外，教师还可以组织学生参加化学实验竞赛、科技创新活动等，激发学生的学习兴趣和创新精神，提高学生的实验技能水平。

2. 促进科学探究

（1）体验科学探究的过程

科学探究是一个系统而严谨的过程，涵盖了提出问题、作出假设、设计实验方案、收集和分析数据、得出结论等多个环节。而化学实验则为学生提供了亲身体验这一完整科学探究过程的宝贵机会。

在探究影响化学反应速率的因素时，学生首先会在观察和思考的基础上提出问题："哪些因素会影响化学反应速率？"这个问题的提出源于对日常生活中化学现象的观察以及对已学知识的思考。比如，学生可能会联想到不同条件下某些化学反应的快慢明显不同，从而产生这样的疑问。

接着，学生根据已有的知识和经验作出假设："温度、浓度、催化剂等因素可能会影响化学反应速率。"这一假设的作出并非凭空臆想，而是基于化学学科中已有的理论和规律。例如，学生知道温度升高通常会加快反应速率、催化剂能改变反应速率等知识，从而形成这样的假设。

随后，学生依据假设设计实验方案。在这个过程中，他们需要明确实验所依据的化学原理。比如，对于探究影响化学反应速率的因素，学生要清楚化学反应速率的定义是单位时间内反应物浓度的减少或生成物浓度的增加，影响因素包括温度、浓度、催化剂等，以及如何通过实验来测量化学反应速率。同时，学生还要选择合适的实验仪器和药品。以探究浓度对化学反应速率的影响为例，学生可以选择大理石和盐酸作为反应物，通过测量产生二氧化碳的速率来判断化学反应速率的变化。实验仪器可以选用锥形瓶、分液漏斗、量筒、秒表等。在设计实验步骤时，学生要详细规划每一个操作流程。例如，先准备实验仪器和药品，将大理石和不同浓度的盐酸分别装入锥形瓶和分液漏斗中；然后将分液漏斗中的盐酸缓慢滴入锥形瓶中，同时开始计时；观察其反应，当不再有气泡产生时，停止计时；测量产生的二氧化碳的体积，计算化学反应速率；最后重复实验，取平均值，减小误差。

在实验过程中，学生收集实验数据，观察实验现象，并对数据进行分析和处理。他们可能会记录不同浓度下反应产生二氧化碳的体积和时间，通过计算得出化学反应速率。然后，将不同浓度下的化学反应速率绘制成图表，进行比较和分析，找出数据之间的关系和规律。例如，通过观察图表可以看出化学反应速率随着浓度的增加而增大。同时，学生还可以计算不同浓度下的化学反应速率的平均值和标准差，了解数据的稳定性。

最后，学生得出结论，验证假设是否正确。在这个例子中，学生可以得出结论：在其他条件不变的情况下，化学反应速率随着反应物浓度的增加而增大。这个结论是通过对多次实验数据的分析和处理得出的，具有一定的可靠性和普遍性。通过这样一个完整的实验探究过程，学生深刻体验了科学探究的各个环节，了解了科学探究的方法和步骤。

（2）掌握科学探究的方法

在化学实验探究中，学生能够掌握多种科学探究的方法，如观察法、实验法、比较法、归纳法等。

观察法是通过观察实验现象，获取实验信息。在化学实验中，学生需要仔细观察物质的颜色变化、状态变化、气体产生、沉淀生成等现象。例如，在进行钠与水的反应实验时，学生通过观察钠在水中剧烈反应，发出“滋滋”的声音，产生氢气并使钠在水面上快速游动等现象，获取了关于钠的化学性质的信息。这种直观的观察可以让学生深刻地理解化学知识，增强对化学知识的记忆。

实验法是通过实验操作，验证假设是否正确。在探究金属的活动性顺序时，学生采用实验法，将不同的金属放入相同的溶液中，观察金属的反应情况。例如，将铁、铜、锌等金属分别放入稀盐酸中，观察到锌反应剧烈，产生大量气泡；铁反应较缓慢，有少量气泡产生；铜则没有明显反应。通过这样的实验操作，学生可以判断出金属的活动性顺序为锌>铁>铜。实验法让学生在实践中验证了理论知识，提高了他们对化学原理的理解和掌握程度。

比较法是通过比较不同实验条件下的实验结果，找出影响因素。在探究物质的性质时，学生可以采用比较法。例如，将不同的物质在相同的条件下进行实验，比较它们的性质差异。如在探究不同酸的酸性强弱时，学生可以将盐酸、硫酸、醋酸等分别与相同的金属或碳酸盐反应，观察反应的剧烈程度，从而比较出不同酸的酸性强弱。通过比较法，学生可以更加清晰地认识到不同物质之间的差异和联系，深入理解化学知识的本质。

归纳法是通过对实验数据的分析和总结，得出一般性的结论。在化学实验中，学生通过对大量实验数据的分析和归纳，可以总结出一些普遍适用的规律。例如，在进行一系列化学反应速率的实验后，学生可以归纳出影响化学反应速率的主要因素有温度、浓度、催化剂等。归纳法培养了学生的逻辑思维能力和概括能力，使他们能够从具体的实验现象中抽象出一般性的结论。

通过运用这些科学探究的方法，学生可以提高自己的科学思维能力和创新能力。在实验探究过程中，学生需要不断地思考、分析和解决问题，这有助于培养他们的批判性思维和创造性思维。例如，在设计实验方案时，学生需要思考如何选择合适的实验仪器和药品，如何控制实验条件等问题，这就需要他们发挥创新能力，提出新颖的实验方法和思路。

（3）培养科学探究的能力

化学实验探究可以培养学生多方面的科学探究能力，包括提出问题的能力、设计实验方案的能力、收集和分析数据的能力、得出结论的能力等。

提出问题是科学探究的起点。学生要善于从实验现象中发现问题，提出有价值的问题。这需要学生具备敏锐的观察力和批判性思维。例如，在进行化学实验时，学生可能会观察到一些异常现象，如实验结果与预期不符、实验现象不明显等。这时，学生就应该思考为什么会出现这样的现象，从而提出问题。例如，在进行酸碱中和实验时，如果学生发现滴加指示剂后颜色变化不明显，就可以提出“为什么酸碱中和反应的指示剂颜色变化不明显？是指示剂选择不当还是实验操作有问题?”等问题。提出有价值的问题可以引导学生深入探究化学知识，培养他们的科学思维能力。

设计实验方案是科学探究的关键。学生要根据问题和假设，设计合理的实验方案，选择合适的实验仪器和药品。这需要学生具备扎实的化学知识和一定的实验技能。在设计实验方案时，学生要考虑实验的可行性、安全性和有效性。例如，在探究影响化学反应速率的因素时，学生要考虑如何控制温度、浓度、催化剂等变量，如何选择合适的实验仪器来测量化学反应速率，如何确保实验的安全进行等问题。通过设计实验方案，学生可以提高自己的逻辑思维能力和实践能力。

收集和分析数据是科学探究的重要环节。学生要准确地收集实验数据，运用科学的方法对数据进行分析和处理。在收集实验数据时，学生可以采用测量、计数、观察等方法。例如，在进行化学反应速率的实验时，学生可以通过测量反应时间和反应物或生成物的量来收集数据。在处理实验数据时，学生可以采用图表法、计算法、比较法等方法。例如，将实验数据绘制成图表，可以直观地看出数据的变化趋势；通过计算平均值、标准差等，可以了解数据的集中程度和离散程度；通过比较不同实验条件下的数据，可以找出影响因素的规律。通过收集和分析数据，学生可以提高自己的数据分析能力和科学研究能力。

得出结论是科学探究的最终目的。学生要根据实验数据和分析结果，得出科学的结论。实验结论要简洁、准确、科学，能够回答实验目的所提出的问题。在得出结论时，学生要注意结论的可靠性和普遍性，不能仅仅根据一次实验结果就得出结论，要进行多次实验，取平均值，减小误差。例如，在探究影响化学反应速率的因素时，学生通过多次实验，得出在其他条件不变的情况下，化学反应速率随着反应物浓度的增加而增大的结论。这个结论是通过对大量实验数据的分析和处理得出的，具有一定的可靠性和普遍性。通过得出结论，学生可以提高自己的归纳总结能力和科学表达能力。

通过化学实验探究，学生可以提高自己的科学探究能力，为今后的学习和工作打下坚实的基础。在实验探究过程中，学生不仅学到了化学知识，还培养了科学思维、实践能力和创新精神，这些都是未来社会所需要的重要素质。

3. 增强学习兴趣

（1）直观展示带来视觉冲击

化学实验具有直观性的特点，可以直观地展示化学现象，让学生亲眼看到物质的变化过程。这种直观的展示能够给学生带来强烈的视觉冲击，使他们对化学知识产生深刻的印象。例如，在进行钠与水的反应实验时，学生可以看到钠在水中剧烈反应，发出“滋滋”的声音，产生氢气并使钠在水面上快速游动。这个实验现象非常直观，学生可以清楚地看到钠的化学性质。通过这个实验，学生可以深刻地理解钠是一种非常活泼的金属，与水反应会产生氢气和氢氧化钠。这种直观的实验现象可以让学生更加直观地认识化学知识，增强对化学知识的记忆。

（2）趣味现象激发求知欲

化学实验中常常会出现一些有趣的现象，如变色、发光、发热、产生气体等，这些现象可以激发学生的好奇心和求知欲。例如，在进行酸碱指示剂的实验时，学生可以看到不同的酸碱溶液使指示剂变色的现象，非常有趣。在进行化学魔术实验时，如“烧不坏的手帕”“魔棒点灯”等，更是能让学生感受到化学的神奇魅力。这些有趣的实验现象可以让学生对化学产生浓厚的兴趣，激发他们学习化学的积极性。

（3）实际操作加深理解

化学实验是一种实践性很强的学习活动，学生可以通过亲自动手操作实验，将理论知识与实际操作相结合，加深对化学知识的理解和掌握。

在进行化学实验时，学生需要分工合作，共同完成实验任务。在这个过程中，学生可以学会团队合作和沟通交流的技巧。同时，在实验过程中，学生可能会遇到各种问题，如实验仪器损坏、实验现象不明显等。学生需要通过思考和讨论，找出问题的原因并解决问题。这种实践性的学习活动可以让学生感受到化学的实用性和趣味性，提高学生的学习兴趣和积极性。例如，在进行化学实验时，学生需要准备实验仪器和药品，按照实验步骤进行操作，观察实验现象，记录实验数据，并对实验结果进行分析和总结。在这个过程中，学生可以将所学的化学知识应用到实际操作中，加深对化学知识的理解和掌握。同时，学生还可以通过实验操作，提高自己的动手能力和实践能力。

（二）如何开展有效的实验探究活动

1. 明确实验目的

（1）具体、明确的实验目的

实验目的要具体、明确，具有可操作性和可评价性。例如，“探究影响化学反应速率的因素”这个实验目的就比较具体、明确，学生可以通过实验操作，探究温度、浓度、催化剂等因素对化学反应速率的影响。而“了解化学反应”这个实验目的就比较笼统，学生不知道具体要了解化学反应的哪些方面，实验操作也无从下手。

（2）与教学内容紧密结合

实验目的要与教学内容紧密结合，服务于教学目标的实现。例如，在学习“化学平衡”这一章节时，可以设计“探究浓度对化学平衡的影响”的实验目的，让学生通过实验探究，加深对化学平衡移动原理的理解。

（3）符合学生的认知水平

实验目的要符合学生的认知水平，不能过于简单或复杂。如果实验目的过于简单，学生可能会觉得没有挑战性，失去兴趣；如果实验目的过于复杂，学生可能会感到无从下手，产生挫败感。教师要根据学生的实际情况，设计难度适中的实验目的，让学生在实验探究中既能学到知识，又能体验到成功的喜悦。

2. 设计实验方案

（1）实验原理

实验原理是实验方案的基础，学生要明确实验所依据的化学原理。例如，在设计“探究影响化学反应速率的因素”的实验方案时，学生要知道化学反应速率的定义、影响因素以及如何通过实验来测量化学反应速率等化学原理。

(2) 实验仪器和药品

根据实验原理，学生要选择合适的实验仪器和药品。实验仪器要满足实验的要求，药品要纯净、无毒、无腐蚀性等。在选择实验仪器和药品时，学生要考虑实验的安全性、可行性和经济性等因素。例如，在进行“探究浓度对化学反应速率的影响”的实验时，可以选择大理石和盐酸作为反应物，通过测量产生二氧化碳的速率来判断化学反应速率的变化。实验仪器可以选择锥形瓶、分液漏斗、量筒、秒表等。

(3) 实验步骤

实验步骤是实验方案的具体操作流程，学生要详细地设计实验的每一个步骤。实验步骤要清晰、合理、可操作，避免出现模糊不清或不合理的地方。在设计实验步骤时，学生要考虑实验的顺序、操作的规范、数据的测量等因素。例如，在进行“探究浓度对化学反应速率的影响”的实验时，实验步骤可以如下。第一步，准备实验仪器和药品，将大理石和不同浓度的盐酸分别装入锥形瓶和分液漏斗中。第二步，将分液漏斗中的盐酸缓慢滴入锥形瓶中，同时开始计时。第三步，观察反应现象，当不再有气泡产生时，停止计时。第四步，测量产生的二氧化碳的体积，计算化学反应速率。第五步，重复实验，取平均值，减小误差。

(4) 实验数据的收集和处理

学生要设计合理的方法来收集实验数据，并对数据进行处理和分析。实验数据的收集要准确、全面，数据处理要科学、合理。在收集实验数据时，学生可以采用测量、计数、观察等方法。在处理实验数据时，学生可以采用图表法、计算法、比较法等方法。例如，在进行“探究浓度对化学反应速率的影响”的实验时，学生可以通过测量产生二氧化碳的体积和时间，计算出化学反应速率。然后，将不同浓度下的化学反应速率绘制成图表，进行比较和分析，得出浓度对化学反应速率的影响规律。

实验方案要具有科学性、可行性和创新性。科学性是指实验方案要符合化学原理和科学方法；可行性是指实验方案要在实际操作中能够实现；创新性是指实验方案要有一定的新颖性和创造性，能够激发学生的兴趣和思维。

3. 进行实验操作

(1) 严格按照实验方案进行操作

学生要认真阅读实验方案，熟悉实验步骤和操作方法，严格按照实验方案进行操作。在操作过程中，要注意实验的顺序、操作的规范、数据的测量等细节问题，确保实验的准确性和可靠性。例如，在进行化学实验时，要先检查实验仪器是否完好、药品是否纯净等。在进行实验操作时，要按照实验步骤进行，不能随意更改。在测量实验数据时，要准确、规范，避免出现误差。

（2）注意实验安全

实验安全是实验操作的重要前提，学生要树立安全意识，严格遵守实验操作规程，注意实验安全。在进行实验前，要了解实验中可能存在的安全隐患，采取相应的防护措施。在实验过程中，要注意观察实验现象，一旦发现异常情况，要及时停止实验，并采取相应的措施。例如，在进行化学实验时，要注意防火、防爆、防毒等。对于有毒、有腐蚀性的药品，要戴手套、护目镜等防护用品。在进行加热实验时，要注意防止烫伤。在进行电气实验时，要注意防止触电等。

教师要及时纠正学生的错误操作，指导学生正确地进行实验数据的测量和记录。在实验操作过程中，学生可能会出现一些错误操作，如药品的取用不当、仪器的连接错误、实验数据的测量不准确等。教师要及时发现这些错误操作，并给予纠正和指导，确保实验的安全进行和数据的准确性。

同时，教师要鼓励学生在实验过程中进行思考和探索，发现问题并及时解决。实验过程中，学生可能会遇到一些问题，如实验现象不明显、实验结果与预期不符等。教师要鼓励学生积极思考，分析问题的原因，并尝试解决问题。通过这种方式，可以培养学生的创新思维和解决问题的能力。

4. 分析实验结果

（1）对实验数据进行分析和处理

学生要运用科学的方法对实验数据进行分析和处理，找出数据之间的关系和规律。在分析实验数据时，可以采用图表法、计算法、比较法等方法。例如，将实验数据绘制成图表，可以直观地看出数据的变化趋势；通过计算平均值、标准差等，可以了解数据的集中程度和离散程度；通过比较不同实验条件下的数据，可以找出影响因素的规律。例如，在进行“探究浓度对化学反应速率的影响”的实验时，学生可以将不同浓度下的化学反应速率绘制成图表，通过观察图表，可以看出化学反应速率随着浓度的增加而增大。同时，学生还可以计算不同浓度下的化学反应速率的平均值和标准差，了解数据的稳定性。

（2）得出实验结论

在分析实验数据的基础上，学生要得出实验结论。实验结论要简洁、准确、科学，能够回答实验目的所提出的问题。在得出实验结论时，要注意结论的可靠性和普遍性，不能仅仅根据一次实验结果就得出结论，要进行多次实验，取平均值，减小误差。例如，在进行“探究浓度对化学反应速率的影响”的实验时，学生可以得出结论：在其他条件不变的情况下，化学反应速率随着反应物浓度的增加而增大。这个结论是通过对多次实验数据的分析和处理得出的，具有一定的可靠性和普遍性。

在分析实验结果的过程中，教师要引导学生运用科学的思维方法，如比较、分类、归纳、演绎等，对实验数据进行分析和处理，得出科学的实验结论。

5. 交流与反思

（1）交流实验过程和结果

学生可以以小组为单位，交流实验过程中的操作方法、遇到的问题及解决方法、实验结果等。通过交流，学生可以了解不同的实验方法和思路，拓宽自己的视野。同时，也可以发现自己在实验过程中的不足，及时进行改进。例如，在进行“探究影响化学反应速率的因素”的实验后，学生可以交流在不同温度、浓度、催化剂条件下的实验结果，比较哪种因素对化学反应速率的影响最大。在交流操作方法时，有的小组可能采用了更加精确的测量仪器，使数据更加准确；有的小组可能在控制变量方面做得更好，实验结果更具说服力。对于遇到的问题，如实验仪器损坏、实验现象不明显等，不同小组可能有不同的解决方法。通过交流这些经验，学生可以互相学习，提高自己的实验能力。

此外，交流实验结果也可以激发学生的思考。当不同小组的实验结果存在差异时，学生们可以共同探讨原因，可能是实验操作的差异、测量误差或者其他因素导致的。这种交流和讨论有助于培养学生的批判性思维和分析问题的能力。

（2）反思实验过程和方法

学生要对实验过程和方法进行反思，总结经验教训，提出改进意见和建议。在反思过程中，学生可以思考实验方案的合理性、实验操作的规范性、实验数据的准确性等问题，找出实验过程中的不足，并提出改进的方法。例如，在进行“探究影响化学反应速率的因素”的实验后，学生可以反思实验方案是否合理。比如，在选择实验反应物时，是否有更合适的物质可以更好地体现不同因素对反应速率的影响？在设计实验步骤时，是否可以更加优化，减少实验时间和误差？对于实验操作的规范性，学生可以反思在药品的取用、仪器的连接、数据的测量等方面是否存在不规范的地方，如何改进才能提高实验的准确性和可靠性。

同时，学生还可以反思实验数据的处理方法是否科学。比如，在分析数据时，是否采用了合适的图表法、计算法或比较法？是否还有其他更有效的方法可以更好地揭示数据之间的关系和规律？通过对这些问题的反思，学生可以不断完善自己的实验方法和技能，提高科学探究的水平。

（3）教师引导评价与总结

教师要引导学生对实验过程进行评价，总结经验教训，提出改进意见和建议，为今后的实验探究活动提供参考。教师可以组织学生进行小组讨论，让每个小组对自己的实验过程进行自我评价，并听取其他小组的评价和建议。

在评价过程中，教师可以引导学生从实验目的的明确性、实验方案的科学性、实验操作的规范性、实验数据的准确性、实验结果的可靠性等方面进行全面评价。对于实验中表现出色的小组和个人，教师要给予及时的表扬和鼓励，激发学生的学习积极性和创新精神。对于存在问题的小组和个人，教师要给予具体的指导和建议，帮助他们改进实验方法和提高实验能力。

教师还可以对整个实验探究活动进行总结，强调实验探究的重要性和方法，巩固学生所学的知识和技能。例如，教师可以总结在本次实验探究活动中，学生掌握了哪些科学探究的方法和技能，遇到了哪些问题和挑战，是如何解决的。通过总结，让学生更加深刻地理解实验探究的过程和意义，为今后的学习和科学研究打下坚实的基础。

通过交流与反思，学生可以在实验探究活动中不断提高自己的实验技能和科学探究能力，培养创新思维和合作精神。在交流中，学生可以分享彼此的经验和智慧，拓宽自己的视野；在反思中，学生可以发现自己的不足，不断改进和提高。同时，教师的引导和评价也可以帮助学生更好地理解实验探究的方法和意义，激发学生的学习兴趣和创新精神。

总之，化学实验在高中化学教学中具有重要的地位和作用。通过实验，学生可以培养实验技能、促进科学探究、增强学习兴趣。在开展实验探究活动时，教师要引导学生明确实验目的、设计实验方案、进行实验操作、分析实验结果、交流与反思，提高实验探究活动的有效性。只有这样，才能更好地发挥实验在化学教学中的作用，提高学生的化学素养和综合能力。

四、跨学科融合原则

（一）化学与其他学科的联系

1. 化学与物理的联系

（1）化学反应中的能量变化与物理热力学和动力学知识

①化学反应中能量变化的重要性。在化学反应过程中，物质的变化常常伴随着能量的

变化。这种能量变化不仅是化学研究的关键内容之一，也与我们的日常生活息息相关。例如，燃烧反应释放出大量的热能，为我们提供了取暖、烹饪等所需的能量；电池中的化学反应则将化学能转化为电能，为各种电子设备供电。理解化学反应中的能量变化对于深入认识化学现象、开发新能源以及解决实际问题都具有重要意义。

②热力学在化学反应能量变化中的应用。热力学主要研究能量的转化、传递和守恒规律，而化学反应中的能量变化正是热力学研究的重要领域之一。在化学反应中，吸热反应和放热反应的判断是一个重要的知识点。通过热力学知识，我们可以根据反应前后物质的能量变化来确定反应是吸热还是放热。例如，当反应物的总能量低于生成物的总能量时，反应需要吸收外界的能量，即为吸热反应；反之，当反应物的总能量高于生成物的总能量时，反应会向外界释放能量，即为放热反应。

反应热的计算也是热力学在化学反应中的重要应用。通过测量反应前后的温度变化以及反应物和生成物的物质的量，我们可以利用热力学公式计算出反应热。这不仅有助于我们定量地了解化学反应中能量的变化程度，还可以为实际生产中的能量利用和优化提供依据。

③动力学与化学反应速率和平衡。化学反应的速率和平衡与动力学密切相关。动力学研究物质的运动和变化规律，而化学反应的速率取决于反应物的浓度、温度、催化剂等因素。通过动力学方程，我们可以定量地描述这些因素对反应速率的影响。例如，根据浓度对反应速率的影响规律，我们可以得出反应速率与反应物浓度之间的关系表达式；温度对反应速率的影响可以用阿伦尼乌斯方程来描述，该方程表明反应速率随温度的升高呈指数增长。

化学反应的平衡状态是反应速率相等的动态平衡。通过热力学和动力学的结合，我们可以分析化学反应的平衡常数、平衡移动的方向以及影响平衡的因素。例如，当外界条件改变时，如温度、压力、浓度等发生变化，根据勒夏特列原理，平衡会朝着减弱这种改变的方向移动。这为我们控制化学反应的进程、提高反应的产率提供了理论依据。

④化学与物理知识结合的意义。将化学与物理的知识相结合，学生可以更深入地理解化学反应中的能量变化和反应速率的控制机制。例如，通过物理中的能量守恒定律，学生可以更好地理解化学反应中能量的转化和传递过程；利用动力学知识，学生可以分析化学反应的速率限制步骤，从而找到提高反应效率的方法。这种跨学科的学习方式不仅有助于学生构建完整的知识体系，还能培养学生的综合分析能力和创新思维能力。

（2）化学实验中的仪器使用和实验数据测量与物理知识和方法

①化学实验仪器的物理原理。化学实验是化学教学的重要组成部分，而实验中的仪器使用往往基于物理原理。天平是化学实验中常用的仪器之一，其使用涉及重力和质量的关系。通过天平，我们可以准确地测量物质的质量，这对于化学定量分析至关重要。温度计的原理是基于物质的热胀冷缩现象，通过测量温度的变化，我们可以了解化学反应中的热效应以及物质的物理性质随温度的变化。压力计则利用了液体的压强原理，用于测量气体或液体的压力，这在涉及气体反应或有压力变化的实验中非常重要。

②化学实验数据测量中的物理方法。在化学实验数据的测量中，也需要用到物理中的方法。例如，测量物质的密度可以通过质量和体积的测量来计算。质量可以用天平测量，而体积的测量可以通过量筒、容量瓶等仪器来实现。这些仪器的使用基于物理中的体积测量原理，如量筒是通过读取液体的体积刻度来确定体积，容量瓶则是通过精确的容量设计来保证体积的准确性。

此外，物理中的光学原理也在化学实验中有广泛的应用。例如，分光光度计利用光的吸收和散射原理来测量物质的浓度；显微镜则利用光学成像原理观察微观的化学现象。这些物理方法的应用不仅提高了化学实验的准确性和可靠性，还为学生提供了更多的实验手段和分析方法。

③培养学生的实验操作技能和科学思维能力。物理知识和方法在化学实验中的应用，不仅有助于提高实验的质量，还能培养学生的实验操作技能和科学思维能力。学生在使用化学实验仪器时，需要了解仪器的工作原理和操作方法，这涉及对物理知识的理解和应用。例如，在使用天平进行称量时，学生需要掌握平衡原理和砝码的使用方法，这培养了他们的精细操作能力和严谨的科学态度。

2. 化学与生物的联系

（1）生物体内的生命活动与化学反应

①光合作用：生命的能量之源。光合作用是地球上最重要的化学反应之一，它将太阳能转化为化学能，为生物提供了食物和氧气。光合作用的过程涉及一系列复杂的化学反应，包括光能的吸收、电子的传递、二氧化碳的固定和糖类的合成等。在光合作用中，叶绿素等色素分子吸收光能，将其转化为电子的激发能。这些激发态的电子通过一系列的电子传递链，最终将能量用于将二氧化碳和水转化为糖类等有机物。

通过学习光合作用的化学反应过程，学生可以更好地理解能量在生物体内的转化和流动。同时，光合作用也为我们提供了一个研究化学反应机理和调控机制的范例，有助于学生深入理解化学原理在生命活动中的应用。

②呼吸作用：生命的动力源泉。呼吸作用也是生物体内的重要化学反应，它将有机物氧化分解，释放出能量，为生物体的生命活动提供动力。呼吸作用主要包括有氧呼吸和无氧呼吸两种方式。在有氧呼吸中，有机物在氧气的参与下，经过一系列的化学反应，最终生成二氧化碳和水，并释放出大量的能量。无氧呼吸则在无氧条件下进行，虽然释放的能量较少，但在一些特殊情况下，如剧烈运动或缺氧环境中，也能为生物体提供一定的能量。

了解呼吸作用的化学反应过程，有助于学生认识到生物体内能量的产生和利用机制。同时，呼吸作用也与我们的日常生活密切相关，如运动后的呼吸急促、发酵食品的制作等都涉及呼吸作用的原理。

③其他生命活动中的化学反应。除光合作用和呼吸作用外，生物体内的其他生命活动如蛋白质的合成、核酸的复制、酶的催化作用等也都离不开化学反应。蛋白质是生命活动的重要物质基础，其合成过程涉及氨基酸的缩合反应。核酸的复制则是通过一系列的化学反应，将遗传信息传递给下一代细胞。酶作为生物体内的催化剂，能够加速各种化学反应的进行，其作用机制涉及酶与底物的结合和催化反应的发生。

通过学习这些生命活动中的化学反应，学生可以深入了解生物体内的物质代谢和能量转换过程，为学习生物学打下坚实的基础。同时，这些化学反应也为化学研究提供了丰富的课题和方向，促进了化学与生物学的交叉融合。

（2）生物制药、环境保护等领域中的化学作用

①生物制药领域中的化学应用。在生物制药领域，化学发挥着重要的作用。许多药物的研发和生产都需要运用化学知识和技术。例如，药物的合成是化学在生物制药中的重要应用之一。通过有机合成化学的方法，可以合成出具有特定药理活性的药物分子。药物的分离和纯化也是关键环节，需要运用化学分离技术，如色谱法、结晶法等，将药物从复杂的混合物中分离出来，并提高其纯度。药物的剂型设计也涉及化学原理，如通过选择合适的辅料和制剂工艺，提高药物的稳定性、生物利用度和疗效。

化学在生物制药领域的应用不仅为人类的健康事业作出了巨大贡献，也为学生提供了一个了解化学在实际应用中的重要窗口。通过学习生物制药中的化学知识，学生可以更好地理解化学与生命科学的紧密联系，激发他们对化学和生物学的学习兴趣。

②环境保护领域中的化学贡献。在环境保护领域，化学也可以为解决环境问题提供技术支持。例如，通过化学方法可以治理水污染、大气污染和土壤污染等环境问题。在水污

染治理中，化学沉淀法可以去除水中的重金属离子，如通过加入化学试剂，使重金属离子形成不溶性沉淀，从而从水中分离出来。催化氧化法可以净化大气中的有害气体，如利用催化剂将二氧化硫、氮氧化物等有害气体转化为无害物质。在土壤污染治理中，土壤修复技术可以利用化学淋洗法去除土壤中的重金属离子，或者通过添加化学改良剂来改善土壤的性质，降低污染物的毒性。

此外，化学还可以为地理环境监测提供技术支持。利用化学分析方法可以检测水中、空气中和土壤中的有害物质含量，为环境监测提供科学的数据。例如，通过分光光度法、色谱法等化学分析技术，可以准确地测定环境样品中的污染物浓度，为环境质量评估和污染治理提供依据。

通过将化学与生物的知识相结合，学生可以更好地了解化学在生物制药和环境保护等领域的应用，培养学生的社会责任感和创新意识。同时，也让学生认识到化学在解决实际问题中的重要作用，激发他们学习化学的热情和动力。

3. 化学与地理的联系

（1）地球化学与地球演化

①地球化学的研究内容和意义。地球化学是研究地球表面的化学组成和化学变化的学科，它与地理学科有着密切的联系。地球化学的研究内容包括地球的元素组成、矿物分布、岩石成因、地球的演化历史等。通过研究地球化学，我们可以了解地球的形成和演化过程以及地球上各种自然资源的分布和形成机制。

地球化学的研究对于资源开发利用具有重要意义。例如，通过研究地球化学中的元素分布规律，我们可以了解地球上各种矿产资源的分布情况，为资源的勘查和开发提供科学依据。同时，地球化学的研究也可以帮助我们了解地球的环境变化历史，为环境保护和可持续发展提供参考。

②地球化学与地球演化的关系。地球的演化是一个漫长而复杂的过程，其中化学变化起着重要的作用。在地球的形成初期，由于高温高压的环境，地球内部发生了一系列的化学反应，形成了不同的矿物和岩石。随着地球的演化，地壳运动、火山活动、风化侵蚀等地质过程不断改变着地球的表面化学组成。例如，通过研究地球化学中的同位素组成，我们可以了解地球的年龄、地球内部的物质循环以及地球与宇宙的关系。地球化学中的微量元素分析也可以为我们提供关于地球演化过程中的地质事件和环境变化的信息。这些研究成果不仅丰富了我们对地球演化历史的认识，也为地质学、地球物理学等相关学科的发展提供了重要的支持。

（2）环境保护中的化学与地理环境问题

①水污染治理中的化学方法。在水污染治理中，化学方法可以发挥重要作用。化学沉淀法是一种常用的去除水中重金属离子的方法。通过加入化学试剂，可使重金属离子与试剂发生反应，形成不溶性沉淀，从而从水中分离出来。例如，加入氢氧化钙可以使水中的重金属离子形成氢氧化物沉淀。

此外，氧化还原法也可以用于水污染治理。通过加入氧化剂或还原剂，将水中的有害物质转化为无害物质。例如，利用氯气可以将水中的有机物氧化分解为二氧化碳和水。离子交换法也是一种有效的水污染治理方法，通过离子交换树脂将水中的有害物质吸附并交换为无害离子。

化学方法在水污染治理中的应用需要考虑到环境因素和成本效益。例如，选择合适的化学试剂和处理工艺，避免产生二次污染；同时，要考虑到处理成本和可持续性，选择经济有效的方法。

②大气污染治理中的化学方法。大气污染是当今全球面临的重要环境问题之一，化学方法可以为大气污染治理提供技术支持。催化氧化法是一种常用的净化大气中有害气体的方法。通过使用催化剂，将有害气体如二氧化硫、氮氧化物等转化为无害物质。例如，利用钒催化剂可以将二氧化硫氧化为三氧化硫，然后与水反应生成硫酸，从而去除大气中的二氧化硫。

吸附法也是大气污染治理中的一种重要方法。通过使用吸附剂，如活性炭、分子筛等，将大气中的有害物质吸附并固定下来。例如，活性炭可以有效地吸附大气中的有机污染物和异味物质。此外，化学吸收法也可以用于大气污染治理，通过使用化学吸收剂将有害气体吸收并转化为无害物质。

大气污染治理中的化学方法需要考虑到大气环境的复杂性和动态性。例如，要考虑到大气中的温度、湿度、气压等因素对化学反应的影响；同时，要选择高效、稳定的化学技术，确保大气污染治理的效果和可持续性。

③土壤污染治理的化学方法。土壤污染是一个严重的环境问题，化学方法可以为土壤污染治理提供有效的策略。化学淋洗法是一种常用的去除土壤中重金属离子的方法。通过向土壤中注入化学淋洗剂，使重金属离子溶解并被淋洗出来。例如，使用酸、碱或螯合剂等淋洗剂可以有效地去除土壤中的重金属离子。

化学固定法也是土壤污染治理中的一种方法。通过向土壤中添加化学改良剂，使重金属离子形成不溶性化合物，从而降低其毒性和迁移性。例如，加入石灰、磷酸盐等改良剂可以使土壤中的重金属离子形成稳定的化合物。此外，生物修复与化学修复相结合的方法也在土壤污染治理中得到了广泛的应用。通过利用微生物或植物的代谢作用，将土壤中的有害物质转化为无害物质，同时结合化学改良剂的使用，提高土壤修复的效率。

土壤污染治理中的化学方法需要考虑到土壤的物理、化学和生物学特性。例如，要选择适合土壤类型和污染物性质的化学修复方法；同时，要避免化学修复过程中对土壤生态系统的破坏，确保土壤的可持续利用。

④化学在地理环境监测中的作用。化学分析方法在地理环境监测中起着重要的作用，通过对水中、空气中和土壤中的有害物质含量进行检测，可以为环境质量评估和污染治理提供科学的数据。例如，利用分光光度法、色谱法、质谱法等化学分析技术，可以准确地测定环境样品中的污染物浓度。同时，化学传感器也在地理环境监测中得到了广泛的应用。化学传感器可以实时、快速地检测环境中的有害物质，为环境监测提供了便捷的手段。例如，气体传感器可以检测大气中的有害气体浓度，水质传感器可以检测水中的污染物含量。

化学在地理环境监测中的作用不仅在于提供准确的监测数据，还在于为环境管理和决策提供科学依据。通过对环境监测数据的分析和评估，可以制定合理的环境保护政策和措施，促进可持续发展。

总之，化学与物理、生物、地理等学科有着密切的联系。通过深入了解这些联系，我们可以更好地理解化学在各个领域的应用，培养学生的跨学科思维和综合素养。在高中化学教学中，教师应注重引导学生认识化学与其他学科的联系，激发学生的学习兴趣和创新意识，为学生的未来发展奠定坚实的基础。

（二）跨学科教学的策略与案例

1. 跨学科教学的策略

（1）确定跨学科主题

①跨学科主题的选择原则。

一是综合性原则。综合性原则要求跨学科主题能够涵盖多个学科的知识，打破学科之间的界限。在高中化学教学中，选择跨学科主题时应考虑化学与其他学科的联系，如化学与物理、生物、地理等学科的交叉点。例如，“化学与能源”主题可以涉及化学中的化学反应与能量变化、物理中的能量转化与守恒、地理中的能源分布与可持续发展等多个学科的知识。通过这样的主题教学，学生可以从不同学科的角度认识同一个问题，培养综合分析问题的能力和跨学科思维。

二是开放性原则。开放性原则要求跨学科主题具有一定的开放性，能够激发学生的好奇心和求知欲。主题不应过于局限或有明确的答案，要给学生足够的空间去探索和思考。例如，“化学与环境保护”主题可以提出一些开放性的问题，如“如何利用化学方法解决当前的环境问题?”“不同的环境问题之间有哪些联系?”等。这样的问题可以激发学生的创造力和想象力，让他们在探究过程中提出自己的观点和解决方案。

三是实践性原则。实践性原则要求跨学科主题具有一定的实践性，能够让学生通过实践活动来加深对知识的理解和掌握。实践活动可以包括实验探究、实地考察、项目设计等。例如，在“化学与生命科学”主题教学中，可以组织学生进行实验探究活动，如研究酶的催化作用；也可以安排实地考察活动，如参观制药厂了解药物研发过程。通过这些实践活动，学生可以将理论知识与实际应用相结合，提高实践能力和培养创新精神。

②跨学科主题的来源。

一是学生的生活实际。学生的生活实际是跨学科主题的重要来源之一。教师可以关注学生在日常生活中遇到的问题和现象，从中挖掘跨学科主题。例如，学生可能对食品添加剂、化妆品成分、新能源汽车等感兴趣，这些都可以成为跨学科主题的切入点。以“食品中的化学”为主题，可以涉及化学中的有机化合物、生物中的营养物质、地理中的农产品分布等知识。通过这样的主题教学，让学生认识到化学知识在日常生活中的重要性，提高学习的积极性和主动性。

二是社会热点问题。社会热点问题也是跨学科主题的重要来源。教师可以关注当前的社会热点问题，如环境污染、能源危机、疾病防治等，从中选择适合学生的跨学科主题。例如，“化学与环境保护”主题可以结合当前的大气污染、水污染、土壤污染等问题，让学生了解化学在环境保护中的作用。通过对社会热点问题的探讨，培养学生的社会责任感和创新意识。

三是学科前沿知识。学科前沿知识可以为跨学科主题提供新的视角和思路。教师可以关注化学及其他学科的前沿研究成果，从中选择具有启发性的跨学科主题。例如，纳米技术、基因编辑、可再生能源等都是当前的学科前沿领域，这些领域涉及化学、物理、生物等多个学科的知识。以“纳米材料在化学中的应用”为主题，可以让学生了解纳米材料的性质和制备方法，以及纳米技术在化学传感器、药物输送、环境保护等方面的应用。通过接触学科前沿知识，激发学生的学习兴趣和探索精神。

（2）整合跨学科知识

①跨学科知识的整合方法。

一是问题导向法。问题导向法是以问题为导向，引导学生从不同学科的角度去分析和解决问题，从而整合跨学科知识。教师可以提出一些具有综合性和开放性的问题，如“如何利用化学方法提高太阳能电池的效率?”“为什么某些药物对不同的人有不同的疗效?”等。让学生分组讨论，从化学、物理、生物等不同学科的角度提出解决方案。在这个过程中，学生需要查阅相关资料，运用不同学科的知识进行分析和论证，从而实现跨学科知识的整合。

二是项目驱动法。项目驱动法是以项目为载体，让学生在完成项目的过程中，综合运用不同学科的知识和技能，从而整合跨学科知识。教师可以设计一些跨学科项目，如“设计一个环保型电池”“制作一种新型食品添加剂”等。让学生组成项目小组，制订项目计划，分工合作完成项目。在项目实施过程中，学生需要运用化学、物理、生物等多个学科的知识和技能，如化学中的化学反应原理、物理中的电路设计、生物中的安全性评估等。通过项目驱动法，学生可以在实践中体验跨学科知识的整合和应用。

三是主题探究法。主题探究法是以主题为线索，引导学生围绕主题进行探究，从而整合跨学科知识。教师可以选择一个跨学科主题，如“化学与生命科学”，然后设计一系列的探究问题，如“生命活动中的化学反应有哪些?”“化学方法在药物研发中有哪些应用?”等。让学生通过实验探究、文献查阅、小组讨论等方式进行探究，逐步深入了解主题相关的跨学科知识。在探究过程中，学生需要将不同学科的知识有机地结合起来，形成对主题的全面认识。

②构建跨学科知识体系。在整合跨学科知识的过程中，教师要注重知识的系统性和逻辑性，避免知识的碎片化和孤立化。应以跨学科主题为核心，将不同学科的知识按照一定的逻辑关系进行组织和整合，构建跨学科知识体系。例如，在“化学与环境保护”主题教学中，可以构建以下跨学科知识体系。

一是环境污染的种类、成因和危害。

化学知识：大气污染中的化学物质（如二氧化硫、氮氧化物、颗粒物等）的性质和来源；水污染中的化学污染物（如重金属离子、有机物等）的检测和去除方法；土壤污染中的化学污染物（如农药、化肥、重金属等）的治理方法。

生物知识：生态系统的结构和功能；生物多样性的保护；生物对环境污染的响应和适应机制。

地理知识：自然地理环境的组成和特点；人类活动对地理环境的影响；环境污染的地理分布和扩散规律。

二是化学方法治理环境污染。

化学知识：化学反应原理（如沉淀反应、氧化还原反应、吸附反应等）在环境污染治理中的应用；化学实验方法（如水质检测、大气监测等）在环境保护中的作用；化学物质的性质（如吸附剂、催化剂等）对环境污染治理的影响。

生物知识：利用生物修复技术（如植物修复、微生物修复等）治理环境污染的原理和方法；生物在环境污染监测中的应用。

地理知识：地理环境对环境污染治理的影响（如地形、气候、水文等因素对污水处理厂选址的影响）；地理信息技术在环境保护中的应用。

通过构建这样的跨学科知识体系，学生可以更系统地学习和掌握跨学科知识，提高综合素养。

（3）设计跨学科教学活动

①跨学科教学活动的设计原则。

一是趣味性原则。趣味性原则要求跨学科教学活动能够激发学生的学习兴趣和积极性，让学生在愉快的氛围中学习知识。教师可以采用多种教学方法和手段，如实验演示、小组竞赛、角色扮演等，增加教学活动的趣味性。例如，在“化学与生命科学”主题教学中，可以组织学生进行角色扮演活动，学生扮演医生、化学家、生物学家等不同角色，共同探讨某种疾病的治疗方法。通过这种方式，学生在轻松愉快的氛围中学习跨学科知识，提高学习兴趣和积极性。

二是挑战性原则。挑战性原则要求跨学科教学活动具有一定的难度和挑战性，能够激发学生的求知欲和探索精神，让学生在挑战中提高自己的能力。教师可以设计一些具有挑战性的问题或任务，如“设计一种新型的环保材料”“探究某种化学反应的机理”等。让学生在解决问题或完成任务的过程中，运用跨学科知识和技能，提高综合分析问题和解决问题的能力。

三是创新性原则。创新性原则要求跨学科教学活动具有一定的创新性和创造性，能够激发学生的创新思维和实践能力，让学生在创新中发展自己的个性。教师可以鼓励学生提出新的观点和想法，尝试新的方法和技术。例如，在“化学与能源”主题教学中，可以组织学生开展科技创新活动，让学生设计一种新型的可再生能源装置。通过这样的活动，培养学生的创新思维和实践能力，提高学生的综合素质。

②跨学科教学活动的类型。

一是实验探究活动。实验探究活动可以让学生通过实验操作来探究化学与其他学科的联系，培养学生的实验操作技能和科学探究能力。教师可以设计一些跨学科实验探究活动，如“探究光合作用的影响因素”“研究酶的催化作用”等。在实验探究过程中，学生需要运用化学、生物等多个学科的知识和技能，如化学中的实验设计、数据分析，生物中的生理过程、生态环境等。通过实验探究活动，学生可以亲身体验跨学科知识的整合和应用，提高实验操作技能和科学探究能力。

二是项目设计活动。项目设计活动可以让学生通过设计和实施项目来综合运用不同学科的知识和技能，培养学生的创新思维和实践能力。教师可以设计一些跨学科项目设计活动，如“设计一个智能环保垃圾桶”“制作一种新型的太阳能热水器”等。在项目设计过程中，学生需要运用化学、物理、工程等多个学科的知识和技能，如化学中的材料选择、物理中的能量转化、工程中的结构设计等。通过项目设计活动，学生可以在实践中提高创新思维和实践能力，培养团队合作精神。

三是主题辩论活动。主题辩论活动可以让学生通过辩论来加深对跨学科主题的理解和认识，培养学生的逻辑思维能力和语言表达能力。教师可以选择一些具有争议性的跨学科主题，如“化学农药的利与弊”“核能的发展前景”等，组织学生进行主题辩论活动。在辩论过程中，学生需要从不同学科的角度提出自己的观点和论据，进行逻辑推理和论证。通过主题辩论活动，学生可以加深对跨学科主题的理解和认识，提高逻辑思维能力和语言表达能力。

四是实地考察活动。实地考察活动可以让学生通过实地观察和调查来了解化学与其他学科在实际生活中的应用，培养学生的实践能力和社会责任感。教师可以组织学生进行实地考察活动，如参观污水处理厂、垃圾焚烧发电厂、制药厂等。在实地考察过程中，学生可以亲眼看到化学与其他学科在实际生产中的应用，了解环境保护、能源利用、疾病防治等方面的知识。通过实地考察活动，学生可以提高实践能力和社会责任感，增强对跨学科知识的理解和应用。

（4）评价跨学科教学效果

①评价指标的设计。教师在设计评价指标时，应遵循全面性、客观性和可操作性的原则。全面性原则要求评价指标能够涵盖跨学科教学的各个方面，包括知识与技能、过程与方法、情感态度与价值观等。客观性原则要求评价指标能够客观地反映学生的学习情况，

避免主观因素的影响。可操作性原则要求评价指标能够具体明确，便于教师进行评价和学生进行自我评估。例如，在“化学与环境保护”主题教学中，可以设计以下评价指标。

一是知识与技能方面。考察学生对环境污染的种类、成因和危害的了解程度，以及对化学方法治理环境污染的掌握程度。具体指标可以包括：能够准确说出常见的环境污染种类；能够分析某种环境污染的成因；能够提出一种化学方法治理特定的环境污染。

二是过程与方法方面。考察学生在实验探究、项目设计等活动中的参与度、合作能力和创新能力。具体指标可以包括：积极参与实验探究和项目设计活动；能够与小组成员合作完成任务；能够提出新颖的解决方案或设计思路。

三是情感态度与价值观方面。考察学生的环保意识、社会责任感和创新精神等。具体指标可以包括：关注环境保护问题，具有环保意识；能够认识到自己在环境保护中的责任；具有创新意识和探索精神。

②评价方法的选择。教师在选择评价方法时，应遵循多样性和灵活性的原则。评价方法可以多样化，包括考试评价、作业评价、课堂表现评价、实践活动评价等。考试评价可以考查学生对跨学科知识的掌握程度，作业评价可以考查学生对跨学科知识的理解和应用能力，课堂表现评价可以考查学生的学习态度和参与度，实践活动评价可以考查学生的实践能力和创新精神。同时，教师还可以采用自我评价、小组评价、教师评价等多种评价方式，让学生在评价中反思自己的学习过程，提高学习效率。例如，在“化学与生命科学”主题教学中，可以采用以下评价方法。

一是考试评价。设计一份跨学科考试试卷，考查学生对生命活动中的化学反应和化学方法研究生命科学的掌握程度。试卷可以包括选择题、填空题、简答题和论述题等多种题型，涵盖化学、生物等多个学科的知识。

二是作业评价。布置一些跨学科作业，如撰写一篇关于化学方法在药物研发中的应用的论文、设计一个实验方案研究某种生命现象等。通过作业评价，考查学生对跨学科知识的理解和应用能力。

三是课堂表现评价。观察学生在课堂上的表现，如提问、回答问题、小组讨论等，评价学生的学习态度和参与度。可以采用教师评价和学生互评相结合的方式，提高评价的客观性和全面性。

四是实践活动评价。组织学生进行实验探究、文献查阅、项目设计等实践活动，评价学生的实践能力和创新精神。可以通过学生的实验报告、项目成果展示等方式进行评价，也可以邀请专家进行评审，提高评价的专业性和权威性。

2. 跨学科教学的案例

（1）“化学与环境保护”主题教学

①教学目标。

知识与技能目标：了解环境污染的种类、成因和危害，掌握化学方法治理环境污染的原理和方法。

过程与方法目标：通过实验探究、实地考察等活动，培养学生的科学探究能力和实践能力。

情感态度与价值观目标：增强学生的环保意识，培养学生的社会责任感和创新精神。

②教学内容。

环境污染的种类：大气污染、水污染、土壤污染等。

环境污染的成因：人类活动、自然因素等。

环境污染的危害：对人类健康、生态环境、经济发展等的影响。

化学方法治理环境污染：化学沉淀法、吸附法、氧化还原法等。

③教学活动设计。

实验探究活动：设计实验探究化学沉淀法去除水中的重金属离子。教师引导学生设计实验方案，选择合适的化学试剂和实验条件。学生进行实验操作，观察实验现象，记录实验数据。通过实验探究，学生了解化学沉淀法的原理和应用，提高实验操作技能和科学探究能力。

实地考察活动：组织学生实地考察污水处理厂，了解化学方法在污水处理中的应用。学生参观污水处理厂的各个处理环节，了解化学沉淀法、生物处理法等在污水处理中的作用。通过实地考察，学生直观地感受化学方法在环境保护中的应用，提高实践能力和社会责任感。

项目设计活动：让学生设计一个环保方案，利用化学方法治理校园内的环境污染。学生分组讨论，提出环保方案的设计思路和具体措施。教师对学生的方案进行指导和评价，鼓励学生创新思维。各小组可以从不同的角度出发，如针对校园内的水污染问题，可以考虑利用化学沉淀法去除水中的重金属离子，或者采用吸附剂吸附水中的有机污染物；对于大气污染，可以研究如何利用化学催化剂净化空气中的有害气体；对于土壤污染，可以探索使用化学改良剂改善土壤性质，降低污染物的毒性。

在方案设计过程中，学生需要综合运用化学、生物、地理等多学科知识。他们要考虑到校园环境的特点，如水源的来源、大气流动情况、土壤类型等，以便制定出更加切实可行的环保方案。同时，学生还需要考虑方案的成本效益、可持续性以及对校园生态环境的影响。

各小组完成方案设计后，进行成果展示。每个小组派代表向全班同学介绍自己的环保方案，包括问题分析、解决方案、预期效果等方面。其他小组的同学可以提出问题和建议，进行交流和讨论。通过这种方式，学生不仅可以提高自己的表达能力和团队合作能力，还可以从其他小组的方案中学习到更多的知识和经验。

④教学评价。

知识与技能评价：通过考试、作业等方式，考查学生对环境污染的种类、成因、危害和化学方法治理环境污染的掌握程度。可以设计一些选择题、填空题和简答题，考查学生对环境污染的基本概念、化学治理方法的原理等知识的掌握情况。例如，让学生列举几种常见的大气污染物及其来源，解释化学沉淀法去除水中重金属离子的原理等。作业可以包括撰写一篇关于校园内某种环境污染问题的调查报告或者设计一个利用化学方法治理特定环境污染的实验方案。

过程与方法评价：通过观察学生在实验探究、实地考察、项目设计等活动中的表现，评价学生的科学探究能力和实践能力。在实验探究活动中，观察学生是否能够正确操作实验仪器、准确记录实验数据、分析实验结果并得出合理的结论。在实地考察活动中，关注学生是否能够认真观察、积极提问、主动思考污水处理厂的工作原理和化学方法在其中的应用。在项目设计活动中，评价学生的团队合作能力、创新思维能力以及方案的可行性和完整性。

情感态度与价值观评价：通过学生的课堂表现、小组讨论、环保方案设计等活动，评价学生的环保意识、社会责任感和创新精神。观察学生在课堂上对环境保护问题的关注度和参与度以及是否积极发表自己的观点和建议。在小组讨论中，看学生是否能够尊重他人的意见、积极合作、共同解决问题。从学生设计的环保方案中，可以看出他们对环境保护的认识和责任感以及是否具有创新意识和探索精神。

（2）“化学与生命科学”主题教学

①教学目标。

知识与技能目标：了解生命活动中的化学反应，掌握化学方法研究生命科学的原理和方法。

过程与方法目标：通过实验探究、文献查阅等活动，培养学生的科学探究能力和信息素养。

情感态度与价值观目标：激发学生对生命科学的兴趣，培养学生的创新意识和科学精神。

②教学内容。

生命活动中的化学反应：光合作用、呼吸作用、蛋白质的合成等。

化学方法研究生命科学：色谱法、电泳法、核磁共振法等。

生命科学中的化学问题：药物研发、疾病诊断、环境保护等。

③教学活动设计。

实验探究活动：设计实验探究光合作用的过程和影响因素。教师引导学生设计实验方案，探究光照强度、二氧化碳浓度、温度等因素对光合作用的影响。学生可以利用水生植物如金鱼藻等进行实验，通过测量氧气的产生量来判断光合作用的强度。在实验过程中，学生需要掌握实验仪器的使用方法，如光照强度调节器、二氧化碳浓度检测仪等，同时要学会分析实验数据，得出合理的结论。

文献查阅活动：让学生查阅有关化学方法研究生命科学的文献，了解最新的研究进展。学生可以通过图书馆、互联网等渠道查阅相关文献，了解色谱法、电泳法、核磁共振法等化学方法在生命科学研究中的应用。学生可以选择一个具体的研究方向，如蛋白质结构的测定、药物分子的设计等，撰写一篇文献综述，介绍该领域的研究现状和发展趋势。通过文献查阅活动，学生可以提高自己的信息素养和自主学习能力。

项目设计活动：让学生设计一个实验方案，利用化学方法研究某种生命现象。学生可以选择一个感兴趣的生命现象，如酶的催化作用、细胞的信号传导等，设计一个实验方案来研究该现象。在方案设计过程中，学生需要综合运用化学、生物等学科知识，选择合适的实验方法和仪器设备。教师可以对学生的方案进行指导和评价，帮助学生完善实验方案。各小组完成方案设计后，可以进行小组间的交流和讨论，分享自己的设计思路和经验。

④教学评价。

知识与技能评价：通过考试、作业等方式，考查学生对生命活动中的化学反应和化学方法研究生命科学的掌握程度。考试可以包括选择题、填空题和简答题，考查学生对光合作用、呼吸作用、蛋白质合成等生命活动中的化学反应的理解，以及对色谱法、电泳法、核磁共振法等化学方法的原理和应用的掌握情况。作业可以是让学生绘制光合作用的过程示意图或者解释某种化学方法在生命科学研究中的作用。

过程与方法评价：通过观察学生在实验探究、文献查阅、项目设计等活动中的表现，评价学生的科学探究能力和信息素养。在实验探究活动中，观察学生的实验设计能力、实验操作能力和数据分析能力。在文献查阅活动中，评价学生的信息检索能力、文献阅读能力和综述撰写能力。在项目设计活动中，看学生的创新思维能力、团队合作能力和方案实施能力。

情感态度与价值观评价：通过学生的课堂表现、小组讨论、实验方案设计等活动，评价学生对生命科学的兴趣、创新意识和科学精神。观察学生在课堂上对生命科学问题的关注度和参与度以及是否积极提问、发表自己的观点。在小组讨论中，看学生是否能够积极合作、互相启发。从学生设计的实验方案中，可以看出他们对生命科学的兴趣和创新意识以及是否具有严谨的科学态度和探索精神。

高中化学跨学科教学是培养学生综合素养和创新能力的重要途径。通过确定跨学科主题、整合跨学科知识、设计跨学科教学活动和评价跨学科教学效果等策略，可以有效地实现化学与其他学科的融合，提高学生的学习兴趣和积极性，培养学生的跨学科思维和实践能力。在“化学与环境保护”和“化学与生命科学”等主题教学中，学生不仅学到了化学知识，还了解了其他学科的相关内容，提高了自己的综合素养和社会责任感。在今后的教学中，教师应不断探索和创新跨学科教学的方法和模式，为学生的全面发展提供更好的教育。

五、评价多元化原则

（一）形成性评价与终结性评价结合

1. 形成性评价的作用

（1）及时反馈学生的学习进展和存在的问题

形成性评价贯穿教学过程的始终，通过课堂提问、作业批改、小组讨论、实验报告等方式，教师可以及时了解学生对知识的掌握程度、学习方法的有效性、学习态度的积极性等方面的情况。例如，在课堂提问中，教师可以根据学生的回答情况，了解学生对某个知识点的理解程度，及时调整教学进度和方法；在作业批改中，教师可以发现学生在解题过程中存在的问题，及时给予指导和反馈。

（2）为教师调整教学策略提供依据

形成性评价的结果可以为教师调整教学策略提供重要依据。如果学生在某个知识点上存在普遍的问题，教师可以有针对性地进行复习和讲解；如果学生在某种学习方法上存在不足，教师可以给予指导和建议，帮助学生改进学习方法。例如，在小组讨论中，如果教师发现学生的讨论效率不高，可以引导学生制定讨论规则，提高讨论的效率；在实验报告中，如果教师发现学生的实验操作不规范，可以进行实验演示，加强对学生实验技能的培养。

2. 终结性评价的作用

（1）全面地反映学生的学习水平和能力

终结性评价通常在教学结束后进行，采用考试、论文、项目报告等方式，对学生的学习成果进行全面的评价。终结性评价可以考查学生对化学知识的掌握程度、综合运用知识的能力、分析问题和解决问题的能力等方面的情况。例如，在考试中，教师可以通过选择题、填空题、简答题、计算题等题型，全面考查学生对化学知识的掌握程度；在论文和项目报告中，教师可以考查学生的文献查阅能力、逻辑思维能力、语言表达能力等方面的情况。

（2）为学生的学习提供阶段性总结和反馈

终结性评价的结果可以为学生的学习提供阶段性总结和反馈。学生可以通过终结性评价的结果，了解自己在学习过程中的优点和不足，明确自己的学习目标和努力方向。例如，在考试后，教师可以组织学生进行试卷分析，让学生了解自己在哪些知识点上存在问题，哪些学习方法需要改进；在论文和项目报告完成后，教师可以给予学生具体的评价和建议，帮助学生提高自己的综合能力。

3. 形成性评价与终结性评价的结合

（1）全面地评价学生的学习情况

形成性评价与终结性评价相结合，可以全面地评价学生的学习情况。形成性评价关注学生的学习过程，终结性评价关注学生的学习成果，两者相互补充，共同构成了对学生学习情况的全面评价。例如，在教学过程中，教师可以通过形成性评价及时了解学生的学习进展和存在的问题，为学生提供有针对性的指导和反馈；在教学结束后，教师可以通过终结性评价全面考查学生的学习水平和能力，为学生的学习提供阶段性总结和反馈。

（2）形成性评价为终结性评价提供依据

形成性评价的结果可以为终结性评价提供依据。教师可以根据形成性评价的结果，调整终结性评价的内容和方式，使终结性评价更加科学、合理。例如，如果学生在形成性评价中表现出对某个知识点的掌握程度较低，教师可以在终结性评价中增加对这个知识点的考查力度；如果学生在形成性评价中表现出对某种学习方法的掌握程度较高，教师可以在终结性评价中减少对这种学习方法的考查力度。

(3) 终结性评价检验形成性评价的效果

终结性评价的结果可以检验形成性评价的效果。如果学生在终结性评价中表现出较高的学习水平和能力，说明形成性评价的效果较好；如果学生在终结性评价中表现出较低的学习水平和能力，说明形成性评价的效果较差，教师需要反思和改进形成性评价的方式和方法。例如，在考试后，如果学生的成绩普遍较高，说明教师在教学过程中的形成性评价起到了积极的作用；如果学生的成绩普遍较低，说明教师需要调整形成性评价的方式和方法，提高形成性评价的效率。

(4) 注重评价的反馈和指导作用

在形成性评价与终结性评价结合的过程中，教师要注重评价的反馈和指导作用。教师应及时向学生反馈评价结果，帮助学生发现自己的问题和不足，为学生的学习提供指导和建议。例如，在课堂提问后，教师可以及时给予学生反馈，指出学生回答中的优点和不足，帮助学生改进回答问题的方法；在作业批改后，教师可以给学生写评语，指出学生作业中的问题，并提出改进的建议；在考试后，教师可以组织学生进行试卷分析，让学生了解自己做错题的原因，并指导学生制订复习计划。

(二) 评价指标的多元化设计

1. 知识与技能评价

(1) 化学概念的理解

化学概念是化学知识的基础，学生对化学概念的理解程度直接影响着他们对化学知识的掌握和运用。评价学生对化学概念的理解可以通过课堂提问、作业、考试等方式进行。例如，在课堂提问中，教师可以让学生解释某个化学概念的含义、特点和应用；在作业和考试中，教师可以设置一些与化学概念相关的题目，考查学生对化学概念的理解和掌握程度。

(2) 化学原理的掌握

化学原理是化学知识的核心，学生对化学原理的掌握程度直接影响着他们对化学知识的综合运用和解决实际问题的能力。评价学生对化学原理的掌握可以通过课堂讨论、实验探究、考试等方式进行。例如，在课堂讨论中，教师可以让学生分析某个化学现象背后的化学原理；在实验探究中，教师可以让学生通过实验验证某个化学原理；在考试中，教师可以设置一些与化学原理相关的题目，考查学生对化学原理的掌握和运用能力。

（3）化学实验技能的掌握

化学实验是化学教学的重要组成部分，学生对化学实验技能的掌握程度直接影响着他们的实验操作能力和科学探究能力。评价学生对化学实验技能的掌握可以通过实验操作考核、实验报告等方式进行。例如，在实验操作考核中，教师可以让学生进行某个化学实验的操作，考查学生的实验操作技能和安全意识；在实验报告中，教师可以让学生记录实验过程、分析实验结果，考查学生的实验观察能力和数据分析能力。

2. 过程与方法评价

（1）学习方法的合理性

学习方法是影响学生学习效果的重要因素，评价学生的学习方法可以通过观察学生的学习行为、与学生交流等方式进行。例如，教师可以观察学生在课堂上的听讲、做笔记、提问等行为，了解学生的学习方法是否合理；教师可以与学生交流，了解学生在学习过程中遇到的问题和解决方法，评价学生的学习方法是否有效。

（2）问题解决的能力

问题解决是化学学习的重要目标之一，评价学生的问题解决能力可以通过课堂提问、作业、考试等方式进行。例如，在课堂提问中，教师可以让学生解决一些实际问题，考查学生的问题解决思路和方法；在作业和考试中，教师可以设置一些与实际问题相关的题目，考查学生的问题解决能力和综合运用知识的能力。

（3）实验探究的能力

实验探究是培养学生科学素养的重要途径，评价学生的实验探究能力可以通过实验设计、实验操作、实验报告等方式进行。例如，在实验设计中，教师可以让学生根据实验目的和要求，设计合理的实验方案，考查学生的实验设计能力和创新思维；在实验操作中，教师可以让学生进行实验操作，考查学生的实验操作技能和安全意识；在实验报告中，教师可以让学生记录实验过程、分析实验结果，考查学生的实验观察能力和数据分析能力。

3. 情感态度与价值观评价

（1）学习兴趣

学习兴趣是学生学习的动力源泉，评价学生的学习兴趣可以通过观察学生的课堂表现、与学生交流等方式进行。例如，教师可以观察学生在课堂上的参与度、注意力集中程度等，了解学生的学习兴趣是否浓厚；教师可以与学生交流，了解学生对化学学科的看法和感受，评价学生的学习兴趣是否持久。

（2）学习动机

学习动机是影响学生学习效果的重要因素，评价学生的学习动机可以通过与学生交流、观察学生的学习行为等方式进行。例如，教师可以与学生交流，了解学生学习化学的目的和动机，评价学生的学习动机是否明确；教师可以观察学生在学习过程中的努力程度、坚持性等，了解学生的学习动机是否强烈。

（3）科学态度

科学态度是学生科学素养的重要组成部分，评价学生的科学态度可以通过观察学生的实验操作、实验报告等方式进行。例如，教师可以观察学生在实验操作中的认真程度、规范程度等，了解学生的科学态度是否严谨；教师可以观察学生在实验报告中的数据分析、结论得出等，了解学生的科学态度是否客观。

（4）社会责任

社会责任是学生核心素养的重要体现，评价学生的社会责任可以通过课堂讨论、课外实践等方式进行。例如，在课堂讨论中，教师可以让学生讨论一些与化学相关的社会问题，考查学生的社会责任感和环保意识；在课外实践中，教师可以组织学生参加一些与化学相关的社会实践活动，考查学生的社会责任感和实践能力。

在核心素养视域下，高中化学教学评价必须进行多元化改革，将形成性评价与终结性评价相结合，设计多元化的评价指标，全面、客观地评价学生的学习情况。形成性评价可以及时反馈学生的学习进展和存在的问题，为教师调整教学策略提供依据；终结性评价可以全面地反映学生的学习水平和能力，为学生的学习提供阶段性总结和反馈。评价指标的多元化设计可以从知识与技能、过程与方法、情感态度与价值观等多个方面评价学生的学习情况，为教学提供有效的反馈和指导。评价多元化原则的实施，可以促进学生的全面发展，提高高中化学教学的质量。

第五章　核心素养视域下的高中化学教学策略

在深入探讨了高中化学教学中的各项原则与跨学科教学策略及案例后，本章将目光聚焦于核心素养视域下的高中化学教学策略。核心素养的培养是当今教育的重要目标，对于高中化学教学而言，如何在教学过程中切实有效地提升学生的化学核心素养至关重要。从不同角度深入分析核心素养视域下的高中化学教学策略，能够为教师提供切实可行的教学方法和建议，以更好地促进学生的全面发展。

一、教学设计策略

（一）基于核心素养的教学目标制定

1. 明确核心素养的内涵和要求

核心素养是学生在接受相应学段的教育过程中，逐步形成的适应个人终身发展和社会发展需要的必备品格和关键能力。在高中化学教学中，核心素养主要包括宏观辨识与微观探析、变化观念与平衡思想、证据推理与模型认知、科学探究与创新意识、科学态度与社会责任等五个方面。教师要深入理解核心素养的内涵和要求，将其贯穿教学目标的制定中。

2. 结合课程标准和教材内容

课程标准是教学的指导性文件，教材是教学的重要依据。教师在制定教学目标时，要结合课程标准和教材内容，明确教学的重点和难点，确定教学的目标和要求。例如，在讲解“化学反应速率和化学平衡”这一内容时，教师可以结合课程标准中“认识化学反应速率和化学平衡的调控在生活、生产和科学研究领域中的重要作用”这一要求，制定“通过实验探究影响化学反应速率和化学平衡的因素，培养学生的科学探究能力和创新意识”的教学目标。

3. 考虑学生的实际情况

学生是教学的主体，教师在制定教学目标时，要充分考虑学生的实际情况，包括学生的认知水平、学习能力、兴趣爱好等。例如，对于学习基础较好的学生，教师可以制定较高的教学目标，要求学生在掌握基础知识的同时，能够进行深入的探究和思考；对于学习基础较弱的学生，教师可以制定相对较低的教学目标，注重基础知识的传授和巩固。

（二）教学内容的选择与组织

1. 选择具有核心素养价值的教学内容

教学内容是实现教学目标的重要载体，教师在选择教学内容时，要注重选择具有核心素养价值的内容。例如，在讲解“化学与可持续发展”这一内容时，教师可以选择一些与环境保护、资源利用等相关的案例，引导学生认识化学在可持续发展中的重要作用，培养学生的科学态度与社会责任。

2. 整合教学内容，构建知识体系

高中化学知识内容繁多，教师在教学过程中，要对教学内容进行整合，构建知识体系。例如，在讲解“元素周期律”这一内容时，教师可以将元素周期表、原子结构、化学键等内容进行整合，让学生从宏观和微观两个层面认识元素周期律的本质，培养学生的宏观辨识与微观探析能力。

3. 联系实际生活，增强教学内容的趣味性和实用性

化学与实际生活密切相关，教师在教学过程中，要联系实际生活，增强教学内容的趣味性和实用性。例如，在讲解“化学反应与能量”这一内容时，教师可以结合生活中的化学反应，如燃烧、电池等，让学生了解化学反应与能量的关系，培养学生的变化观念与平衡思想。

（三）教学活动的设计与安排

1. 设计多样化的教学活动

教学活动是实现教学目标的重要手段，教师在设计教学活动时，要注重设计多样化的活动，以满足不同学生的学习需求。例如，教师可以设计实验探究、小组讨论、案例分析、角色扮演等活动，让学生在不同的活动中体验学习的乐趣，培养学生的核心素养。

2. 合理安排教学活动的顺序和时间

教学活动的顺序和时间安排直接影响教学效果，教师在安排教学活动时，要根据教学内容和学生的实际情况，合理安排活动的顺序和时间。例如，在讲解“化学实验基本方法”这一内容时，教师可以先进行实验演示，让学生了解实验的基本操作和注意事项，然后让学生进行实验操作，巩固所学知识。在安排活动时间时，教师要注意控制活动的时

间，避免活动时间过长或过短，影响教学效果。

3. 引导学生积极参与教学活动

学生是教学活动的主体，教师在设计教学活动时，要引导学生积极参与活动，提高学生的学习积极性和主动性。例如，在小组讨论活动中，教师可以提出一些具有启发性的问题，引导学生进行讨论；在实验探究活动中，教师可以让学生自主设计实验方案，培养学生的科学探究能力和创新意识。

二、教学方法策略

（一）问题驱动教学法

1. 问题驱动教学法的内涵和特点

（1）内涵解析

问题驱动教学法是以问题为导向，将教学内容转化为一系列具有启发性和挑战性的问题，引导学生通过自主探究和合作学习的方式来解决问题，从而实现知识的建构和能力的提升。在高中化学教学中，问题驱动教学法强调以化学问题为核心，激发学生的学习兴趣和主动性，促使学生积极思考、探索和实践。例如，在讲解“化学反应速率”这一内容时，教师可以提出“为什么不同的化学反应速率不同?”“如何加快化学反应速率?”等问题，引导学生从化学反应的本质、影响因素等方面进行思考和探究。

（2）特点阐述

①以问题为核心。问题是问题驱动教学法的核心要素，教师通过精心设计问题，引导学生围绕问题展开学习。问题的设计要具有启发性、挑战性和针对性，能够激发学生的学习兴趣和好奇心，促使学生主动思考和探索。例如，在讲解“化学平衡”这一内容时，教师可以提出“化学平衡状态有哪些特征?”“如何判断一个化学反应是否达到平衡状态?”等问题，引导学生深入理解化学平衡的概念和特征。

②激发学生的学习兴趣和主动性。问题驱动教学法通过提出有趣的问题，激发学生的学习兴趣和好奇心，使学生主动参与到学习中来。学生在解决问题的过程中，能够体验到学习的乐趣和成就感，从而进一步激发他们的学习积极性和主动性。例如，在讲解“有机化学”这一内容时，教师可以提出“为什么有些有机物可以燃烧，而有些有机物不能燃烧?”“有机物的结构与性质之间有什么关系?”等问题，引导学生对有机化学产生浓厚的兴趣。

③强调学生的主体地位。问题驱动教学法强调学生的主体地位，鼓励学生自主探究和合作学习。在教学过程中，教师扮演着引导者和组织者的角色，引导学生通过自主探究和合作学习的方式来解决问题，培养学生的自主学习能力和创新思维。例如，在讲解“化学实验”这一内容时，教师可以提出“如何设计一个实验来验证某种物质的性质?”“实验过程中需要注意哪些问题?”等问题，引导学生自主设计实验方案，进行实验操作和观察，分析实验结果，从而培养学生的实验探究能力和创新意识。

④注重问题的解决过程。问题驱动教学法注重问题的解决过程，而不仅仅是问题的答案。在教学过程中，教师引导学生通过查阅资料、实验探究、小组讨论等方式，分析问题的本质和解决问题的方法，培养学生的问题解决能力和实践能力。例如，在讲解“环境保护”这一内容时，教师可以提出“化学在环境保护中起到了哪些作用?”“如何减少化学污染?”等问题，引导学生通过查阅资料、实地调查、实验探究等方式，了解化学在环境保护中的作用，提出减少化学污染的方法和建议，从而培养学生的问题解决能力和实践能力。

2. 问题驱动教学法的实施步骤

（1）提出问题

①问题设计的原则。问题的设计要遵循启发性、挑战性、针对性和开放性的原则。启发性原则要求问题能够激发学生的学习兴趣和好奇心，引导学生积极思考和探索；挑战性原则要求问题具有一定的难度，能够激发学生的挑战欲望和创新思维；针对性原则要求问题与教学内容紧密相关，能够引导学生掌握教学重点和难点；开放性原则要求问题具有多种答案和解决方法，能够培养学生的创新思维和实践能力。例如，在讲解“化学反应原理”这一内容时，教师可以提出“为什么化学反应会伴随着能量的变化?”“如何利用化学反应的能量变化为人类服务?”等问题，这些问题既具有启发性和挑战性，又与教学内容紧密相关，同时具有开放性，能够激发学生的学习兴趣和创新思维。

②问题的来源。问题的来源可以是生活中的实际问题、化学实验中的现象、化学史中的故事、科技前沿的热点问题等。教师可以通过观察生活、查阅资料、关注科技前沿等方式，收集问题素材，设计出具有启发性和挑战性的问题。例如，在讲解“化学与生活”这一内容时，教师可以提出“为什么食品中要添加防腐剂?”“如何选择安全的食品添加剂?”等问题，这些问题来源于生活中的实际问题，能够激发学生的学习兴趣和好奇心。

（2）分析问题

①引导学生思考。教师要引导学生对问题进行分析和思考，帮助学生明确问题的本质

和解决问题的方向。教师可以通过提问、讨论、案例分析等方式，引导学生从不同的角度思考问题，分析问题的本质和解决问题的方法。例如，在分析“为什么不同的化学反应速率不同?”这个问题时，教师可以引导学生从反应物的性质、浓度、温度、催化剂等方面进行分析，帮助学生明确影响化学反应速率的因素。

②提供学习资源。教师可以为学生提供一些学习资源，如教材、参考书籍、网络资源等，帮助学生更好地分析问题。学生可以通过查阅学习资源，了解相关的化学知识和理论，为解决问题提供理论支持。例如，在分析“化学平衡状态有哪些特征?”这个问题时，教师可以为学生提供一些关于化学平衡的教材和参考书籍，帮助学生了解化学平衡的概念和特征。

（3）解决问题

①自主探究。学生在分析问题的基础上，进行自主探究，寻找解决问题的方法和方案。学生可以通过实验探究、理论推导、案例分析等方式，验证自己的解决方案是否正确。例如，在解决“如何加快化学反应速率?”这个问题时，学生可以通过实验探究不同因素对化学反应速率的影响，提出加快化学反应速率的方法和方案。

②合作学习。学生可以进行合作学习，通过小组讨论、合作实验等方式，共同解决问题。在合作学习过程中，学生可以相互交流、相互启发，共同提高解决问题的能力。例如，在解决“化学平衡移动的影响因素有哪些?”这个问题时，学生可以进行小组讨论，分析化学平衡移动的影响因素，提出解决问题的方法和方案。

（4）总结归纳

①知识梳理。教师要引导学生对问题进行总结归纳，梳理知识体系，掌握解决问题的方法和思路。教师可以通过提问、讨论、总结等方式，帮助学生回顾问题的解决过程，总结相关的化学知识和理论。例如，在总结“化学反应速率”这一内容时，教师可以引导学生总结影响化学反应速率的因素、加快化学反应速率的方法等，帮助学生梳理知识体系，掌握解决问题的方法和思路。

②拓展延伸。教师可以对问题进行拓展延伸，引导学生思考相关的问题，培养学生的创新思维和实践能力。教师可以通过提出新的问题、布置课后作业等方式，引导学生进行拓展延伸。例如，在总结“化学平衡”这一内容时，教师可以提出“化学平衡在工业生产中有哪些应用?”“如何利用化学平衡原理提高工业生产的效率?”等问题，引导学生进行拓展延伸，培养学生的创新思维和实践能力。

（二）项目式学习法

在核心素养视域下，项目式学习法为高中化学教学带来了新的活力和机遇。项目式学习是以学生为中心，围绕一个具体的项目展开学习的教学方法。通过项目式学习，学生能够在真实的情境中应用化学知识，培养解决问题的能力、创新思维和合作精神。

1. 项目式学习法的概念与特点

项目式学习法强调学生在学习过程中的主体地位，让学生通过参与实际项目来学习知识和技能。与传统的教学方法相比，项目式学习法具有以下特点。

（1）真实性

项目式学习的项目通常来源于真实的生活情境或实际的科学问题，使学生能够在真实的环境中应用所学的化学知识，提高学生的学习兴趣和参与度。例如，学生可以通过研究当地水污染问题，了解化学在环境保护中的重要作用，从而激发学生的社会责任感和学习动力。

（2）综合性

项目式学习往往涉及多个学科领域的知识和技能，要求学生综合运用化学、物理、生物、数学等学科的知识来解决问题。这种综合性的学习方式有助于培养学生的跨学科思维和综合素养。例如，在研究太阳能电池的项目中，学生需要运用化学知识了解太阳能电池的工作原理和材料特性，同时还需要运用物理知识了解太阳能的转化和利用，以及使用数学知识进行数据分析和计算。

（3）开放性

项目式学习的项目通常具有一定的开放性，学生可以根据自己的兴趣和能力选择不同的研究方向和方法。这种开放性的学习方式有助于培养学生的创新思维和自主学习能力。例如，在研究食品添加剂的项目中，学生可以选择不同的食品添加剂进行研究，如防腐剂、抗氧化剂、甜味剂等，也可以选择不同的研究方法，如实验研究、文献研究、调查研究等。

（4）合作性

项目式学习通常需要学生组成小组进行合作，共同完成项目任务。在合作过程中，学生需要学会沟通、协调、分工和合作，培养团队合作精神和人际交往能力。例如，在研究新型材料的项目中，学生可以组成小组，分别负责材料的合成、性能测试、应用研究等任务，通过合作共同完成项目。

2. 项目式学习法在高中化学教学中的实施步骤

项目式学习法在高中化学教学中的实施可以分为以下几个步骤。

（1）项目选题

教师根据教学目标和学生的实际情况，选择一个适合学生的项目主题。项目主题应该具有一定的挑战性和趣味性，能够激发学生的学习兴趣和积极性。同时，项目主题还应该与化学学科的核心知识和技能相关，能够让学生在项目中应用所学的化学知识和技能。例如，教师可以选择“制作环保肥皂”“设计新型电池”“探究食品保鲜方法”等项目主题。

（2）项目规划

学生在教师的指导下，对项目进行规划和设计。项目规划包括确定项目目标、制订项目计划、分配项目任务等。在项目规划过程中，学生需要运用化学知识和技能，同时还需要考虑项目的可行性和安全性。例如，在制作环保肥皂的项目中，学生需要确定肥皂的成分和制作方法，制订制作计划，分配制作任务，同时还需要考虑肥皂的安全性和环保性。

（3）项目实施

学生按照项目计划进行项目实施。在项目实施过程中，学生需要运用化学实验、文献研究、调查研究等方法，收集和分析数据，解决项目中遇到的问题。教师在项目实施过程中要给予学生适当的指导和帮助，确保项目的顺利进行。例如，在制作环保肥皂的项目中，学生需要进行肥皂的制作实验，收集实验数据，分析实验结果，解决实验中遇到的问题，如肥皂的硬度、泡沫度、去污能力等。

（4）项目展示

学生在项目实施完成后，进行项目展示和汇报。项目展示可以采用多种形式，如海报展示、口头汇报、实验演示等。在项目展示过程中，学生需要向其他同学和教师介绍项目的背景、目标、方法、结果和结论，展示项目的成果和收获。例如，在制作环保肥皂的项目中，学生可以制作海报展示肥皂的制作过程和成果，进行口头汇报介绍肥皂的环保性和去污能力，进行实验演示展示肥皂的使用效果。

（5）项目评价

教师和学生对项目进行评价和反思。项目评价可以采用多种方式，如自我评价、小组互评、教师评价等。项目评价的内容包括项目的目标达成度、项目的实施过程、项目的成果和收获等。在项目评价过程中，学生需要反思自己在项目中的表现和收获，总结经验教训，为今后的学习和生活提供参考。例如，在制作环保肥皂的项目中，学生可以自我评价自己在项目中的参与度、合作能力、创新能力等，小组互评其他小组成员的表现和贡献，教师评价项目的整体效果和学生的学习成果。

3. 项目式学习法在高中化学教学中的优势

（1）提高学生的学习兴趣和参与度

项目式学习的项目通常来源于真实的生活情境或实际的科学问题，使学生能够在真实的环境中应用所学的化学知识，提高学生的学习兴趣和参与度。例如，学生通过研究当地水污染问题，了解化学在环境保护中的重要作用，从而激发社会责任感和学习动力。

（2）培养学生的解决问题能力和创新思维

项目式学习要求学生在真实的情境中解决实际问题，可培养学生的解决问题能力和创新思维。学生在项目中需要运用化学知识和技能，同时还需要考虑问题的实际情况和可行性，提出创新性的解决方案。例如，在研究新型材料的项目中，学生需要运用化学知识了解材料的性质和合成方法，同时还需要考虑材料的实际应用和市场需求，提出创新性的材料设计方案。

（3）培养学生的合作精神和人际交往能力

项目式学习通常需要学生组成小组进行合作，共同完成项目任务。在合作过程中，学生需要学会沟通、协调、分工和合作，培养团队合作精神和人际交往能力。例如，在研究太阳能电池的项目中，学生需要组成小组，分别负责材料的合成、性能测试、应用研究等任务，通过合作共同完成项目。

（4）提高学生的综合素养和实践能力

项目式学习往往涉及多个学科领域的知识和技能，要求学生综合运用化学、物理、生物、数学等学科的知识来解决问题。这种综合性的学习方式有助于培养学生的跨学科思维和综合素养。同时，项目式学习还注重学生的实践能力培养，让学生在实际项目中动手操作，提高学生的实践能力和创新精神。例如，在制作环保肥皂的项目中，学生需要进行肥皂的制作实验，运用化学知识和技能解决实验中遇到的问题，提高学生的实践能力和创新精神。

（三）小组合作学习法

小组合作学习法是一种以小组为单位进行学习的教学方法。在高中化学教学中，小组合作学习法可以有效地提高学生的学习效率和综合素养。通过小组合作学习，学生能够在合作中交流、讨论，共同解决问题，培养合作精神和创新能力。

1. 小组合作学习法的概念与特点

小组合作学习法是指将学生分成若干个小组，每个小组由若干名学生组成，共同完成学习任务的教学方法。小组合作学习法具有以下特点。

（1）合作性

小组合作学习强调学生之间的合作和交流，学生在小组中共同完成学习任务，互相帮助、互相学习。在合作过程中，学生需要学会沟通、协调、分工和合作，培养团队合作精神和人际交往能力。

（2）自主性

小组合作学习给予学生一定的自主学习空间，学生可以在小组中自主选择学习内容和学习方法，发挥自己的优势和特长。在自主学习过程中，学生需要学会自我管理、自我监督和自我评价，培养自主学习能力和创新精神。

（3）互动性

小组合作学习注重学生之间的互动和交流，学生在小组中可以互相提问、互相讨论、互相启发，共同解决问题。在互动过程中，学生可以分享自己的观点和经验，学习他人的优点和长处，提高学习效率和综合素养。

（4）多样性

小组合作学习可以采用多种形式和方法，如小组讨论、小组实验、小组报告等。不同的学习形式和方法可以满足不同学生的学习需求和兴趣爱好，提高学生的学习积极性和参与度。

2. 小组合作学习法在高中化学教学中的实施步骤

小组合作学习法在高中化学教学中的实施可以分为以下几个步骤。

（1）分组

教师根据学生的学习成绩、学习能力、性格特点等因素，将学生分成若干个小组。每个小组的人数一般为 4~6 人，小组内成员的学习成绩、学习能力和性格特点要尽量多样化，以便学生之间能够互相帮助、互相学习。

（2）确定学习任务

教师根据教学目标和教学内容，确定小组合作学习的任务。学习任务应该具有一定的挑战性和趣味性，能够激发学生的学习兴趣和积极性。同时，学习任务还应该与化学学科的核心知识和技能相关，能够让学生在合作学习中应用所学的化学知识和技能。例如，教师可以确定“探究化学反应速率的影响因素”“设计实验验证化学平衡的移动”“研究生活中的化学现象”等学习任务。

(3) 小组分工

小组成员在组长的带领下，根据学习任务进行分工。分工要明确具体，每个成员都要承担一定的任务和责任。例如，在探究化学反应速率的影响因素的学习任务中，小组成员可以分别负责实验设计、实验操作、数据记录、数据分析、报告撰写等任务。

(4) 合作学习

小组成员按照分工进行合作学习。在合作学习过程中，成员之间要互相沟通、互相协调、互相帮助，共同完成学习任务。教师在合作学习过程中要给予学生适当的指导和帮助，确保合作学习的顺利进行。例如，在实验设计阶段，小组成员要共同讨论实验方案，确定实验变量和控制变量，选择实验仪器和试剂；在实验操作阶段，小组成员要分工合作，按照实验方案进行实验操作，记录实验数据；在数据分析阶段，小组成员要共同分析实验数据，得出实验结论；在报告撰写阶段，小组成员要共同撰写实验报告，展示实验成果。

(5) 小组展示

小组在完成合作学习任务后，进行小组展示和汇报。小组展示可以采用多种形式，如口头汇报、海报展示、实验演示等。在小组展示过程中，小组成员要向其他小组和教师介绍小组的学习过程、学习成果和收获体会。例如，在探究化学反应速率的影响因素的学习任务中，小组可以通过口头汇报介绍实验方案、实验过程、实验结果和实验结论，通过海报展示实验数据和图表，通过实验演示展示实验现象和实验操作。

(6) 评价与反思

教师和学生对小组合作学习进行评价和反思。评价可以采用多种方式，如自我评价、小组互评、教师评价等。评价的内容包括小组的学习过程、学习成果、合作精神、创新能力等方面。在评价过程中，学生要反思自己在小组合作学习中的表现和收获，总结经验教训，为今后的学习提供参考。例如，学生可以自我评价自己在小组合作学习中的参与度、合作能力、创新能力等方面，小组互评其他小组的学习成果和合作表现，教师评价小组的整体学习效果和学生的个人表现。

3. 小组合作学习法在高中化学教学中的优势

(1) 提高学生的学习效率

小组合作学习可以让学生在合作中交流、讨论，共同解决问题，提高学生的学习效果。在小组合作学习过程中，学生可以互相启发、互相帮助，拓宽思维视野，加深对化学知识的理解和掌握。例如，在探究化学反应速率的影响因素的学习任务中，学生通过小组讨论和实验探究，可以更深入地理解温度、浓度、催化剂等因素对化学反应速率的影响。

（2）培养学生的合作精神和人际交往能力

小组合作学习强调学生之间的合作和交流，学生在小组中需要学会沟通、协调、分工和合作，培养团队合作精神和人际交往能力。在小组合作学习过程中，学生可以学会尊重他人、倾听他人的意见和建议，学会与他人合作共同完成任务。例如，在设计实验验证化学平衡的移动的学习任务中，学生需要组成小组，共同讨论实验方案，分工合作进行实验操作，共同分析实验结果。在这个过程中，学生可以培养团队合作精神和人际交往能力。

（3）培养学生的创新能力

小组合作学习给予学生一定的自主学习空间，学生可以在小组中自主选择学习内容和学习方法，发挥自己的优势和特长，培养创新能力。在小组合作学习过程中，学生可以提出自己的观点和想法，尝试新的实验方法和思路，培养创新思维和实践能力。例如，在研究生活中的化学现象的学习任务中，学生可以通过小组合作，发现生活中的化学问题，提出创新性的解决方案，进行实验验证和改进。

（4）提高学生的综合素养

小组合作学习涉及多个方面的能力培养，如沟通能力、协调能力、合作能力、创新能力、实践能力等，有助于提高学生的综合素养。在小组合作学习过程中，学生不仅可以学习化学知识和技能，还可以培养自己的综合素质和能力。例如，在小组合作学习过程中，学生可以通过小组展示和汇报，提高自己的表达能力和自信心；通过评价和反思，提高自己的自我管理和自我评价能力。

综上所述，问题驱动教学法、项目式学习法和小组合作学习法在核心素养视域下的高中化学教学中具有重要的作用和优势。教师在教学中应积极采用这些教学方法，引导学生在真实的情境中学习化学知识，培养学生的解决问题能力、创新思维和合作精神，提高学生的综合素养和实践能力。同时，教师还应不断探索和创新教学方法，为学生提供更加优质的化学教育。

三、实验教学策略

（一）改进传统实验

1. 传统实验在高中化学教学中的局限性

在高中化学教学过程中，传统实验方法存在诸多局限性，这些局限性在一定程度上限制了学生的学习体验和能力培养。首先，传统实验通常属于验证性实验，学生在实验过程中往往只是机械地遵循既定的步骤，缺乏自主探究和创新的空间。这种做法使学生在实验中难以发挥主观能动性，难以培养他们独立思考和解决问题的能力。其次，传统实验的内容和方法往往较为单一，缺乏多样性，这使学生在实验过程中难以感受到化学学科的魅力，从而难以激发他们的学习兴趣和积极性。最后，传统实验在安全和环保方面也存在一定的问题，可能会对学生的身体健康和环境造成不良影响。例如，在进行某些化学反应时，可能会产生有害气体或废弃物，如果没有妥善处理，会对环境造成污染，同时也会对学生的健康带来潜在风险。

例如，在传统的酸碱中和实验中，学生只是机械地按照教材上的步骤，将酸和碱溶液混合，观察溶液颜色的变化，验证酸碱中和的反应。这种实验方式缺乏探究性，学生只是被动地接受知识，难以培养学生的创新思维和实践能力。学生在这种实验中往往只是充当操作工的角色，而没有机会去深入思考实验背后的化学原理和科学方法。

2. 改进传统实验的方法

（1）设计探究性实验

为了克服传统实验的局限性，教师可以将传统的验证性实验改为探究性实验，让学生在实验中自主探究化学现象的本质和规律。例如，在酸碱中和实验中，教师可以提出问题："酸碱中和反应的本质是什么?""如何通过实验探究酸碱中和反应的热效应?"引导学生设计实验方案，进行实验操作和观察，分析实验结果，得出结论。通过这种方式，学生不仅能够掌握实验技能，还能够培养他们的科学探究能力和创新思维。

（2）引入现代实验技术

教师可以引入现代实验技术，如传感器技术、数字化实验技术等，改进传统实验。这些现代实验技术可以更加准确地测量实验数据，直观地展示实验现象，提高实验的精度和效率。例如，在化学反应速率的实验中，教师可以使用传感器技术测量反应过程中物质的浓度变化，通过计算机软件绘制浓度随时间变化的曲线，直观地展示化学反应速率的变化规律。这样不仅能够提高实验的科学性和准确性，还能够让学生更好地理解化学反应的动态过程。

（3）优化实验内容和方法

教师可以优化实验内容和方法，增加实验的趣味性和实用性。例如，在化学实验中，可以引入生活中的化学现象，如食品中的化学、化妆品中的化学等，让学生感受到化学与生活的密切联系。同时，教师可以采用小组合作实验、实验竞赛等方式，激发学生的学习兴趣和积极性。通过小组合作，学生可以在实验过程中相互交流、合作，培养团队协作精神和沟通能力。实验竞赛则可以激发学生的竞争意识和创新精神，提高他们的实验技能和科学素养。

3. 改进传统实验的意义

改进传统实验具有重要的意义。首先，通过改进实验方法，可以显著提高学生的学习兴趣和积极性，使他们在实验过程中更加主动地探索和学习。其次，改进传统实验有助于培养学生的创新思维和实践能力，使他们能够独立思考问题，解决问题，从而更好地适应未来的学习和工作需求。最后，改进传统实验还可以增强学生的安全意识和环保意识，使他们在实验过程中更加注重安全操作和环境保护。同时，改进传统实验也有助于提高教师的教学水平和专业素养，促进化学教学的改革和发展。教师在改进实验的过程中，不仅能够提升自己的教学能力，还能够更好地适应新时代教育的要求，为培养创新型人才作出贡献。

（二）提高实验的趣味性与探究性

1. 增加实验的趣味性

（1）引入趣味实验

为了提高化学课堂的吸引力，教师可以引入一些充满趣味性的实验，例如“大象牙膏”和“法老之蛇”等经典实验。这些实验不仅具有神奇的视觉效果，还能激发学生的学习兴趣和好奇心。通过观察这些趣味实验的奇妙现象，学生能够在轻松愉快的氛围中掌握化学知识，从而更加积极地参与到学习过程中。

（2）设计实验故事

教师可以巧妙地设计一些实验故事，将枯燥的实验内容融入生动有趣的故事中。例如，在讲解化学平衡的移动时，教师可以构思一个关于“魔法药水”的实验故事，让学生在故事的引导下进行实验探究。通过这种方式，学生可以在探索“魔法药水”秘密的过程中，自然而然地理解化学平衡的移动原理，从而加深对化学知识的理解和记忆。

（3）开展实验游戏

为了进一步增加实验的趣味性和互动性，教师可以开展各种实验游戏，如实验拼图、实验谜语等。这些游戏不仅能够让学生在游戏中学习化学知识，还能提高他们的学习积极性和参与度。通过寓教于乐的方式，学生可以在轻松愉快的氛围中掌握化学知识，同时也能培养他们的团队合作能力和解决问题的能力。

2. 增强实验的探究性

(1) 提出探究问题

在实验开始之前，教师可以提出一些具有挑战性的探究问题，引导学生在实验过程中进行深入探究。例如，在进行金属与酸的反应实验时，教师可以提出问题："不同金属与酸反应的速率有何不同?""影响金属与酸反应速率的因素有哪些?"通过这些问题的引导，学生可以在实验中寻找答案，从而培养他们的探究能力和创新思维。

(2) 鼓励学生自主设计实验

为了培养学生的创新思维和实践能力，教师可以鼓励学生自主设计实验。例如，在讲解化学电源的原理时，教师可以让学生自行设计一个简单的化学电源，并通过实验验证自己的设计方案是否正确。这种自主设计实验的方式不仅能够激发学生的创造力，还能让他们在实践中学习和掌握化学知识。

(3) 开展实验探究活动

教师可以组织一些实验探究活动，如实验探究比赛、实验探究报告等，让学生在这些活动中展示自己的实验探究成果。通过这些活动，学生不仅能够提高自己的探究能力和表达能力，还能在交流和分享中获得更多的知识和灵感。同时，这些活动也能增强学生的团队合作精神和竞争意识，从而提高他们的综合素质。

3. 提高实验的趣味性与探究性的意义

提高实验的趣味性与探究性对于激发学生的学习兴趣和积极性具有重要意义。通过趣味实验和实验故事，学生能够在轻松愉快的氛围中学习化学知识，从而更加积极地参与到学习过程中。同时，通过提出探究问题和鼓励学生自主设计实验，学生可以培养创新思维和实践能力，提高科学素养和综合素质。此外，这些方法还能提高教师的教学水平和专业素养，促进化学教学的改革和发展，为培养未来的科学人才奠定坚实的基础。

(三) 培养学生实验技能

1. 实验基本操作技能的培养

(1) 规范实验操作

在实验教学过程中，教师扮演着至关重要的角色，他们需要通过规范的实验操作来为学生树立一个良好的榜样。教师应当详细地向学生讲解各种实验仪器的正确使用方法，包括实验操作的具体步骤以及在操作过程中需要注意的事项。通过这样的方式，学生能够逐步掌握并熟练运用正确的实验操作方法，从而为后续的实验学习打下坚实的基础。

（2）加强实验训练

为了让学生在实践中更好地掌握实验基本操作技能，教师需要加强实验训练的强度和频率。通过安排课堂实验、专门的实验课程以及课外实验活动，学生可以反复进行实验操作的练习。这种反复的训练不仅能够提高学生的实验操作技能水平，还能够增强他们对实验操作的熟练度和自信心。

（3）开展实验技能比赛

通过开展实验技能比赛，教师可以进一步激发学生的学习兴趣和积极性，从而有效提高学生的实验操作技能水平。例如，可以组织学生参与化学实验基本操作技能比赛或化学实验设计比赛等。在这些比赛中，学生不仅有机会展示自己的实验技能，还能通过与其他同学的交流和竞争，进一步提升自己的实验操作能力。

2. 实验观察与分析技能的培养

（1）培养学生的观察能力

在实验教学中，教师应当注重培养学生的观察能力，使他们能够学会如何细致地观察实验现象。教师可以通过引导学生仔细观察实验过程中的各种现象，记录实验数据，并对实验结果进行分析。此外，教师还可以通过提问和讨论等方式，引导学生思考实验现象背后的化学原理，从而提高他们的观察能力。

（2）培养学生的分析能力

教师在实验教学中还应当注重培养学生的分析能力，使他们能够学会如何分析实验数据和结果。教师可以引导学生运用所学的化学知识和理论，对实验数据和结果进行深入的分析和解释。通过小组讨论、撰写实验报告等方式，学生可以展示自己的分析结果，从而提高他们的分析能力。

3. 实验设计与创新技能的培养

（1）引导学生进行实验设计

教师应当引导学生进行实验设计，以培养他们的创新思维和实践能力。在实验教学中，教师可以提出一些具有挑战性的实验问题，让学生设计实验方案，亲自进行实验操作和观察，并对实验结果进行分析。小组合作、参与实验设计比赛等活动可以激发学生的创新思维和实践能力。

（2）鼓励学生进行实验创新

教师应当鼓励学生进行实验创新，以培养他们的创新意识和实践能力。在实验教学中，教师可以鼓励学生对现有的传统实验方法进行改进和创新，设计出更加新颖、有趣且实用的实验方案。通过参与实验创新比赛、撰写实验论文等活动，学生可以展示自己的实验创新成果，从而提高他们的创新意识和实践能力。

4. 培养学生实验技能的意义

培养学生实验技能具有重要的意义，它不仅能够显著提高学生的实践能力和创新能力，还能为他们的未来发展奠定坚实的基础。此外，通过培养学生实验技能，教师的教学水平和专业素养也会得到提升，进而促进化学教学的改革和发展。因此，实验技能的培养对于学生和教师来说都是一项重要的任务。通过实验技能的培养，学生能够更好地理解和掌握化学知识，提高解决实际问题的能力，同时也能增强他们的科学探究精神和创新意识。教师在这一过程中，不仅能够提升自身的教学能力，还能更好地激发学生的学习兴趣，为培养未来的科学人才奠定坚实的基础。

四、课外拓展策略

（一）开展化学社团活动

1. 化学社团的作用

化学社团在校园中扮演着至关重要的角色，它不仅能够激发学生对化学学科的兴趣，还能在多个方面促进学生的全面发展。以下是化学社团作用的详细阐述。

（1）激发学生的学习兴趣

化学社团为学生提供了一个更加自由和开放的学习环境，让学生在参与社团活动的过程中，能够亲身感受到化学这门学科的独特魅力。通过各种有趣的实验和互动，化学社团能够有效地激发学生的学习兴趣，使他们对化学知识产生浓厚的好奇心和探索欲望。这种兴趣的激发，不仅能够提高学生的学习积极性，还能帮助他们在课堂之外自主地扩展知识面。

（2）培养学生的综合能力

化学社团通过开展形式多样的活动，如实验探究、科普讲座、化学竞赛等，全方位地培养学生的实验技能、创新思维和团队合作精神。在实验探究活动中，学生可以亲手操作实验，通过实践来验证理论知识，从而加深对化学原理的理解。科普讲座则能够让学生接触到化学领域的最新研究成果，拓宽他们的知识视野。而化学竞赛则能够激发学生的竞争意识，促使他们在解决问题的过程中锻炼自己的创新能力和逻辑思维能力。

(3) 促进学生的个性发展

化学社团能够根据学生的兴趣爱好和特长，开展个性化的活动，从而促进学生的个性发展。例如，对于那些对实验探究充满热情的学生，社团可以组织他们参与更具挑战性的实验项目，让他们在实践中不断提升自己的实验技能。而对于那些喜欢写作和科普传播的学生，社团可以提供平台，让他们撰写科普文章甚至创办校内的化学科普杂志，从而培养他们的写作能力和表达能力。

2. 化学社团的活动内容

(1) 实验探究活动

化学社团可以组织一系列富有创意和教育意义的实验探究活动，让学生在动手操作的过程中学习化学知识，培养他们的实验技能和创新思维。例如，社团可以设计“自制肥皂”“提取叶绿素”等实验项目，让学生通过实际操作来掌握化学反应的原理和过程。这些活动不仅能够增强学生的实践能力，还能激发他们的探索精神和创新意识。

(2) 科普讲座活动

化学社团可以定期邀请专家学者、资深化学教师等开展科普讲座活动，让学生有机会接触到化学领域的前沿知识和实际应用。通过这些讲座，学生可以了解到化学在日常生活、工业生产、环境保护等领域的广泛应用，从而拓宽他们的知识视野，增强他们对化学学科的认识和兴趣。例如，可以邀请大学教授来校开展“化学与新材料”“化学与环境保护”等主题的科普讲座，让学生了解化学在解决现实问题中的重要作用。

(3) 化学竞赛活动

化学社团还可以组织学生参加各种化学竞赛活动，如全国高中化学奥林匹克竞赛、化学实验创新大赛等。通过这些竞赛，学生不仅能够检验自己的学习成果，还能在竞争中提高自己的学习积极性和竞争意识。竞赛活动能够激发学生的潜能，促使他们在解决问题的过程中锻炼自己的思维能力和动手能力。

(4) 社会实践活动

化学社团还可以组织学生走出校园，开展社会实践活动，如参观化工厂、科技馆等。通过这些活动，学生能够亲眼看到化学知识在实际生产中的应用，从而增强他们的社会责任感和实践能力。例如，参观化工厂可以让学生了解化学工业的生产流程和安全规范，而参观科技馆则能够让学生感受到科技的魅力，激发他们对科学探索的热情。

3. 化学社团的组织与管理

（1）社团成员的招募与选拔

化学社团的建设离不开一群充满热情和才华的成员。为了招募到合适的社团成员，化学社团可以通过张贴海报、在班级中进行宣传、利用社交媒体等多种方式进行宣传和招募。在招募到一定数量的申请者后，社团需要通过面试、笔试等方式进行严格的选拔，确保选出的成员具备一定的化学基础和对化学学科的热情，从而为社团的健康发展打下坚实的基础。

（2）社团活动的策划与组织

为了确保社团活动的顺利进行和高质量完成，化学社团可以成立专门的活动策划小组。策划小组负责制订详细的活动计划，包括活动主题、时间安排、所需资源等。在策划过程中，策划小组需要充分考虑学生的兴趣爱好和实际需求，力求使活动内容丰富多样，能够吸引更多的学生参与。同时，策划小组还需要与学校相关部门进行沟通协调，确保活动的顺利进行。

（3）社团活动的指导与评价

为了保证社团活动的质量和效果，化学社团可以邀请化学教师、专家学者等担任社团活动的指导教师。指导教师可以为学生提供专业的指导和帮助，确保学生在活动中能够获得正确的知识和技能。此外，社团还需要建立一套科学的评价机制，对每次活动进行评价和反馈。通过评价，社团可以了解活动的优点和不足，及时进行调整和改进，不断提高社团活动的质量和效率，从而更好地服务于学生的发展。

（二）丰富学生课余生活

1. 开展化学课外活动，以丰富学生的化学学习体验

（1）举办化学实验展览，展示学生实验作品

在学校里，可以举办盛大的化学实验展览，专门用来展示学生在化学实验课程中所完成的优秀作品和取得的实验成果。通过这种展览形式，学生可以在现场直观地感受到化学实验的魅力和奇妙之处。他们可以看到各种有趣的化学反应、绚丽的实验现象，从而激发他们对化学学习的兴趣和积极性。这样的展览不仅能够增强学生对化学知识的理解，还能让他们在欣赏和交流的过程中获得更多的灵感和启发。

（2）组织化学知识竞赛，提高学习积极性

学校还可以通过组织各种形式的化学知识竞赛，来进一步提高学生的学习积极性。例

如，可以举办化学谜语竞赛、化学知识抢答赛等有趣的活动。这些竞赛不仅能够激发学生的学习热情，还能增强他们的竞争意识和团队合作精神。在轻松愉快的氛围中，学生可以在竞赛中互相学习、互相激励，从而掌握更多的化学知识，提高他们的综合素质。

（3）参与化学科普征文比赛，提升科学素养

学校可以鼓励学生积极参与化学科普征文比赛。通过写作的方式，学生可以将自己对化学知识的理解和感悟，用文字的形式表达出来，并普及给他人。这不仅能够提高他们的科学素养，还能锻炼他们的写作能力和表达能力。在撰写科普文章的过程中，学生需要深入研究化学知识，用自己的语言将复杂的科学概念解释清楚，从而加深对化学的理解和记忆。通过这种方式，学生不仅能够提升自己的科学素养，还能为普及科学知识作出贡献。

2. 建立化学学习资源库，为学生提供丰富的学习资料

（1）丰富化学图书资料，拓宽知识面

学校可以建立一个化学图书资料室，里面存放着各种丰富的化学图书资料。学生可以在课余时间自由地阅读这些书籍，从而拓宽他们的知识面，加深对化学知识的理解和掌握。

（2）收集和制作化学实验视频，提高实验技能

学校还可以收集和制作一系列高质量的化学实验视频，为学生提供直观的实验教学资源。学生可以在课余时间观看这些视频，学习实验操作技巧，提高自己的实验技能和观察能力。

（3）推荐化学学习网站，拓宽学习渠道

学校可以推荐一些优秀的化学学习网站，如中国化学会网站、化学教育网等，供学生在课余时间访问。这些网站通常包含丰富的学习资源和最新的化学资讯，能够帮助学生拓宽学习渠道，提高他们的自主学习能力。

3. 组织化学兴趣小组，培养学生的综合能力和个性发展

（1）兴趣小组的分类满足不同需求

学校可以根据学生的兴趣爱好和特长，组织不同类型的化学兴趣小组。例如，实验探究兴趣小组、科普写作兴趣小组、化学竞赛兴趣小组等，每个小组都有其独特的活动内容和目标，以满足不同学生的需求。

（2）兴趣小组的活动内容培养综合能力

兴趣小组可以开展各种形式的活动，如实验探究、科普讲座、化学竞赛等。这些活动不仅能够培养学生的实验技能和观察能力，还能提高他们的团队合作精神和解决问题的能

力，从而促进他们的综合能力和个性发展。

（3）兴趣小组的指导与管理提高活动质量

学校可以为每个兴趣小组配备专业的指导教师，为学生提供专业的指导和帮助。同时，建立科学的管理机制，对兴趣小组的活动进行管理和评价，不断优化活动内容，提高活动质量和效果，确保每个学生都能在兴趣小组中获得最大的收益。

第六章　教师专业发展与核心素养教学

在深入探讨了教师专业发展的多种途径之后，不难发现教师专业发展与核心素养教学紧密相连。教师的专业成长不仅关乎自身的职业发展，更直接影响着学生核心素养的培养。本章进一步聚焦教师专业发展与核心素养教学之间的关系，探讨如何通过教师的不断进步，更好地推动高中化学教学中核心素养的落地生根，为学生的未来发展奠定坚实的基础。

一、教师在核心素养教学中的角色转变

（一）从知识传授者到引导者

1. 传统教学中教师的知识传授者角色

（1）传统教学方式的特点

在传统的高中化学教学中，教师通常采用课堂讲授和板书的方式进行教学。他们按照教材的内容和顺序，系统地将化学知识传授给学生。在这个过程中，教师往往是教学的中心，学生则被动地接受知识。为了让学生更好地掌握化学知识和技能，教师会布置大量的作业和练习，让学生通过记忆和反复练习来巩固所学内容。例如，在讲解化学元素周期表时，教师会在课堂上详细地介绍元素周期表的结构、元素的性质规律等知识，然后让学生背诵元素周期表的前20位元素名称、符号等内容，并通过做练习题来加深对元素周期表的理解。这种教学方式注重知识的灌输，强调学生对知识的记忆和掌握。

（2）对学生的影响

传统的知识传授者角色虽然能够让学生在较短的时间内掌握一定的化学知识和技能，但也存在一些问题。首先，这种教学方式忽视了学生的主体地位，学生在学习过程中缺乏主动性和积极性。他们只是被动地接受教师传授的知识，没有机会主动地去探索和发现化学知识的奥秘。其次，这种教学方式不利于培养学生的自主学习能力。学生在学习过程中过度依赖教师，缺乏独立思考和解决问题的能力。当他们遇到新的问题时，往往不知道如何去思考和解决，而是等待教师的讲解和指导。

2. 核心素养教学对教师角色的新要求

（1）培养学生的核心素养

高中化学教学不仅要传授化学知识和技能，更要培养学生的核心素养。核心素养是学生在接受相应学段的教育过程中，逐步形成的适应个人终身发展和社会发展需要的必备品格和关键能力。对于高中化学学科来说，核心素养主要包括宏观辨识与微观探析、变化观念与平衡思想、证据推理与模型认知、科学探究与创新意识、科学态度与社会责任等方面。培养学生的核心素养，有助于提高学生的综合素质，使他们能够更好地适应未来社会的发展需求。例如，通过培养学生的宏观辨识与微观探析能力，学生能够从宏观和微观两个层面认识化学物质的性质和变化规律，从而更好地理解化学现象的本质。通过培养学生的科学探究与创新意识，学生能够学会运用科学的方法进行探究和创新，提高解决实际问题的能力。

（2）转变教师角色

为了培养学生的核心素养，教师必须从知识传授者转变为引导者。在传统的教学中，教师往往是知识的权威，学生只能被动地接受教师传授的知识。而在核心素养教学中，教师要引导学生主动地学习和探究化学知识，培养学生的自主学习能力、创新思维和实践能力。教师要通过创设问题情境、引导学生思考、组织学生讨论等方式，激发学生的学习兴趣和积极性，让学生在自主学习和探究中掌握化学知识和技能，培养学生的核心素养。例如，在讲解化学反应速率的影响因素时，教师可以创设一个问题情境：为什么不同的化学反应速率不同？然后引导学生思考影响化学反应速率的因素有哪些，并组织学生进行小组讨论。在这个过程中，教师不再是知识的灌输者，而是学生学习的引导者，引导学生通过自主探究和合作学习的方式，掌握化学反应速率的影响因素。

3. 教师作为引导者的具体表现

（1）创设问题情境

①问题情境的重要性。教师要根据教学内容和学生的实际情况，创设具有启发性和趣味性的问题情境，激发学生的学习兴趣和好奇心。问题情境可以是生活中的实际问题、化学实验现象、化学史故事等。教师通过问题情境的创设，引导学生主动地思考和探究化学知识，培养学生的问题解决能力和创新思维。例如，在讲解盐类的水解时，教师可以创设一个生活中的问题情境：为什么用纯碱溶液可以清洗油污？这个问题情境与学生的生活实际密切相关，能够激发学生的学习兴趣和好奇心。学生在思考这个问题的过程中，会主动地去探究盐类水解的原理和应用。

②创设问题情境的方法。灵活应用多媒体：教师可以通过多种方式创设问题情境。例如，教师可以利用多媒体教学手段，展示一些与教学内容相关的图片、视频等，激发学生的学习兴趣和好奇心。教师也可以讲述一些化学史故事，让学生了解化学学科的发展历程和科学家的探索精神，从而激发学生的学习兴趣和创新思维。此外，教师还可以通过实验演示等方式，创设问题情境，引导学生观察实验现象，提出问题，并进行探究。

引导学生思考：教师要在教学过程中引导学生思考，培养学生的思维能力。教师可以通过提问、讨论、实验等方式，引导学生分析问题、解决问题，培养学生的逻辑思维、批判性思维和创新思维。教师要鼓励学生提出自己的观点和想法，培养学生的独立思考能力和创新精神。例如，在讲解化学平衡的移动时，教师可以通过提问的方式引导学生思考：当改变外界条件时，化学平衡会如何移动？然后组织学生进行讨论，让学生分析各种外界条件对化学平衡的影响。在这个过程中，教师要鼓励学生提出自己的观点和想法，并引导学生进行分析和论证。

（2）组织学生讨论

①组织讨论的意义。教师要组织学生进行讨论，培养学生的合作学习能力和交流表达能力。教师可以根据教学内容和学生的实际情况，设计一些具有争议性和开放性的问题，让学生进行小组讨论。在讨论过程中，教师要引导学生积极参与、充分表达自己的观点和想法，培养学生的合作学习能力和交流表达能力。例如，在讲解环境保护与化学的关系时，教师可以设计一个问题：化学在环境保护中起到了哪些作用？同时也带来了哪些问题？然后组织学生进行小组讨论。在讨论过程中，学生可以充分表达自己的观点和想法，同时也可以听取其他同学的意见和建议。通过这样的讨论，学生不仅能够加深对环境保护与化学关系的理解，还能够培养自己的合作学习能力和交流表达能力。

②组织讨论的方法。教师在组织学生讨论时，要注意以下几点。首先，教师要设计好讨论的问题，问题要具有争议性和开放性，能够激发学生的讨论兴趣。其次，教师要合理分组，让不同层次的学生组成小组，以便更好地进行合作学习。再次，教师要引导学生积极参与讨论，鼓励学生充分表达自己的观点和想法。最后，教师要对学生的讨论进行总结和评价，引导学生梳理讨论的结果，加深对问题的理解。

（二）成为学生学习的伙伴与促进者

1. 建立平等的师生关系

（1）平等师生关系的重要性

在核心素养视域下，高中化学教学要求教师与学生建立平等的师生关系。教师要尊重学生的个性差异和主体地位，关注学生的学习需求和情感体验，与学生进行平等的交流和互动。教师要成为学生学习的伙伴，与学生一起学习、一起成长。

平等的师生关系有助于营造良好的教学氛围，提高学生的学习积极性和主动性。在平等的师生关系中，学生不再感到压抑和恐惧，他们能够更加自由地表达自己的观点和想法，积极地参与到教学活动中来。同时，平等的师生关系也有助于教师更好地了解学生的学习需求和情感体验，从而为学生提供更加个性化的教育服务。

（2）建立平等师生关系的方法

①尊重学生的个性差异。每个学生都是独一无二的，他们具有不同的个性特点、学习风格和兴趣爱好。教师要尊重学生的个性差异，关注每个学生的发展需求，为每个学生提供适合他们的教育服务。例如，对于学习基础较好的学生，教师可以提供一些具有挑战性的学习任务，鼓励他们进行深入的探究和创新；对于学习基础较弱的学生，教师可以给予更多的关心和帮助，引导他们逐步掌握基础知识和技能。

②与学生进行平等的交流和互动。教师要与学生进行平等的交流和互动，倾听学生的声音，了解他们的想法和需求。教师可以通过课堂提问、小组讨论、个别谈话等方式，与学生进行交流和互动。在交流和互动的过程中，教师要尊重学生的观点和想法，不要轻易否定学生的意见。同时，教师也要积极地表达自己的观点和想法，与学生进行思想的碰撞和交流。

2. 关注学生的学习过程

（1）关注学习过程的重要性

教师要关注学生的学习过程，及时了解学生的学习情况和存在的问题，为学生提供及时的指导和帮助。教师要关注学生的学习兴趣和学习动机，激发学生的学习积极性和主动性。教师要关注学生的学习方法和学习策略，引导学生掌握科学的学习方法和策略，提高学习效率和学习质量。

关注学生的学习过程有助于教师更好地了解学生的学习情况，及时调整教学策略，提高教学效率。同时，关注学生的学习过程也有助于培养学生的自主学习能力和学习习惯，为学生的终身学习奠定基础。

（2）关注学习过程的方法

①观察学生的学习行为。教师可以通过观察学生的课堂表现、作业完成情况、实验操作等学习行为，了解学生的学习情况和存在的问题。例如，教师可以观察学生在课堂上的注意力是否集中、是否积极参与讨论、是否认真完成实验操作等。通过观察学生的学习行

为，教师可以及时发现学生存在的问题，并给予及时的指导和帮助。

②与学生进行交流和沟通。教师可以通过与学生进行交流和沟通，了解学生的学习兴趣、学习动机、学习方法和学习策略等方面的情况。教师可以在课堂上、课后与学生进行交流和沟通，倾听学生的想法和需求，为学生提供个性化的学习指导。例如，教师可以与学生交流他们对化学学科的兴趣点在哪里，了解他们在学习过程中遇到的困难和问题，并给予相应的建议和帮助。

3. 促进学生的全面发展

(1) 促进全面发展的重要性

教师要成为学生学习的促进者，促进学生的全面发展。教师要关注学生的知识与技能，过程与方法，情感态度与价值观等方面的发展，培养学生的综合素养。教师要关注学生的个性发展和特长培养，为学生提供个性化的教育服务，让每个学生都能在化学学习中得到充分的发展。

促进学生的全面发展是教育的根本目标，也是核心素养视域下高中化学教学的重要任务。通过关注学生的全面发展，教师可以培养学生的综合素质，提高学生的社会适应能力和竞争力。同时，关注学生的个性发展和特长培养，也有助于激发学生的学习兴趣和潜能，让每个学生都能在自己擅长的领域得到充分的发展。

(2) 促进全面发展的方法

①注重知识与技能的培养。教师要注重培养学生的化学知识与技能，让学生掌握化学学科的基本概念、原理和方法。教师可以通过课堂讲授、实验教学、作业练习等方式，让学生系统地学习化学知识和技能。同时，教师也要注重知识与技能的应用，引导学生将所学的化学知识和技能应用到实际生活中，解决实际问题。

②关注过程与方法的培养。教师要关注学生的学习过程与方法，培养学生的自主学习能力、合作学习能力和探究学习能力。教师可以通过创设问题情境、组织学生讨论、开展实验探究等方式，引导学生学会自主学习、合作学习和探究学习。同时，教师也要引导学生掌握科学的学习方法和策略，提高学习效率和学习质量。

③重视情感态度与价值观的培养。教师要重视培养学生的情感态度与价值观，让学生树立正确的世界观、人生观和价值观。教师可以通过化学史教育、环境保护教育、实验安全教育等方式，培养学生的科学态度、社会责任感和创新精神。同时，教师也要关注学生的情感体验，营造积极向上的教学氛围，让学生在学习过程中感受到快乐和成就感。

在核心素养视域下，高中化学教师的角色发生了重大转变。教师从传统的知识传授者转变为引导者，成为学生学习的伙伴与促进者，是教师适应教育改革发展的必然要求。教师要通过创设问题情境、引导学生思考、组织学生讨论等方式，激发学生的学习兴趣和积极性，培养学生的自主学习能力、创新思维和实践能力。同时，教师也要建立平等的师生关系，关注学生的学习过程，促进学生的全面发展，为培养具有核心素养的高素质人才作出贡献。

二、教师专业发展的途径

（一）参加专业培训与研讨会

1. 专业培训的作用

（1）了解最新的教育教学理念和方法

随着教育改革的不断推进，新的教育教学理念和方法不断涌现。参加专业培训可以让教师及时了解这些最新的理念和方法，为自己的教学注入新的活力。例如，在核心素养视域下，项目式学习、问题驱动教学等方法受到广泛关注。通过专业培训，教师可以深入了解这些方法的内涵和实施步骤，将其运用到自己的教学中，提高教学效率。

（2）掌握先进的教学技术和手段

现代信息技术的发展为教学提供了更多的可能性。参加专业培训可以让教师掌握先进的教学技术和手段，如多媒体教学、在线教学平台的使用等。这些技术和手段可以丰富教学形式，提高学生的学习兴趣和参与度。例如，教师可以利用在线教学平台发布学习资源、布置作业、进行在线测试等，实现教学的信息化和个性化。

（3）提高教学水平和专业素养

专业培训通常由教育部门、学校或培训机构组织，邀请专家学者进行授课和指导。这些专家学者具有丰富的教学经验和专业知识，他们的讲解和指导可以帮助教师解决教学中遇到的问题，提高教学水平和专业素养。此外，专业培训还可以为教师提供与同行交流的机会，让教师在交流中学习他人的经验和做法，不断完善自己的教学。

2. 研讨会的作用

（1）与同行交流和互动

研讨会是教师与同行交流和互动的重要平台。在研讨会上，教师可以分享自己的教学经验和教学成果，听取他人的意见和建议，共同探讨教学中遇到的问题和解决方法。这种交流和互动可以拓宽教师的教学视野，激发教师的教学灵感，提高教师的教学能力。例如，在一次关于核心素养视域下的高中化学实验教学的研讨会上，教师分享了自己在实验教学中的创新做法，如利用虚拟实验软件进行实验教学、开展家庭实验等。这些做法为其他教师提供了借鉴和参考，促进了实验教学的改革和创新。

（2）了解学科前沿动态和研究成果

研讨会通常会邀请学科领域的专家学者进行专题报告，介绍学科前沿动态和研究成果。这些报告可以让教师了解学科的最新发展趋势，掌握学科的前沿知识和研究方法。教师可以将这些前沿知识和研究方法融入自己的教学中，提高教学的科学性和前沿性。例如，在一次关于化学新材料的研讨会上，专家学者介绍了一些新型化学材料的性能和应用前景。教师可以将这些内容引入化学课堂中，让学生了解化学学科的最新发展成果，激发学生的学习兴趣和创新意识。

（3）拓宽教学视野和专业知识

参加研讨会可以让教师接触到不同地区、不同学校的教师和专家学者，了解他们的教学理念和方法。这种跨地区、跨学校的交流可以拓宽教师的教学视野，丰富教师的专业知识。教师可以从他人的教学经验中吸取有益的成分，结合自己的教学实际进行创新和改进。例如，在一次全国性的高中化学教学研讨会上，教师来自不同的省份和地区，他们分享了各自在教学中的特色和亮点。通过交流，教师了解到了不同地区的教学情况，拓宽了自己的教学视野，为自己的教学改革提供了新的思路和方法。

3. 参加专业培训与研讨会的方法

（1）选择适合自己的培训和研讨会

①根据教学需求和专业发展规划选择。教师要根据自己的教学需求和专业发展规划，选择适合自己的专业培训和研讨会。例如，如果教师在实验教学方面存在不足，可以选择参加关于实验教学的专业培训或研讨会；如果教师想了解学科前沿动态，可以选择参加相关的学术研讨会。同时，教师还要考虑自己的专业发展阶段和目标，选择能够满足自己发展需求的培训和研讨会。

②通过多种渠道了解培训和研讨会信息。教师可以通过网络搜索、咨询同行、关注教育部门和学术团体的通知等方式，了解各种培训和研讨会的信息。网络搜索是一种便捷的方式，教师可以通过搜索引擎输入关键词，如“高中化学培训”“化学教学研讨会”等，查找相关的培训和研讨会信息。咨询同行也是一种有效的方式，教师可以向同事、朋友或其他熟悉的教师询问他们参加过的培训和研讨会的情况，了解哪些培训和研讨会质量较高、收获较大。此外，教师还可以关注教育部门和学术团体的通知，及时了解他们组织的

培训和研讨会信息。

（2）积极参与培训和研讨会的活动

①认真听讲、积极思考、主动发言。在参加专业培训和研讨会时，教师要认真听讲，积极思考专家学者的讲解和同行的发言。同时，教师要主动发言，分享自己的教学经验和教学成果，提出自己的问题和困惑。通过发言，教师可以与专家学者和同行进行深入的交流和互动，获得更多的启发和建议。例如，在一次关于问题驱动教学的培训中，教师积极发言，分享自己在教学中运用问题驱动教学法的经验和遇到的问题。专家学者针对教师的问题进行了详细的解答和指导，让教师对问题驱动教学法有了更深入的理解和认识。

②完成培训和研讨会的作业和任务。教师要认真完成培训和研讨会的作业和任务，如撰写心得体会、教学设计、教学反思等。这些作业和任务可以帮助教师巩固所学的知识和技能，加深对培训和研讨会内容的理解和认识。同时，教师还可以将这些作业和任务作为自己教学反思和教学研究的素材，进一步提高自己的教学水平和专业素养。例如，在参加完一次关于核心素养视域下的高中化学教学的研讨会后，教师撰写了心得体会和教学设计，并在自己的教学中进行了实践和反思。通过这种方式，教师将研讨会的成果转化为实际的教学行动，提高了教学质量和效率。

（3）将培训和研讨会的成果应用到教学实践中

①反思和改进教学。教师在参加专业培训和研讨会后，要根据培训和研讨会的内容，对自己的教学进行反思和改进。教师可以从教学目标、教学内容、教学方法、教学评价等方面入手，分析自己的教学存在哪些问题和不足，提出改进的措施和方法。例如，在参加完一次关于项目式学习的培训后，教师对自己的教学进行了反思，发现自己在教学中缺乏项目式学习的设计和实施经验。于是，教师根据培训所学的知识和方法，设计了一个项目式学习的教学案例，并在自己的教学中进行了实践和改进。

②尝试新的教学方法和手段。教师要将培训和研讨会中学到的新的教学方法和手段应用到教学实践中，尝试创新教学。例如，教师可以尝试运用问题驱动教学法、小组合作学习法、实验探究教学法等新的教学方法，提高学生的学习兴趣和参与度。同时，教师还可以利用多媒体教学、在线教学平台等新的教学手段，丰富教学形式，提高教学效率。例如，在参加完一次关于多媒体教学的培训后，教师学会了使用一些多媒体教学软件制作教学课件。教师将这些课件应用到自己的教学中，发现学生的学习兴趣明显提高，教学效率也得到了显著提高。

③分享和交流成果。教师要将培训和研讨会的成果与同行进行分享和交流，共同促进

教学水平的提高。教师可以通过撰写教学论文、开展教学观摩活动、参加教学研讨会等方式，将自己的教学经验和成果分享给其他教师。同时，教师也可以听取其他教师的意见和建议，不断完善自己的教学。例如，在参加完一次关于核心素养视域下的高中化学教学的研讨会后，某位教师撰写了一篇教学论文，介绍了自己在教学中培养学生核心素养的方法和经验。这篇论文在学术期刊上发表后，得到了其他教师的关注和好评。教师通过阅读这篇论文，了解了新的教学方法和经验，促进了教学水平的共同提高。

（二）开展教学研究与反思

1. 教学研究的意义

（1）深入了解教学过程中的问题和挑战

教学研究可以帮助教师深入了解教学过程中的问题和挑战。通过对教学现象的观察和分析，教师可以发现教学中存在的问题，如学生学习兴趣不高、教学方法单一、教学评价不科学等。同时，教师还可以分析这些问题产生的原因，为解决问题提供依据。例如，教师通过对学生学习化学的兴趣进行调查研究，发现学生对化学实验和化学与生活的联系比较感兴趣，而对化学理论知识的学习兴趣不高。教师可以根据这个研究结果，调整教学内容和教学方法，提高学生的学习兴趣。

（2）探索有效的教学方法和策略

教学研究可以帮助教师探索有效的教学方法和策略。教师可以通过对不同教学方法和策略的比较研究，找出最适合学生的教学方法和策略。同时，教师还可以根据教学实际情况，创新教学方法和策略，提高教学效率。例如，教师可以对比传统讲授法和问题驱动教学法在化学教学中的效果，发现问题驱动教学法能够更好地激发学生的学习兴趣和主动性，提高学生的问题解决能力和创新思维。于是，教师在教学中尝试运用问题驱动教学法，并不断改进和完善，取得了良好的教学效果。

（3）提高教学质量和效率

教学研究可以促进教师不断反思和改进自己的教学，提高教学质量和效率。教师通过对教学过程的研究和分析，可以发现自己教学中的不足，及时调整教学策略和方法。同时，教师还可以借鉴他人的教学经验和研究成果，不断优化自己的教学。例如，教师通过对自己的教学进行反思和总结，发现自己在教学评价方面存在单一性的问题。于是，教师借鉴了多元化教学评价的方法，将形成性评价和终结性评价相结合，评价学生的学习过程和学习结果，提高了教学评价的科学性和有效性，进而提高了教学质量和效率。

(4) 促进教师的专业成长

教学研究可以促进教师的专业成长，提高教师的教学水平和专业素养。教师在进行教学研究的过程中，需要不断学习和掌握新的教育教学理论和方法，提高自己的研究能力和创新能力。同时，教师还可以通过教学研究成果的交流和分享，获得同行的认可和赞誉，增强自己的职业成就感和自信心。例如，教师通过参与课题研究，深入探讨了核心素养视域下高中化学实验教学的改革与创新。在研究过程中，教师不仅提高了自己的实验教学水平，还发表了相关的研究论文，得到了同行的认可和好评，促进了自己的专业成长。

2. 教学反思的作用

(1) 总结经验教训

教学反思可以帮助教师总结教学过程中的经验教训。教师通过对自己的教学行为进行回顾和分析，可以发现哪些教学方法和策略是有效的，哪些是需要改进的。同时，教师还可以分析教学中出现的问题和错误，找出原因，避免在今后的教学中再次出现。例如，教师在一次化学实验教学中，发现学生在实验操作过程中存在不规范的问题。教师通过反思，认识到自己在实验教学前没有对学生进行充分的实验操作培训。于是，教师在今后的实验教学中，加强了对学生的实验操作培训，提高了学生的实验操作能力。

(2) 发现问题和不足

教学反思可以帮助教师发现自己教学中的问题和不足。教师在教学过程中，可能会因为各种原因而忽略一些问题。通过教学反思，教师可以更加客观地审视自己的教学，发现那些被忽略的问题和不足。例如，教师在教学中可能会过于注重知识的传授，而忽略了学生的情感体验和价值观培养。通过反思，教师可以认识到这个问题，并在今后的教学中更加注重学生的全面发展。

(3) 提出改进措施和方法

教学反思可以帮助教师提出改进教学的措施和方法。教师在发现教学中的问题和不足后，可以通过反思和分析，提出相应的改进措施和方法。这些措施和方法可以帮助教师提高教学质量和效率，促进学生的学习和发展。例如，教师在发现自己的教学方法单一后，可以通过反思和学习，尝试运用多样化的教学方法，如小组合作学习、探究式学习等，提高学生的学习兴趣和参与度。

(4) 促进教师的自我成长

教学反思可以促进教师的自我成长，提高教师的教学能力和专业素养。教师在进行教学反思的过程中，需要不断地学习和思考，提高自己的教育教学理论水平和实践能力。同时，教学反思还可以让教师更加关注学生的学习需求和发展，增强教师的责任感和使命感。例如，教师通过对自己的教学进行反思，认识到自己在教学中需要不断地学习和进步，才能更好地满足学生的学习需求。于是，教师积极参加各种培训和学习活动，不断提高自己的专业素养和教学能力。

3. 开展教学研究与反思的方法

（1）确定研究问题

①结合教学实际和专业发展需求。教师要根据自己的教学实际和专业发展需求，确定研究问题。研究问题可以是教学过程中的热点问题、难点问题、困惑问题等。例如，教师在教学中发现学生对化学实验的兴趣不高，于是可以确定“如何提高学生对化学实验的兴趣”为研究问题。同时，教师还可以结合自己的专业发展需求，确定一些与学科前沿和教育改革相关的研究问题。例如，教师可以关注核心素养视域下的高中化学教学的改革与创新，确定“核心素养视域下的高中化学教学策略研究”为研究问题。

②具有针对性、实用性和创新性。研究问题要具有针对性、实用性和创新性，能够对教学实践产生积极的影响。针对性是指研究问题要针对教学中的具体问题，具有明确的研究对象和目标。实用性是指研究问题要具有实际应用价值，能够解决教学中的实际问题。创新性是指研究问题要具有一定的创新性，能够为教学研究提供新的思路和方法。例如，教师确定“利用信息技术提高高中化学实验教学效果的研究”为研究问题，这个问题既具有针对性，指向了化学实验教学中的问题，又具有实用性，能够解决实验教学中的实际问题；还具有创新性，利用信息技术为实验教学提供了新的方法和途径。

（2）收集研究资料

①广泛收集文献资料。教师要根据研究问题，广泛收集相关的文献资料。文献资料可以包括学术期刊、书籍、论文、研究报告等。通过阅读文献资料，教师可以了解前人在该领域的研究成果和研究现状，为自己的研究提供理论支持和参考。例如，教师在研究“核心素养视域下的高中化学教学策略研究”问题时，可以收集国内外关于核心素养和化学教学策略的文献资料，了解核心素养的内涵和要求以及化学教学策略的研究现状和发展趋势。

②收集教学案例和学生作品。教师还可以收集教学案例和学生作品作为研究资料。教学案例可以是自己的教学实践案例，也可以是其他教师的教学案例。通过分析教学案例，教师可以了解不同教学方法和策略的实际应用效果，为自己的研究提供实践依据。学生作品可以是学生的作业、实验报告、论文等。通过分析学生作品，教师可以了解学生的学习

情况和学习需求，为自己的研究提供学生视角的参考。例如，教师在研究“如何提高学生对化学实验的兴趣”问题时，可以收集一些成功的化学实验教学案例，分析这些案例中采用的教学方法和策略以及学生的参与度和兴趣表现。同时，教师还可以收集学生的实验报告和心得体会，了解学生对化学实验的看法和建议。

③进行教学反思和学生反馈。教师自身的教学反思和学生的反馈也是重要的研究资料。教师可以通过教学日记、教学反思报告等方式，记录自己在教学过程中的思考和感悟。同时，教师还可以通过问卷调查、访谈等方式，收集学生对教学的反馈和意见。这些资料可以帮助教师更加深入地了解教学中存在的问题和学生的需求，为研究提供更加具体和真实的依据。例如，教师在研究“利用信息技术提高高中化学实验教学效果的研究”问题时，可以通过教学反思记录自己在运用信息技术进行实验教学过程中的经验和问题。同时，教师还可以通过问卷调查了解学生对信息技术在实验教学中的应用感受和建议。

(3) 进行研究分析

①科学、客观、深入地分析资料。教师要对收集到的研究资料进行科学、客观、深入的分析。分析资料时，教师要运用科学的研究方法和工具，如统计分析、案例分析、比较分析等。同时，教师要保持客观的态度，避免主观偏见对分析结果的影响。此外，教师还要深入分析资料，挖掘资料背后的本质和规律。例如，教师在分析学生作品时，可以运用统计分析的方法，统计学生在作业和实验报告中出现的问题类型和频率。同时，教师还可以通过案例分析的方法，深入分析一些优秀学生作品的特点和成功之处。

②找出问题的本质和原因。通过对研究资料的分析，教师要找出问题的本质和原因。问题的本质是指问题的核心和关键所在，原因是指导致问题产生的因素和条件。例如，教师在分析学生对化学实验兴趣不高的问题时，通过对学生作品和反馈的分析，发现问题的本质在于学生对实验的参与度不高和实验内容与实际生活联系不紧密。进一步分析原因，可能是实验教学方法单一、实验设备不足、实验内容缺乏趣味性等因素导致的。

③提出解决问题的方法和策略。在找出问题的本质和原因后，教师要提出解决问题的方法和策略。方法和策略要具有针对性和可行性，能够有效地解决问题。例如，针对学生对化学实验兴趣不高的问题，教师可以提出采用多样化的实验教学方法、改善实验设备条件、增加实验内容的趣味性等方法和策略。比如，可以采用小组合作实验的方式，让学生在合作中提高参与度；申请学校增添一些先进的实验设备，提升实验的可操作性和直观性；将实验内容与生活中的实际案例相结合，如利用化学知识解释食品保鲜、清洁剂的作用原理等，增强实验的趣味性和实用性。

（4）撰写研究报告

①明确研究报告的内容结构。教师要根据研究分析的结果，撰写研究报告。研究报告一般应包括研究问题、研究方法、研究结果、研究结论等内容。在撰写研究报告时，教师要明确各个部分的具体内容和结构安排，确保报告的逻辑性和完整性。例如，在研究问题部分，要清晰地阐述研究问题的背景、提出的原因以及研究的目的和意义；在研究方法部分，要详细介绍所采用的研究方法、研究对象和数据收集的过程；在研究结果部分，要客观地呈现研究分析得到的结果，可以通过图表、案例等形式进行展示；在研究结论部分，要对研究结果进行总结和归纳，提出相应的建议和展望。

②确保报告的科学性、规范性和可读性。研究报告要具有科学性，即报告中的观点和结论要有科学依据，数据要真实可靠，分析要严谨合理；要符合学术规范，包括引用文献的规范、格式的规范等；还要具有可读性，语言表达要简洁明了、通俗易懂，避免使用过于专业的术语和复杂的句子结构。例如，在撰写研究报告时，教师可以使用图表来直观地展示研究结果，使读者能够快速理解报告的核心内容；在引用文献时，要按照规范的格式进行标注，增强报告的可信度和权威性。

（5）进行教学反思

①通过教学日记进行反思。教学日记是教师进行教学反思的一种有效方式。教师可以在每天的教学结束后，记录下自己的教学感受、遇到的问题、学生的表现等内容。通过回顾教学日记，教师可以发现教学中的规律和问题，及时调整教学策略。例如，教师在教学日记中记录了学生在某一知识点上的理解困难，就可以在后续的教学中加强对该知识点的讲解和练习或者采用不同的教学方法帮助学生理解。

②进行教学案例分析。教师可以选取自己的教学案例进行深入分析，反思教学过程中的优点和不足。在分析教学案例时，教师可以从教学目标的达成情况、教学方法的有效性、学生的参与度等方面进行思考。例如，教师可以回顾一次成功的实验教学案例，分析自己在实验设计、组织实施、引导学生思考等方面的做法，总结成功的经验，以便在今后的教学中加以推广；同时，也可以反思在教学过程中存在的问题，如时间安排不合理、对学生的个别指导不足等，提出改进的措施。

③利用学生反馈进行反思。学生的反馈是教师进行教学反思的重要依据。教师可以通过问卷调查、个别访谈、课堂讨论等方式收集学生对教学的意见和建议。学生的反馈可以帮助教师了解学生的学习需求和感受，发现教学中存在的问题。例如，教师通过问卷调查发现学生对课堂讲解的速度过快感到不适应，就可以在今后的教学中适当放慢讲解速度，

给学生更多的时间思考和消化知识；如果学生提出希望增加实验教学的次数和难度，教师可以考虑调整教学计划，满足学生的需求。

（三）与同行交流合作

1. 同行交流合作的重要性

（1）分享教学经验和教学成果

与同行交流合作可以让教师分享自己的教学经验和教学成果。每位教师在教学过程中都会积累一些独特的教学方法和策略，通过交流合作，教师可以将这些经验和成果分享给其他教师，同时也可以从其他教师那里学习到新的教学方法和策略。例如，一位教师在化学实验教学中采用了小组竞赛的方式，激发了学生的学习兴趣和积极性。在与同行交流时，其他教师可以借鉴这种方法，并根据自己的教学实际进行调整和创新。

（2）了解学科前沿动态和研究成果

同行之间的交流合作可以让教师及时了解学科前沿动态和研究成果。不同学校、不同地区的教师可能会接触到不同的学术资源和研究项目，通过交流合作，教师可以分享这些信息，拓宽自己的学术视野。例如，在一次化学教学研讨会上，教师分享了各自了解到的最新化学研究成果，如新型材料的合成、绿色化学的发展等。这些信息可以为教师的教学提供新的素材和思路，使教学内容更加丰富和前沿。

（3）拓宽教学视野和专业知识

与同行交流合作可以让教师接触到不同的教学理念和方法，拓宽教学视野和专业知识。不同的教师可能有不同的教学风格和侧重点，通过交流合作，教师可以学习到其他教师的优点，丰富自己的教学手段。例如，一位教师擅长运用多媒体教学资源，另一位教师则注重实验教学的创新。通过交流合作，两位教师可以互相学习，取长补短，提高自己的教学水平。

（4）促进教师的专业成长

同行交流合作可以为教师提供一个相互学习、共同进步的平台，促进教师的专业成长。在交流合作中，教师可以得到同行的反馈和建议，发现自己的不足，从而不断改进自己的教学。同时，参与交流合作活动也可以增强教师的职业认同感和成就感，激发教师的教学热情和创新精神。例如，教师参加一个教学团队，与团队成员共同开展教学研究和教学改革项目。在这个过程中，教师可以从团队成员那里获得专业上的支持和帮助，提高自己的研究能力和教学能力。

2. 同行交流合作的方式

（1）参加教研活动

①教学观摩。教学观摩是一种常见的教研活动形式。教师可以通过观摩其他教师的课堂教学，学习优秀的教学方法和策略，了解不同的教学风格和教学模式。在教学观摩后，教师可以进行交流和讨论，分享自己的观察和体会，提出改进的建议。例如，学校可以组织教师进行同课异构的教学观摩活动，让不同的教师对同一节课进行不同的教学设计和教学实施，然后进行对比和分析，促进教师之间的相互学习和提高。

②教学研讨。教学研讨是教师围绕特定的教学问题进行深入讨论和交流的活动。教学研讨可以由学校、教育部门或学术团体组织，主题可以涵盖教学方法、教学内容、教学评价等方面。在教学研讨中，教师可以分享自己的教学经验和困惑，共同探讨解决问题的方法和策略。例如，针对“如何在化学教学中培养学生的核心素养”这一主题，教师可以结合自己的教学实践，提出不同的观点和做法，通过交流和讨论，形成一些具有可操作性的教学建议。

③课题研究。课题研究是教师共同参与的一项系统性的教学研究活动。教师可以组成课题研究小组，围绕一个特定的教学问题进行深入研究。在课题研究过程中，教师需要收集资料、进行调查分析、设计教学实验等，通过合作和交流，共同完成课题研究任务。课题研究可以提高教师的研究能力和教学水平，同时也可以为教学改革提供理论支持和实践经验。例如，教师可以组成一个课题研究小组，对“基于项目式学习的高中化学教学实践研究”这一课题进行深入研究，探索项目式学习在高中化学教学中的应用方法和效果。

（2）加入教学团队

①学科教研组。学科教研组是学校内同一学科教师组成的教学团队。学科教研组通常会定期开展教学研讨、集体备课、听课评课等活动，促进教师之间的交流和合作。在学科教研组中，教师可以分享教学资源、交流教学经验、共同解决教学中遇到的问题。例如，高中化学学科教研组可以组织教师进行集体备课，共同设计教学方案，提高教学质量；也可以开展听课评课活动，互相学习教学方法和技巧，促进教师的专业成长。

②课题研究组。课题研究组是由对特定课题感兴趣的教师组成的教学团队。课题研究组的成员通常会共同开展课题研究工作，包括课题申报、研究方案设计、数据收集与分析、研究报告撰写等。在课题研究组中，教师可以发挥各自的专业优势，共同完成课题研究任务，提高研究水平。例如，教师可以组成一个关于“化学实验教学改革”的课题研究组，共同研究如何改进化学实验教学方法，提高学生的实验操作能力和创新思维。

③教学改革实验组。教学改革实验组是为了探索新的教学方法和教学模式而成立的教学团队。教学改革实验组的成员通常会尝试新的教学理念和教学方法，并对其效果进行评估和反馈。在教学改革实验组中，教师可以大胆创新，勇于尝试，为教学改革提供实践经验。例如，教师可以组成一个“基于信息技术的化学教学改革实验组”，探索如何利用信息技术提高化学教学的效率和质量。

（3）利用网络平台

①教育论坛。教育论坛是教师进行在线交流和讨论的平台。教师可以在教育论坛上发布教学问题、分享教学经验、交流教学资源等。教育论坛具有开放性和互动性，教师可以与来自不同地区、不同学校的教师进行交流和合作。例如，教师可以在一些知名的教育论坛上发布自己在化学教学中遇到的问题，如“如何提高学生对化学实验的兴趣”，然后其他教师可以在帖子下面回复自己的看法和建议，共同探讨解决问题的方法。

②博客。教师可以开设自己的教学博客，记录自己的教学心得、教学案例、教学反思等。同时，教师也可以关注其他教师的博客，学习他们的教学经验和方法。博客可以作为教师个人的教学资源库，也可以成为教师之间交流和合作的平台。例如，教师可以在博客上分享自己设计的一个化学实验教学案例，并在文章后面附上自己的反思和总结。其他教师阅读后可以在评论区留言，提出自己的意见和建议，促进教师之间的交流和学习。

③微信公众号。微信公众号是一种便捷的信息传播平台。教师可以关注一些与化学教学相关的微信公众号，获取最新的教学资讯、教学资源和教学方法。同时，教师也可以自己创建微信公众号，分享自己的教学经验和成果，与其他教师进行交流和互动。例如，教师可以关注一些化学教育类的微信公众号，了解化学学科的前沿动态和教学改革的最新进展；也可以自己创建一个微信公众号，定期发布自己的教学心得、教学案例和教学资源，吸引其他教师关注和交流。

3. 同行交流合作的注意事项

（1）尊重同行的意见和建议

①在同行交流合作中，教师要尊重同行的意见和建议，认真听取同行的观点和想法。不同的教师可能有不同的教学经验和教学方法，他们的观点和想法可能会对自己的教学有所启发。教师要保持开放的心态，不要轻易否定同行的意见和建议，而是要认真思考其合理性和可行性。例如，在一次教学研讨会上，一位教师提出了一种新的化学实验教学方法，其他教师不要急于否定，而是要认真听取其介绍，并思考这种方法在自己的教学中是否可行。

②教师要以开放的心态和包容的态度与同行进行交流和互动。在交流过程中，可能会出现不同的观点和意见，这是正常的现象。教师要尊重这种差异，不要强行推销自己的观点，而是要通过理性的讨论和分析，寻求共识。例如，在一个教学团队中，教师对一个教学问题可能有不同的看法，这时大家可以通过充分的讨论和交流，分析各种观点的优缺点，最终形成一个大家都认可的解决方案。

（2）积极参与交流合作活动

①在同行交流合作中，教师要积极参与交流合作活动，主动发言、分享经验、提出问题、寻求帮助。只有积极参与，才能真正从交流合作中获得收获。教师可以分享自己在教学中的成功经验，也可以提出自己遇到的问题和困惑，寻求同行的帮助和建议。例如，在一个教育论坛上，教师可以积极回复其他教师的帖子，分享自己的教学经验和方法；也可以发布自己的问题帖子，寻求其他教师的解答和建议。

②教师要认真完成交流合作活动的任务和要求，如撰写教学反思、参与课题研究、分享教学资源等。这些任务和要求是交流合作活动的重要组成部分，通过完成这些任务，教师可以更好地参与到交流合作中，提高自己的教学水平和专业素养。例如，在一个教学团队中，教师可能需要共同完成一个课题研究任务，这时大家要按照分工认真完成自己的任务，确保课题研究的顺利进行。

（3）保持学习的心态

①在同行交流合作中，教师要保持学习的心态，不断学习和借鉴同行的先进经验和优秀成果。每个教师都有自己的优点和长处，教师要善于发现这些优点和长处，并将其应用到自己的教学中。例如，教师可以学习其他教师在课堂管理、教学方法、教学评价等方面的先进经验，不断改进自己的教学。

②教师要以谦虚的态度和进取的精神与同行进行交流和互动。在交流合作中，教师不要自以为是，要认识到自己的不足和局限性，虚心向其他教师学习。同时，教师也要有进取的精神，不断追求进步和提高，积极探索新的教学方法和教学模式。例如，在与同行交流时，教师要认真听取其他教师的意见和建议，反思自己的教学行为，不断改进自己的教学；同时，也要积极尝试新的教学方法和教学模式，为教学改革作出自己的贡献。

在核心素养视域下，高中化学教师的专业发展至关重要。教师要从知识传授者转变为引导者，成为学生学习的伙伴与促进者，积极探索适合学生核心素养培养的教学方法和策略。通过参加专业培训与研讨会、开展教学研究与反思、与同行交流合作等途径，教师可以不断提高自己的教学水平和专业素养，为学生的核心素养培养提供有力的支持和保障。

参加专业培训与研讨会可以让教师了解最新的教育教学理念和方法，掌握先进的教学技术和手段，拓宽教学视野和专业知识。教师要选择适合自己的培训和研讨会，积极参与活动，并将所学成果应用到教学实践中。

开展教学研究与反思可以帮助教师深入了解教学过程中的问题和挑战，探索有效的教学方法和策略，提高教学质量和效率，促进教师的专业成长。教师要确定具有针对性、实用性和创新性的研究问题，收集广泛的研究资料，进行科学、客观、深入的研究分析，撰写规范的研究报告，并通过教学反思不断改进自己的教学。

与同行交流合作可以让教师分享教学经验和教学成果，了解学科前沿动态和研究成果，拓宽教学视野和专业知识，促进教师的专业成长。教师可以通过参加教研活动、加入教学团队、利用网络平台等方式与同行进行交流合作，并注意尊重同行的意见和建议，积极参与交流合作活动，保持学习的心态。

只有不断努力提升自己的专业素养和教学能力，高中化学教师才能更好地适应新时代教育改革的要求，为培养具有创新精神和实践能力的高素质人才作出更大的贡献。

第七章　结　论

在核心素养视域下，高中化学教学迎来了全新的机遇与挑战。本书深入剖析了核心素养的内涵及高中化学核心素养的具体内容，从教师、学生及教学资源与环境等多方面对高中化学教学现状进行了分析。本书明确了核心素养视域下高中化学教学应遵循的原则，包括以学生发展为中心、创设真实情境、坚持实验探究、推进跨学科融合以及实现评价多元化等。同时，提出了一系列教学策略，涵盖教学设计、教学方法、实验教学和课外拓展等领域。此外，还强调了教师在核心素养教学中的角色转变及专业发展途径。

希望本书能为广大高中化学教师提供有益的参考和启示，助力教师在教学实践中更好地培养学生的核心素养，推动高中化学教学不断向前发展，为学生的未来奠定坚实的基础。让我们共同努力，在核心素养的引领下，开创高中化学教学的新局面。

参考文献

[1] 胡爱彬. 以问题式教学构建高中化学高效课堂：评《核心素养视域下高中化学教学实践思考（问题式教学与实施）》[J]. 化学工程，2024，52（6）：97-98.

[2] 程鸿梅，郭诗文，顾佳丽. 基于论证探式教学模式的高中化学教学：用化学沉淀法去除粗盐中的杂质离子 [J]. 化学教育（中英文），2024，45（5）：100-108.

[3] 车耀. 基于学科核心素养的高中化学实验教学策略 [J]. 中国教育学刊，2023（12）：98.

[4] 徐超成. “学科德育”视域下的高中化学教学实践：铝和铝合金 [J]. 化学教育（中英文），2023，44（21）：69-73.

[5] 苏佩娟. “双减”教育背景下中学化学教学模式转型路径探析：《高中化学教学模式构建研究》[J]. 应用化学，2023，40（10）：1457-1458.

[6] 曹振鹏. 基于项目式学习探索高中化学教学的新路径 [J]. 中国教育学刊，2023（10）：107.

[7] 马佩强，孟静，毕华林，等. 指向观念建构和创新思维培养的高中化学教学：炔烃 [J]. 化学教育（中英文），2023，44（19）：65-70.

[8] 范宗山. 核心素养导向下高中化学项目式教学实践：评《核心素养导向的化学教学实践与探索》[J]. 化学工程，2023，51（9）：99.

[9] 白志强，武文，谢立平，等. 融通无机与有机模块发展核心素养的高中化学单元教学：碳中和背景下捕集和综合利用二氧化碳的研究 [J]. 化学教育（中英文），2023，44（13）：56-68.

[10] 杨季冬. 学科核心素养视域下高中化学常态课教学目标特征与偏差研究 [J]. 化学教育（中英文），2023，44（13）：69-74.

[11] 裴晨阳，夏军，徐琴. 核心素养视域下高中化学教学中的提问时机研究：以“铁及其化合物”教学为例 [J]. 化学教学，2023（5）：42-47.

[12] 黄丝竹，黄紫洋. 《考工记》中的六齐和丝帛湅染工艺在高中化学教学中的应用 [J]. 化学教育（中英文），2023，44（9）：96-101.

[13] 樊亚军. 大数据时代下高中化学教学方式优化策略研究：评《核心素养导向的化学教学实践与探索》[J]. 科技管理研究，2023，43（8）：251.

[14] 吴栋. 社会责任素养培育在高中化学教学中的落地：评《社会责任素养视角下的高

中化学教学新论》[J]. 中国油脂，2023，48（2）：160-161.

[15] 李砚耘，谢海婷，邓阳. 基于核心素养发展的高中化学深度教学：探究配合物的性质 [J]. 化学教育（中英文），2023，44（1）：50-55.

[16] 叶依丛，顾建辛，马婉琴. 基于项目学习的高中化学教学设计与实践：佩挂式除菌卡有效性研究 [J]. 化学教学，2022（9）：51-56.

[17] 王涛. 高中有机化学教学中提升核心素养并体味科学价值：以“乙炔的化学性质”为例 [J]. 化学教育（中英文），2022，43（17）：62-72.

[18] 唐琛，于少华，陈银. 基于核心素养的“教、学、评”一体化教学实践：以“饮食中的有机化合物：乙酸”教学为例 [J]. 化学教学，2022（7）：48-52.

[19] 杨砚宁. 基于化学核心素养的高考化学卷分析：以 2020 及 2021 年化学高考江苏卷为例 [J]. 化学教学，2022（6）：90-94.

[20] 张景伟，申燕. 学科核心素养视域下高中化学教材的新变化及教学启示：以“化学与可持续发展”为例 [J]. 化学教育（中英文），2022，43（11）：21-26.

[21] 沈正东. 学科核心素养视角下高中化学教学的实践转向 [J]. 上海教育科研，2022（4）：65-69.

[22] 王晓军，牛丽亭，原雁翔，等. K-W-L 教学策略在高中化学教学中的应用：以“铁及其化合物”为例 [J]. 化学教学，2022（4）：39-43，55.

[23] 郝蓓，王澍. 基于学生高阶思维培养的高中化学教学策略研究：以“电池构造的改进与发展”教学为例 [J]. 化学教学，2022（3）：32-37.

[24] 史文杰，李冉，郭玉林，等. 提升化学学科核心素养的高中化学教学：以“金属的防护”为例 [J]. 化学教育（中英文），2022，43（5）：34-39.

[25] 申燕，程俊，柳先美，等. 基于教、学、评一体化理念的高中化学教学实施：以“铁盐和亚铁盐”的两节省级优质课为例 [J]. 化学教学，2022（1）：38-43.

[26] 赵敏芹，董晓飞. 高中化学教学自主学习模式的建设研究：评《有机化学（高中化学）》[J]. 化学试剂，2021，43（11）：1615.

[27] 经志俊，徐光静. 基于素养导向的高中化学教学主张 [J]. 化学教学，2021（9）：35-40.

[28] 胡先锦. 基于问题解决 指向学科理解：高中化学教学转型的探寻 [J]. 化学教学，2021（3）：34-37.

[29] 张顺清. 核心素养视域下课程标准分解：价值、要素与策略 [J]. 化学教学，2021

（2）：7-10.

[30] 周业虹. 核心素养视角下高中化学必修教材栏目的使用策略 [J]. 天津师范大学学报（基础教育版），2021，22（1）：38-42.

[31] 丁华. 基于 HPS 教学模式的高中化学课堂教学 [J]. 教学与管理，2020（31）：53-55.

[32] 念敏慧，陈灵颖，郑柳萍. 基于新课标的化学和生物学科交叉内容分析及教学建议 [J]. 化学教育（中英文），2020，41（19）：14-19.

[33] 胡杨，王后雄. 基于认知弹性理论的高中化学教学设计研究 [J]. 教育理论与实践，2020，40（11）：54-57.

[34] 韦存容，叶静. 基于“问题解决”的高中化学教学设计探讨与实践：以“氮肥的生产和使用”为例 [J]. 化学教学，2020（4）：38-41.

[35] 居鸣富，高翔. 基于科学精神培养的高中化学教学实践：以“元素周期律”为例 [J]. 化学教育（中英文），2020，41（7）：33-37.

[36] 王全，王磊. 指向核心素养的课堂教学行为分析及水平特征研究：基于高中化学水溶液主题 [J]. 化学教育（中英文），2020，41（5）：45-52.

[37] 唐隆健. 对化学学科核心素养体系中“风险评估与安全意识”的教学思考 [J]. 化学教学，2019（11）：30-33.

[38] 王怀文，张春艳，雷范军，等. 主题式命题及其教学意义：区域高中化学教学质量检测命题的实践与反思 [J]. 化学教学，2019（11）：87-92.

[39] 单小波，颜桂炀，郑柳萍. 基于化学核心素养培养的高中有机实验教学 [J]. 化学教育（中英文），2019，40（21）：82-85.

[40] 喻俊，唐乐天. 核心素养视角下高中化学课堂教学探究活动设计：以“元素周期律”为例 [J]. 化学教学，2019（8）：67-70.

[41] 胡先锦. 基于“问题解决”的高中化学教学设计与思考：我们需要什么样的化学课堂 [J]. 化学教学，2019（3）：36-41.

[42] 李书霞.“目标、情境、活动、问题”四步落实化学核心素养 [J]. 基础教育课程，2019（Z1）：79-84.

[43] 陈新华. 创新素养在高中化学教学中的培育途径 [J]. 基础教育课程，2019（2）：51-56.

[44] 楼文暇，赵雷洪. 新课标视野下高中化学教学设计的探索：以“甲烷”为例 [J].

化学教学，2018（10）：60-64.

［45］胡先锦. 基于“问题解决”的高中化学教学设计与实践：以“氯气的性质”一课为例［J］. 化学教学，2018（4）：31-35.

［46］陈颖. 指向素养发展的高中化学教学改进［J］. 基础教育课程，2018（3）：54-60.

［47］陈新华. 基于学科核心素养优化高中化学教师的教学认知［J］. 中小学教师培训，2017（6）：45-48.